Nicolas Vanier

Amoureux du Grand Nord qu'il a découvert dans les romans de Jack London, Nicolas Vanier, né en 1962, explore depuis toujours les grands espaces vierges, du Labrador à la Sibérie en passant par l'Arctique, à cheval, en canoë ou en traîneau à chiens. Écrivain, photographe, réalisateur, il a livré ses découvertes, ses rencontres et ses émotions dans une vingtaine d'ouvrages (albums, romans et récits de voyage) et dans des films comme *L'Enfant des neiges*, *Le Dernier Trappeur* ou encore *Loup*, adaptation du roman éponyme paru en 2008 et tourné en Sibérie dans des conditions sans précédent. Son roman *Belle & Sébastien* (XO Éditions, 2013) a été adapté au cinéma la même année. Il est également l'auteur, chez Robert Laffont, de *Transsibérie 90 : le mythe sauvage*, *La Vie en Nord*, *Destin Nord* et *L'Odyssée blanche*, dans lesquels il raconte ses différentes expéditions. En 2014 paraît *Avec mes chiens : l'odyssée sauvage*, suivi en 2015 de *La Grande Course : dans l'enfer de la Yukon Quest*, tous deux parus chez XO Éditions.

Retrouvez toute l'actualité de l'auteur sur :
www.nicolasvanier.com

LA GRANDE COURSE

DU MÊME AUTEUR
CHEZ POCKET

LOUP
LE GRAND BRAME
BELLE & SÉBASTIEN

L'ODYSSÉE BLANCHE
MÉMOIRES GLACÉES
LA VIE EN NORD
AVEC MES CHIENS
LA GRANDE COURSE

LE CHANT DU GRAND NORD

1. LE CHASSEUR DE RÊVE
2. LA TEMPÊTE BLANCHE

LE GRAND VOYAGE

1. MOHAWKS ET LE PEUPLE D'EN HAUT
2. LA QUÊTE DE MOHAWKS

NICOLAS VANIER

avec la collaboration de Diane Vanier

LA GRANDE COURSE

Préface de Dominique Grandjean

XO ÉDITIONS

Crédits photo du cahier hors texte :
Carte pages 4 et 5 © Tomate & Risson
Toutes les photos sont © Nicolas Vanier / Taïga
Sauf © Julien Schroder pour les photos
en page 13 (en haut à droite, au milieu et en bas à gauche),
page 15 (photo du milieu), page 16 (toutes les photos)

MIXTE
Papier issu de sources responsables
FSC® C003309
FSC www.fsc.org

Pocket, une marque d'Univers Poche,
est un éditeur qui s'engage pour la préservation
de son environnement et qui utilise du papier fabriqué
à partir de bois provenant de forêts gérées
de manière responsable.

ISBN : 978-2-266-27352-7

Préface

La Yukon Quest, une de ces rares courses mythiques du Grand Nord qui rappellent à l'homme combien la nature, si belle et si grandiose, sait se révéler hostile à qui ne la respecte pas et prétend l'affronter sans préparation ni expérience.

De l'expérience, Nicolas Vanier n'en manque pas, lui qui à tant de reprises est allé explorer ces « territoires du Nord », ces contrées si merveilleuses mais si difficiles que peu nombreux sont celles et ceux qui y vivent… ou parfois y survivent ! Ces neiges et cette glace, Nicolas ne les a jamais foulées seul, toujours accompagné qu'il était de sa bande de « p'tits chiens ».

Car qui dit Grand Nord dit forcément chiens de traîneau, et inversement d'ailleurs ; depuis plus de quatre mille ans, ils y sont les compagnons de l'homme, sans lesquels ce dernier périrait bien vite en période hivernale.

J'ai l'immense bonheur de connaître Nicolas depuis quelques… décennies, déjà… *via* les chiens bien sûr, mais je devrais dire *via* SES chiens, lui qui a choisi de conduire l'évolution de sa meute à sa guise, au fil des expéditions lointaines, sans se soucier des choix pratiqués par les grands noms du sport de traîneau à chiens. Car, au fil du temps, ce chien de l'aventure et de la survie est devenu un sportif, athlète de haut niveau, entraîné, nourri et bichonné comme tel au quotidien par son musher. Pour moi qui « baigne » dans ce sport de par le monde depuis plus de trente ans, et pour avoir eu l'occasion de m'intéresser de près aux « p'tits chiens » de Nicolas dans un coin perdu de Sibérie, il était évident qu'un musher comme lui en viendrait un jour à vouloir voir à l'œuvre son attelage dans des conditions de course, qui plus est difficiles. Alors la « Quest » devenait une évidence !

Une évidence certes… mais peut-on espérer être compétitif avec une petite bande de « p'tits chiens » quand on veut se frotter sur mille six cents kilomètres à des géants de la piste, multivétérans de la course, qui tous entraînent simultanément plusieurs attelages pour ne retenir en compétition que les meilleurs éléments. Ces concurrents, je les connais aussi très bien et depuis longtemps, et notre Nicolas national me semblait bien « tendre » pour parvenir à simplement suivre le rythme. Depuis l'École vétérinaire d'Alfort, nous, vétérinaires passionnés, allions alors, avec la plus grande frustration – parce que n'étant pas sur place –, suivre Burka, Miwook et les autres… non sans oublier leur musher, debout sur les patins de son traîneau, à l'écoute de la moindre anormalité dans le comportement de ses chiens.

Il faut dire que la Yukon Quest, à l'instar de l'Iditarod en Alaska, est un monument de difficultés ; c'est, sans être en rien péjoratif, une autre « paire de manches » que l'expédition, au sens où il y a un rythme à tenir, des chiens qu'il faut ménager sans pour autant pouvoir décider de s'arrêter un ou deux jours, un travail et une concentration permanents pour le musher, des montagnes impressionnantes à franchir dans le vent et le froid… pour un humain qui sait qu'à chaque instant ses chiens passent avant lui, et que de son état d'esprit dépendra la motivation de ces derniers.

C'est ainsi que, plantés devant Internet, nous avons suivi notre attelage français, et c'est surtout ainsi que Nicolas et son joyeux groupe de « chiens grand bonheur » m'ont chaque jour estomaqué, jusqu'à faire un *top ten* final que je n'avais osé imaginer. Mieux encore, je demeure persuadé qu'avec deux cents kilomètres de course en plus, c'est d'un *top five* dont nous aurait gratifié Nicolas. Un réel exploit sportif, totalement partagé par l'homme et les chiens.

Qu'il me soit permis, Nicolas, au risque de quitter les sentiers classiques du formalisme d'une préface, de m'adresser à toi de manière plus directe en guise de conclusion à ces quelques mots introductifs : tu étais (et es toujours !) mon ami… mais, par cette course et par la manière dont tu as su t'occuper des « p'tits chiens », tu as gagné tout mon respect. Avant, tu l'avais pour ton courage et pour la manière dont tu véhiculais des valeurs auxquelles nous sommes nombreux à croire. Maintenant, tu l'as en tant que musher, et ce n'est pas un vain mot pour le vétérinaire passionné que je suis. Ce mot « respect », je l'ai entendu prononcé par d'autres, que tu connais, en notre vieille école vétérinaire, mais également partout dans le monde du sport de traîneau. Et je suis persuadé que chez toute personne qui lira cet ouvrage, c'est ce mot qui viendra en premier à l'esprit.

Merci à toi, Nicolas. Du fond du cœur. J'ai eu la

chance à titre personnel de vivre toutes les grandes courses de notre planète en tant que vétérinaire, mais celle-là, TA Yukon Quest, je l'aurai vécue à distance et l'aurai redécouverte en lisant ce magnifique livre. Je sais que le lecteur le dévorera jusqu'au dernier mot, la tête emplie de rêves glacés, en ayant également découvert un sport que peut-être il ignorait. C'est pour moi un honneur, mais surtout un grand bonheur, que d'en avoir rédigé la préface.

Au fond de moi, je ne peux m'empêcher de me dire qu'une nouvelle carrière s'ouvre à Nicolas et aux p'tits chiens : bientôt ils se confronteront à l'autre course mythique qu'est l'Iditarod en Alaska… alors qui sait si un jour nous n'aurons pas la joie de les voir sur une course longue distance en France ?

Professeur Dominique Grandjean
École nationale vétérinaire d'Alfort

À Johannes Tryba

1

Whitehorse, 7 février 2015, 11 heures : le départ[1]

Ils sont quatorze, alignés deux par deux, hystériques, méconnaissables, les yeux fous, bondissant, hurlant, grognant leur frustration de ne pas pouvoir partir. Mais il faut attendre.

C'est le départ de la Yukon Quest.

Il fait moins 40 °C et il est 11 heures. Le premier des vingt-six concurrents s'élance. Il s'agit d'Allen Moore, le vainqueur des deux précédentes épreuves qui, incroyable ironie du hasard, a tiré au sort le dossard n° 1.

Trois minutes plus tard, c'est au tour de Brent Sass de prendre le départ sous les vivats d'une foule très nombreuse rassemblée dans la ville de Whitehorse, capitale du Yukon, à l'extrême nord-ouest du Canada. Brent est lui aussi un favori qui a déjà fait plusieurs *top five*. Puis c'est au tour du troisième concurrent : un Québécois,

1. Une carte du parcours se trouve en pages 4 et 5 du cahier hors texte.

Normand Casavant, qui a déjà fait trois *top ten* en quatre participations, un bon client même s'il ne vise pas la victoire. Encore six minutes et c'est à nous.

— Du calme, les chiens.

Ils sont six à les retenir, dont Pierre, complice de presque toutes mes expéditions et tous mes films et qui « ne voulait pas rater ça », ainsi que Fabien, mon ami et handler*, qui les a entraînés avec moi. Tous les mushers* qui participent à de la longue distance ont un ou plusieurs handlers, par ailleurs obligatoires sur les courses comme la Yukon Quest. Le handler, en fonction de son niveau et de la confiance que lui accorde « son » musher, est celui qui s'occupe des chiens au quotidien. Outre les entraînements, il effectue parfois lui-même quelques compétitions. Souvent, les mushers professionnels qui ont d'importants chenils de cinquante, cent chiens ou plus disposent de plusieurs attelages. Le musher conduit l'équipe A qu'on appelle un « team » et fait courir son handler sur la même course avec le team B, constitué généralement de jeunes chiens prometteurs. Sur les courses, le handler est indispensable. C'est lui qui récupère les chiens « droppés* », que le musher a le droit de laisser dans les check-points*, en cas de fatigue, de blessure ou pour toute autre raison. Parfois, en fin de course, on se « débarrasse » des chiens les moins rapides pour aller plus vite. Le handler qui, en camion, va de check-point en check-point récupère les chiens au fur et à mesure et s'en occupe. Par ailleurs, si, lors de la Yukon Quest, il n'a pas le droit d'aider son musher à s'occuper des

---

* Les mots suivis d'un astérisque sont expliqués dans le Glossaire p. 281.

chiens sous peine de disqualification immédiate, son rôle consiste à renseigner le musher sur tout ce dont il a besoin : météo, position et forme des autres attelages, informations concernant la piste, etc. Ses infos, délivrées aux check-points, doivent être précises et sont précieuses. Le rôle du handler est aussi de redonner confiance et moral au musher, qui en manque parfois. Fabien et moi, nous nous connaissons bien. Fabien a un excellent contact avec les chiens et s'en occupe parfaitement. Cette course est aussi un peu la sienne.

— Du calme…

C'est à moi que je parle tant les battements de mon cœur s'accélèrent, car les chiens, eux, s'en fichent. Rien ne pourra les calmer sinon le départ. L'émulation entre les trois cents chiens des vingt-six concurrents est à son paroxysme, plongeant ces chiens dans un état d'hystérie aussi incontrôlable qu'effrayant car, sur les vingt ou trente premiers kilomètres, il va me falloir maîtriser cette incroyable énergie, celle de quatorze chiens surentraînés, capables d'arracher un traîneau de plus de cent cinquante kilos comme s'il s'agissait d'une plume.

— Pierre ! Surveille Wolf.

En effet, malgré mes efforts pour le corriger, ce dernier garde une fâcheuse tendance à couper avec ses dents les liens qui le retiennent.

La seule à conserver un semblant de calme et de raison est Burka, ma chienne de tête, que j'ai mise en couple à l'avant avec Miwook, un autre excellent chien de tête. Ces deux-là forment une paire qui m'a emmené, l'hiver dernier, à travers une partie de la Sibérie, de la Chine et de la Mongolie, depuis l'océan Pacifique jusqu'au lac Baïkal : un joli périple de plus de six mille kilomètres. Mais cette fois-ci, nous ne couvrirons pas mille six cents kilomètres en une vingtaine de jours comme c'était le cas l'hiver dernier. Ici, c'est plus de cent cinquante kilomètres qu'il nous faudra couvrir par vingt-quatre heures, dix jours durant. Un sacré défi que relèvent les vingt-six concurrents de la course, même si certains ne visent pas les premières places et s'accorderont donc un ou deux jours de plus que les leaders. Quel est mon objectif ? Je l'ai dit et écrit. Aller au bout, déjà. Et si je le peux, si mon attelage marche bien et que je tiens le coup, je rêve d'un *top ten*. Mais pour l'heure, *step by step*, une marche après l'autre.

La première marche, c'est la première étape de cent soixante kilomètres entre Whitehorse et Braeburn : le premier check-point de la course. Je suppose que quelques leaders comme Jeff King, Hugh Neff et Allen Moore vont courir cette distance d'une seule traite. Pour ma part, je prévois deux runs : l'un de quatre-vingt-dix kilomètres et un second de soixante-dix kilomètres, entrecoupés d'un repos de trois ou quatre heures, ce qui devrait me faire arriver au point de contrôle vers 2 ou 3 heures du matin. J'imagine que je serai alors en milieu de peloton. Mais encore une fois, à ce stade, la place importe peu.

Je vais d'un chien à l'autre, tâchant de les rassurer car, au-delà de l'excitation que ce départ provoque, je les sens stressés, dépassés par la grandeur de l'événement qui déplace des milliers de personnes et que des millions d'autres suivent à travers le monde. Sans doute perçoivent-ils aussi mon angoisse. Rarement une montagne m'a semblé aussi haute. Mille six cents kilomètres de pistes difficiles à travers le Yukon puis l'Alaska. Plus de cent soixante kilomètres par vingt-quatre heures à parcourir quels que soient le relief, le froid et la fatigue pour arriver à Fairbanks dans une dizaine de jours. Un défi fabuleux, que relèvent chaque année les meilleurs mushers du monde. Tous se donnent rendez-vous pour les deux courses majeures : celle-ci et l'Iditarod, un peu plus tard, en mars.

Je n'ignore pas mes faiblesses. J'ai 53 ans et mes chiens ne connaissent rien de cet univers de course très particulier. De plus, certains ont eu quelques tendinites récurrentes lorsque nous avons allongé ce qu'on appelle des runs*. Des entraînements de soixante-dix à cent vingt kilomètres, correspondant à ceux qu'ils vont devoir enchaîner, entrecoupés de phases de repos plus ou moins longues afin d'entretenir leur *will to go*, l'envie de courir. Un savant dosage nécessitant de parfaitement connaître ses chiens pour déterminer quand et pour combien d'heures ils ont besoin de récupérer d'un run plus ou moins intense. Les mushers professionnels – ce qu'ils sont presque tous sur cette course – écartent ceux qui ne tiennent pas de longues étapes et présentent des faiblesses. Ils le peuvent car ils possèdent souvent des chenils de plus de cinquante chiens, parfois cent et même davantage. Je n'ai que quinze chiens, voire quatorze car Altai est un chien qui n'a jamais voulu trotter et qui fatigue donc deux fois plus vite que les autres. Altai est incapable d'enchaîner des runs comme il faut le faire sur cette course. Il est donc hors jeu depuis longtemps déjà.

Nous avons, certes, des faiblesses, mais aussi une force. Les chiens et moi, nous nous connaissons si bien ! Nous avons traversé tant et tant de paysages ensemble, rencontré et surmonté tant d'épreuves au cours de notre précédente expédition particulièrement périlleuse durant laquelle la météo nous a joué bien des tours et nous a obligés à passer en des endroits « impraticables ».

11 h 09. Le quatrième concurrent s'élance. Un Américain de 38 ans qui ne fait pas partie de ceux qui peuvent prétendre au titre, mais dont l'objectif est de finir la Quest. Être un *official finisher* de cette course mythique est un Graal que beaucoup de mushers visent, ne serait-ce qu'une fois dans leur vie.

Dans trois minutes, c'est à nous : dossard n° 5. L'émotion est à son comble, mais je reste très concentré. Ce sont maintenant plus de huit personnes portant un brassard « volunteer » qui retiennent les chiens alors que la foule hurle comme au départ de chaque attelage. Mais je n'entends plus rien, je ne vois que cette étroite piste blanche se perdant au loin devant mes chiens dans la foule qui la comprime. Cela ressemble à une étape du Tour de France lorsque les cyclistes franchissent un col. La foule s'agite, hurle, filme, photographie, encourage chaque concurrent.

Plus qu'une minute.

— Ma Burka. Mon Miwook. Je compte sur vous, mes champions, pour nous faire un départ sans faute.

Le regard plein de tendresse de Burka me rassure. En retournant prendre ma place à l'arrière du traîneau, je passe une main sur le dos de chacun de mes chiens.

— Bien, Quest. Bien, Sidi. Bien, Wolf…

Plus que vingt secondes. Je vais dans les bras de Fabien, très ému lui aussi. Cela fait si longtemps que nous préparons cette Quest. Puis je prends place, un pied sur le frein, l'autre sur le patin de gauche pour anticiper le premier virage à droite, celui qui permet de rejoindre le fleuve Yukon gelé. Je tiens fermement le guidon et je respire à fond.

— *Three. Two. One. Go !!*

Les huit bénévoles rompus à l'exercice s'écartent comme un seul homme. Simultanément, les chiens, s'appuyant sur les cals qu'ils ont formés à force de sauter dans la neige durcie, jaillissent, tellement avides d'avaler les kilomètres et soulagés de libérer ce trop-plein d'énergie que les derniers jours de repos ont accentué.

Mon cœur fait un bond dans ma poitrine alors qu'une vive secousse ébranle le traîneau. Des milliers de personnes hurlent des « Allez, Nicolas ! Allez, le Français ! Bonne chance », auxquels je réponds en criant des *Thank you !* sincères et pleins d'émotion.

Devant, impérial, le couple Burka-Miwook perce la foule et emmène l'attelage vers la sortie de la ville. Je pèse de tout mon poids sur le frein, aidé en cela par Fabien qui, sur un second traîneau attaché au mien, fait le début de la course avec un passager payant assis à l'intérieur. Cette pratique permet aux organisateurs d'engranger quelques milliers de dollars afin d'augmenter la prime des courses. Les mushers se livrent donc de bonne grâce à cet exercice obligatoire dont ils sont libérés rapidement ; le second traîneau étant « abandonné » dès le premier kilomètre à un endroit où d'autres bénévoles attendent pour encadrer la fin de l'opération. Pour ce faire, Fabien a organisé un système d'autolargage ne nécessitant même pas un arrêt de mon attelage. Concentré, c'est à peine si je me rends compte du moment où la corde saute du mousqueton, libérant cette seconde embarcation. Je ne me retourne même pas pour dire au revoir à Fabien et à son passager. J'ai bien trop peur qu'un chien s'emmêle dans l'attelage, et je ne suis pas certain de pouvoir immobiliser le traîneau pour aller le démêler, même en plantant les deux ancres dans la neige gelée. Quatorze chiens déchaînés développent une puissance phénoménale qu'il est bien difficile de maîtriser. Nous prions donc tous pour que les premiers kilomètres s'effectuent sans encombre.

Enfin, la foule se clairsème. De petits groupes épars installés sur le Yukon nous encouragent. Beaucoup ont dressé des feux pour supporter le froid extrême qui règne depuis une semaine et devrait perdurer encore.

Cette Quest sera une édition difficile. Nous le savons tous. Des conditions climatiques mauvaises en début de saison ont provoqué des embâcles chaotiques sur les fleuves que nous devrons suivre. Nous avons été prévenus par ceux qui sont chargés de faire la piste depuis deux semaines : elle sera souvent mauvaise, technique et par conséquent très sportive. Quant au froid, celui-ci agit comme un accélérateur de fatigue dans une course durant laquelle la dépense physique est déjà énorme pour de très rares heures de sommeil, deux à trois heures, grand maximum, par vingt-quatre heures… Mais ce ne sont pas là les éléments qui m'effraient le plus. Étant tous logés à la même enseigne, nous affronterons les mêmes pistes et le même froid. Mon inquiétude réside davantage dans l'aptitude de mes chiens à tenir le rythme, à bien récupérer, à bien manger, à boire suffisamment. Et ces chiens aux poignets desquels on a diagnostiqué certaines faiblesses, tiendront-ils assez longtemps ? Je veux absolument, quitte à perdre un peu de temps et donc des places au début, ménager suffisamment ces chiens-là pour arriver à Dawson avec au minimum dix, onze chiens.

Douze étant l'idéal. Dawson se trouve à peu près à mi-parcours et le règlement impose un arrêt obligatoire de vingt-quatre heures. Arriver à cette étape capitale avec douze chiens qui auront le temps de reconstituer leurs forces est déjà une demi-victoire que je voudrais remporter. Le règlement impose un maximum de quatorze chiens au départ et un minimum de six à l'arrivée. Les chiens droppés au fur et à mesure de l'avancement de la course sont récupérés par le handler dans les check-points, neuf au total, inéquitablement répartis sur le parcours où certaines portions font plus de trois cents kilomètres. Pratiquement personne n'arrive au bout de la course avec quatorze chiens. Ce sont généralement des attelages de sept à onze chiens qui franchissent la ligne d'arrivée, sachant que ceux qui ont encore quatorze chiens à trois ou quatre cents kilomètres de l'arrivée accélèrent en se délestant de toute façon des « maillons faibles » devenus inutiles. En effet, en fin de course, la proximité entre les check-points permet d'alléger les traîneaux et dix chiens suffisent amplement. En revanche, pour les gros tronçons de trois cents kilomètres et plus (donc un traîneau chargé à bloc) auxquels s'ajoutent d'énormes dénivelés avec des ascensions interminables, mieux vaut compter sur un attelage d'au moins douze chiens. La stratégie consiste donc à tout faire pour conserver le plus longtemps possible ce minimum. De fait, et dès le début de cette course, je fais tout pour les préserver, en commençant par peser de presque tout mon poids sur le frein pour empêcher mes fous de chiens de galoper à toute vitesse, quand d'autres laissent aller les leurs à pleine puissance.

Les premiers vingt kilomètres se font sur le fleuve

Yukon gelé. Une piste parfaite même si par moments la glace est à nue. Dès lors, le frein devient inefficace et ces satanés incorrigibles chiens reprennent aussitôt de la vitesse. Lorsque nous retrouvons de la neige, je les calme avec autorité. Les chiens comme Dark, Sidi ou Inuk râlent en grognant leur mécontentement. C'était si bon de galoper à plein régime ! Mais savent-ils combien de kilomètres nous avons à parcourir ? de montagnes à escalader ? S'ils le savaient, sans doute accepteraient-ils que je me conforme au célèbre adage « Qui veut voyager loin ménage sa monture ».

Je m'attendais à ce que de nombreux attelages filant à toute allure me doublent, mais il n'en est rien. Avec ces températures extrêmes, la prudence reste de mise pour tous les équipages. Filer à toute allure par un froid pareil comporte des risques et tous ces mushers expérimentés ont trop de métier pour se laisser griser par un peu de vitesse en début de course.

Vers midi, le soleil rasant réchauffe un peu l'atmosphère glaciale de cette belle journée d'hiver. Le souffle que les chiens exhalent, buée immédiatement transformée en un nuage pailleté, scintille et voile l'attelage d'un halo d'or. Je suis déjà gelé, la capuche de ma parka entièrement blanche de givre, ma barbe prise dans une gangue de glace, mais je commence à me détendre au fur et à mesure que les chiens reprennent un rythme, très rapide mais déjà plus raisonné.

Alors que nous bifurquons sur la Takhini, un affluent du Yukon, j'aperçois de nombreuses personnes postées à l'endroit où la route enjambe la rivière et qui, voyant mon attelage, se mettent à crier, à courir pour se placer sur mon passage. Ainsi encouragent-ils chaque attelage, à la suite les uns des autres, qui défilent à quelques minutes d'intervalle, même si déjà quelques écarts s'amorcent et que les premiers dépassements s'opèrent. Ceux-ci se font dans la plus grande discipline : les mushers connaissent les codes et respectent la conduite à tenir le plus courtoisement du monde. L'attelage rattrapé laisse ainsi passer celui qui se trouve derrière lui, soit en freinant suffisamment, soit en stoppant totalement si le terrain le permet. Peu de temps après, je double un attelage, avant d'être moi-même dépassé par deux autres, et pas des moindres. Il s'agit des deux stars, respectivement parties en huitième et neuvième position : Lance Mackey et Jeff King. Ces deux-là sont des légendes vivantes affichant un palmarès impressionnant sur lequel on reviendra. Tous deux tractent derrière leur traîneau une petite ambulance, une sorte de toboggan-chenil qui leur permet de mettre au repos, tout en avançant, jusqu'à trois chiens qui seraient fatigués ou légèrement blessés. Un avantage considérable, mais encore faut-il pouvoir et savoir traîner ce toboggan sur des pistes aussi difficiles que celles de la Yukon Quest. Lance m'adresse un signe sympathique pour me remercier du passage que je lui laisse sur la gauche de la piste. Jeff King continue sa route sans un regard, légèrement condescendant à l'égard de ce petit Français qui n'a pas une chance sur dix, pense-t-il, d'aller au bout de cette course faite pour les champions dont il est, certes, l'un des plus grands.

C'est totalement idiot, mais je ne peux pas m'empêcher de calculer ma position. Sachant que j'ai rattrapé un attelage et que deux m'ont dépassé, je suis donc en sixième position. C'est parfaitement ridicule, car cela n'a, à ce stade, aucune importance. Aucune. Les écarts consistants et les places correspondantes n'auront un tant soit peu de valeur qu'à partir de Carmacks, le second check-point de la course, à plus de trois cents kilomètres d'ici. Avant cela, les positions des uns et des autres ne traduisent rien. Un musher pourrait décider de filer durant deux cents kilomètres sans s'arrêter et se retrouver avec huit ou dix heures d'avance sur les autres (c'est ce qu'avait fait un prétendant au titre – Hugh Neff – l'année précédente), mais celle-ci n'est alors que relative, car après un tel run, il faut laisser les chiens se reposer pendant au moins dix heures quand d'autres, ayant accordé du repos à leurs chiens après quatre-vingts ou cent kilomètres, peuvent se permettre de repartir plus vite. Ce n'est qu'au terme de trois ou quatre cents kilomètres de course que les places commencent à raconter quelque chose, l'histoire d'une course qui n'est pourtant pas encore jouée, tant s'en faut.

La première étape consiste donc à rejoindre Braeburn, à cent soixante kilomètres du départ. Une étape avec une quarantaine de kilomètres faciles sur le Yukon et la Takhini gelés puis, plus techniques, à travers le relief vallonné d'un paysage où alternent des parcelles de forêt, des lacs et des marais. Nous avons été avertis de quelques passages d'overflow*, des zones où de l'eau libre remonte au-dessus de la glace, se mélange à la neige en une espèce de boue grise dans laquelle il n'est pas confortable de passer, surtout à moins 40 °C. Cette eau, qui en certains endroits est alimentée par des eaux plus chaudes, sourd de la glace continuellement, regèle au fur et à mesure, érigeant des glaciers. Par endroits, il se forme des poches d'eau que la neige, très isolante, protège. De véritables pièges pouvant atteindre un mètre de fond, que redoutent les mushers et les conducteurs de motoneige. En crevant la couche de neige protectrice qui repose sur l'eau, on tombe sans prévenir dans cette boue froide. Il faut alors vite s'en sortir car, exposée à l'air glacial, celle-ci emprisonne rapidement dans une gangue gelée, aussi dure que du béton, ceux qui s'y engluent. En 2011, un triple vainqueur de la course, Hans Gatt, s'est ainsi fait piéger alors qu'il était l'un des leaders (derrière Hugh Neff, qui avait creusé un écart important et s'envolait, pensait-on, vers une victoire, mais cela est une autre histoire). Hans donc cheminait tranquillement sur ce qu'il croyait être de la glace solide. Mais soudain, celle-ci se fissura puis se cassa et Hans plongea dans plus d'un mètre d'eau. Le traîneau était complètement coincé et les chiens pataugeaient, risquant de se noyer. Hans réussit finalement à les détacher pour les emmener plus loin, hors de l'eau, mais le musher fut trempé jusqu'au cou, sans affaires de rechange, grelottant de froid à moins 40 °C. Hans ôta aussitôt ses bottes, avant qu'elles ne gèlent à leur tour, et enveloppa ses pieds déjà blancs dans des manteaux pour chiens récupérés sur le dessus de son traîneau. Il était dans une fâcheuse posture lorsque le faisceau de la lampe frontale de son poursuivant immédiat, Sebastian Schnuelle, perça au loin. Sebastian aperçut le trou et ordonna à son chien de tête de contourner la zone dangereuse puis vint secourir Hans, qui appelait à l'aide. Ensemble, ils réussirent à dégager le traîneau de l'eau et de la glace, à mettre les chiens en lieu sûr et à allumer un feu. Mais Hans souffrait déjà d'engelures sérieuses aux mains. Ils repartirent alors vite jusqu'au checkpoint de Central où Hans dut bien sûr « scratcher* » pour recevoir rapidement des soins afin de sauver ses mains, même si quelques doigts durent être amputés.

La course semblait alors jouée, avec en tête Hugh Neff, qui s'attaquait déjà au sommet mythique de la course, Eagle Summit, jouissant d'une avance confortable à moins de deux cents kilomètres de l'arrivée. Le vent balayait le sommet, que seule une pente incroyablement raide permet d'atteindre. Il faut pousser, avancer mètre par mètre, et les chiens doivent accepter d'escalader car le terme « monter » n'est plus à sa place ici. Or ses chiens refusèrent. Le vent s'est accentué et Hugh, coincé avec des chiens renâclant devant l'obstacle, se mit à attendre ses poursuivants pour obtenir de l'aide, ce qui prit quelques heures. Rejoint, il fit demi-tour et rallia Central pour scratcher lui aussi, alors qu'on le voyait déjà vainqueur de cette édition. Cette année-là, c'est un jeune musher sacrément doué, Dallas Seavey, qui finalement remporta l'épreuve alors que la victoire devait se jouer entre Hans Gatt et Hugh Neff. Dallas Seavey, qui est l'un des quatre mushers au monde à avoir remporté les deux courses mythiques, la Yukon Quest et l'Iditarod, est aussi le plus jeune vainqueur de toute l'histoire. Un sacré client. Cet exemple, tragique puisque Hans a frôlé la catastrophe et que Hugh a perdu un chien, mort de froid dans la montagne, montre à quel point les notions de solidarité sont importantes et combien le résultat reste incertain jusqu'à la fin. Devant moi, devant mes chiens, combien d'épreuves à venir ?

Restons humble et concentré.

2

**7 février 2015, 14 heures,
entre Whitehorse et Braeburn**

Passé les quarante premiers kilomètres, la piste quitte soudain la rivière Takhini pour s'enfoncer dans la forêt et monter par un étroit sentier dans la montagne.

— Allez les p'tits chiens !

Mais ces derniers n'ont pas besoin d'encouragements. Ils sont encore, malgré quarante kilomètres avalés avec appétit, pleins de fraîcheur et d'allant. Dans l'ascension, nous dépassons une jeune « musheuse » de 31 ans, Kristin Knight Pace, partie en douzième position et qui profite de la côte pour « snacker* » les chiens. Je lui adresse, en la dépassant, un petit signe d'encouragement, auquel elle répond par un grand sourire joyeux. Ce que nous appelons les « snacks », ce sont des barres énergétiques distribuées aux chiens toutes les deux ou trois heures, sortes de petites galettes de poisson, de viande et de croquettes mélangés, dont chacun élabore sa propre recette. Leur confection est l'une des tâches qui prennent le plus de temps lors de la préparation des food drop* : des sacs étiquetés au nom des mushers, qui sont envoyés et entreposés dans les différents check-points, et récupérés par chacun à son passage. Ces colis, on y reviendra, furent la cause d'une disqualification parfaitement injuste dont je fus victime lors de l'édition 1997, et qui fut prononcée après que j'eus franchi la ligne d'arrivée en quatorzième position avec mon attelage de gros chiens nordiques de l'époque.

En dehors du contenu de ces sacs stockés à l'avance dans les check-points, aucun ravitaillement n'est autorisé. Ni matériel, ni alimentation, ni médicaments ne peuvent être récupérés dans ces points de contrôle, où des juges veillent à ce qu'aucun musher ne reçoive d'aide extérieure. Dès lors, on comprend toute l'importance de ces food drops et de leur préparation. Il faut anticiper tous ses besoins et ne rien oublier : nourriture pour les chiens et pour soi bien sûr, mais aussi lisses de rechange, piles pour lampes frontales, gants et chaussettes supplémentaires, bottines pour les coussinets des chiens, crèmes de massage pour les pattes des chiens, etc. N'étant pas limités en nombre de sacs (à condition de ne pas excéder un poids total d'une vingtaine de kilos maximum), tous prévoient plus que nécessaire car personne ne sait à l'avance combien de temps une étape peut prendre et quel temps de repos il faudra s'accorder au check-point suivant. Alors autant compter large. Le surplus, ce que l'on n'utilise pas sur place ou que l'on n'emporte finalement pas pour l'étape suivante, sera récupéré après notre départ par le handler. À partir de ce moment-là, le musher qui serait amené à revenir sur ses pas n'a plus le droit d'y toucher. On recommande ainsi aux handlers d'attendre au moins une heure après le départ de leur musher pour récupérer le surplus, sachant que les éventuels demi-tours sont souvent rapides. Généralement, c'est pour revenir dropper un chien qui n'arrive pas à repartir correctement. Le calcul est simple : mieux vaut perdre une heure à faire un aller-retour plutôt que de porter un chien durant cent kilomètres ou plus dans le traîneau. En quittant un check-point, on est parfois hésitant sur un chien qui montre des signes de fatigue. Généralement, le diagnostic se confirme seulement à l'épreuve de la piste. Dès lors, les premiers kilomètres requièrent une grande vigilance.

Sur les eaux gelées du Yukon puis de la Takhini, le froid pénètre jusqu'aux os malgré la chaleur toute relative et surtout psychologique d'un soleil trop bas. Mais sous le couvert de la forêt et des efforts produits pour conduire le traîneau en sautant d'un patin sur l'autre, j'ouvre rapidement le zip de ma grosse veste. Le froid est un copain que j'ai apprivoisé depuis longtemps. Lui et moi, on se connaît par cœur et, même si nous avons eu quelques différends, notre amitié est indéfectible. Règle n° 1 : pour bien s'entendre avec cet ami de tempérament glacial mais en aucun cas distant : ne jamais avoir trop chaud. Donc, des zips partout : il faut pouvoir réguler en permanence le thermostat de façon à ne jamais transpirer, et essayer de toujours rester un peu dans le froid, ne pas trop s'éloigner de cet ami qui n'aime pas être longtemps délaissé, sous peine de le faire payer cher.

Je résiste étonnamment bien au froid. Je suis capable de mettre des bottines aux chiens à mains nues par moins 40 °C, et le vulgaire petit bonnet de laine vissé sur ma tête fait sourire. « Ah, le p'tit Français, il sait pas ce que c'est que nos froids ! T'as vu son chapeau ? » Et pourtant, je l'ai porté pendant quatre mois l'hiver dernier, à moins 50 °C comme à moins 10 °C.

Non, le froid n'est pas un ennemi sur cette course, et, s'il fait peur à quelques mushers qui s'inquiètent des températures annoncées, il me laisse assez indifférent, même si je reste vigilant quant à ce qu'il coûte aux chiens en termes de dépense énergétique et aux engelures qu'il peut leur causer, notamment à la partie la plus sensible de leur corps – ne souriez pas : le pénis.

En revanche, le manque de sommeil me préoccupe beaucoup ; les souffrances qu'il occasionne sont à mes yeux bien plus grandes que celles liées au froid, si terrible soit-il. Sur la Quest, les mushers dorment en moyenne, dans le meilleur des cas, deux à trois heures par vingt-quatre heures, ce qui est… peu, d'autant qu'en dehors de ces heures de repos souvent inconfortables, simplement étendu sur le traîneau ou allongé dans la neige, ça bosse dure et ça fatigue. Un épuisement qui gagne du terrain de jour en jour, grandit, envahit, détruit et provoque des hallucinations qui ont joué bien des tours à certains mushers pourtant en excellente position. Ainsi, l'un d'entre eux, alors en tête, a fait demi-tour, croyant avoir rencontré sur la piste quelqu'un lui ayant affirmé que l'arrivée avait été modifiée et qu'il fallait rebrousser chemin. Mon ami, le grand musher Frank Turner, l'avait croisé, ne comprenant pas pourquoi il revenait sur ses pas. Totalement désorienté, ne sachant plus qui croire, Frank ou le sujet de son hallucination, ce musher finit par s'endormir dans son sac de couchage, au pied de son traîneau, se laissant dépasser par deux de ses poursuivants pour finalement reprendre ses esprits et sa route vers la ligne d'arrivée deux heures plus tard…

Avec le manque de sommeil, la lucidité s'étiole. Dans un état de confusion généralisée vont se multiplier des erreurs que l'on ne commettrait pas en temps « normal ». La capacité des mushers à encaisser le manque de sommeil est variable, mais se révèle un élément aussi déterminant que l'endurance ou la vitesse des chiens, et c'est ce qui fait la grandeur de cette course aux composantes tellement diverses. Être un bon musher et avoir de bons chiens ne suffit pas.

Suis-je un « bon » musher ? J'ai assurément, comme le dit Frank Turner, une expérience de musher-randonneur hors du commun grâce aux multiples expéditions qui m'ont emmené à travers les pays d'en haut, cumulant plusieurs dizaines de milliers de kilomètres au compteur. En revanche, mon expérience sur des courses de longue distance est très faible. C'est un domaine où j'ai tout à apprendre, ainsi que les chiens. Mais je suis studieux, et surtout l'envie est là.

Mes chiens sont-ils « compétitifs » ? Ne les ayant jamais alignés au départ d'une course, je n'ai pas d'éléments de comparaison objectifs. La seule course qu'ils ont effectuée est une course de trois cent vingt kilomètres en Alaska, la Gin Gin, que Fabien a terminée en réalisant de bonnes moyennes mais en prenant trop de repos pour bien se placer. Je ne sais donc pas vraiment ce qu'ils valent, mais ces chiens, mes chiens, je les connais à fond et ils ont l'habitude de fonctionner ensemble. Ils forment une équipe, solide et solidaire. C'est une force que n'ont pas certains mushers qui entraînent jusqu'à cent chiens pour sélectionner tardivement quatorze chiens qui n'ont pas alors d'esprit de meute.

Dans la panique du départ, j'ai oublié de remettre mon GPS à zéro, si bien que je ne sais pas exactement où nous en sommes, mais le nombre d'heures courues, trois, me donne une indication fiable car je sais lire assez précisément la vitesse de mon attelage. Environ seize kilomètres à l'heure de moyenne. Nous approchons d'une cinquantaine de kilomètres parcourus. Il m'en reste donc quarante à couvrir avant de choisir un endroit pour nourrir les chiens et camper quelques heures, le temps qu'ils se reposent et digèrent.

La lumière commence à décliner et je prépare ma lampe frontale afin de ne pas me laisser surprendre par l'arrivée progressive de la nuit. Les chiens continuent de trotter allègrement sur cette piste forestière pleine d'odeurs de gibier : bisons, cerfs wapitis, lièvres, perdrix… La conduite est facile, à l'exception de quelques passages tortueux où il faut rester vigilant et peser de tout son poids sur un patin, puis sur l'autre pour bien négocier les virages et quelques descentes abruptes. Par moments, le paysage s'ouvre sur un marais ou un lac. Alors, comme moi, les chiens regardent à droite, à gauche, le paysage, heureux de voyager en terre inconnue. Comme nous, ils se lassent de ces pistes cent fois prises en entraînement où le paysage devenu trop familier n'apporte plus de surprises. Les chiens aiment la découverte. Ils l'ont appréciée et s'y sont habitués l'hiver dernier, quand chaque jour notre grande expédition leur offrait de nouveaux paysages, de nombreuses surprises et de multiples rencontres avec des hommes et tant d'animaux sauvages. Tirant aujourd'hui un traîneau inhabituellement chargé, ressentant cette émotion communicative qui est la mienne, sans doute s'imaginent-ils repartis pour une semblable aventure.

La piste s'élargit quelque peu dans une grande forêt de pins et de bouleaux que nous traversons pendant plus de deux heures alors que l'obscurité tombe. Le faisceau de ma lampe fait briller le dos de mes chiens dont le manteau qui les protège du froid s'est entièrement recouvert de givre. Ce sont quatorze petits buissons blancs qui trottent joyeusement dans la nuit glaciale alors que dans le ciel commence à poindre la timide ébauche d'une aurore boréale vert et jaune. Je ne me suis pas arrêté pour snacker. Trop peur qu'ils s'emmêlent ou qu'ils me faussent compagnie en arrachant les ancres. Ils ont été bien nourris hier et ce matin encore. Je ne leur donnerai un bon repas que lors de l'arrêt et ne commencerai à distribuer des snacks qu'à partir de la seconde étape.

Soudain, sur la gauche, j'aperçois un musher en pause au bord de la piste. Il a installé ses chiens dans la paille qu'il a transportée, comme moi, dans un gros sac ficelé sur le dessus de son traîneau. Nous sommes au kilomètre 80 et ce musher a donc décidé de camper pile à mi-parcours. Je le dépasse et reconnais le double champion Allen Moore. Je suis surpris. Je pensais que ces leaders allaient tous foncer d'une seule traite jusqu'à Braeburn. Une année, Hugh Neff ne s'était même accordé que deux heures de repos à Braeburn avant de filer, de nouveau, d'une seule traite jusqu'à Carmacks. Sans doute le froid extrême qui règne aujourd'hui avec des températures de moins 42 °C les incite-t-il à ménager leurs chiens. Auraient-ils décidé de couper ce long run de cent soixante kilomètres afin de prévenir la survenue d'engelures, indécelables pendant leur course ?

Voir Allen Moore ici me rassure. D'autres se sont sans doute arrêtés derrière nous. D'ailleurs, plus personne ne m'a dépassé depuis que Lance Mackey m'a doublé sur la rivière.

La noirceur devient encre. Je commence à chercher une ouverture dans la forêt à droite ou à gauche du sentier pour m'isoler un peu de la piste au bord de laquelle la plupart des mushers campent. Les chiens se reposeront mieux ainsi, sans être dérangés par les attelages qui ne manqueront pas de passer. Mais l'exercice est compliqué. L'attelage de quatorze chiens mesure plus de vingt mètres de long et, lorsque j'aperçois une clairière et une zone d'arbres assez clairsemés pour me permettre de garer l'attelage et le traîneau, il est trop tard. Les chiens de tête, Burka et Miwook, l'ont déjà dépassée. Or la marche arrière n'est pas une option dont nous disposons et celui qui réussira un jour cette prouesse impressionnera tout le monde. La manœuvre s'en rapprochant le plus est le demi-tour que des chiens aguerris, dont les miens, réalisent avec plus ou moins de brio : tout l'art consiste à ce que chaque paire de chiens revienne sur ses pas en attendant son tour pour ne pas venir s'emmêler dans les autres. Ensuite, d'un bon coup de reins, et avec l'action simultanée de son poids sur un patin et du guidon que l'on tire vers soi, le traîneau se retourne dans un tête-à-queue, prêt à repartir dans le sens opposé. Seule une piste assez large permettant aux chiens de se croiser rend possible l'exécution de la manœuvre. Répondant à l'ordre « reviens à djee* » ou « reviens à yap* »,

Burka réalise ces demi-tours, par la droite (djee) ou par la gauche (yap), avec intelligence, c'est-à-dire à la bonne vitesse tout en s'écartant judicieusement des autres chiens. Mais ici, il faudrait réaliser deux demi-tours pour revenir dans l'une des clairières que je manque les unes après les autres, ce qui est inenvisageable avec quatorze chiens encore très excités qui risquent de se blesser s'ils s'entortillent une patte dans la ligne de trait* centrale, celle à laquelle ils sont tous reliés pour tirer le traîneau. Je continue donc, espérant apercevoir une zone ouverte assez vaste pour avoir le temps d'anticiper une quelconque action, mais la forêt reste trop dense et l'heure tourne. Or je ne veux pas prolonger inutilement ce premier run. Finalement, je pose mes ancres dans une zone quelque peu clairsemée et vais au-devant de Burka et de Miwook voir comment se présentent les choses. Comme les arbres sont assez espacés, je trace une piste à toute vitesse dans la neige profonde, car les chiens sont déchaînés et j'ai vraiment la trouille qu'ils s'en aillent sans moi, me plantant là comme ce fut le cas lors d'un entraînement. À moins qu'à distance raisonnable un virage, une pente, un relief sur la piste ne fasse chavirer le traîneau et ne bloque les chiens, ils seraient capables d'aller ainsi, sans moi, jusqu'au check-point suivant ! Je reviens dare-dare me poster sur les patins et ordonne à Burka « Yap ! Yap ! », mais les chiens sont survoltés et sitôt la première ancre libérée, ils arrachent la seconde sans me laisser le temps de freiner suffisamment pour que Burka puisse emprunter mes traces et entrer dans la forêt.

Je stoppe de nouveau et, bien que l'endroit semble moins propice, trace une piste dans laquelle je tire mes deux chiens de tête. Ainsi, ils ne pourront pas rejoindre le sentier. Ils essaient pourtant de le faire tellement est forte leur envie de courir encore.

— Non ! Burka, yap !

Obéissant de mauvaise grâce, elle retourne dans ma trace, obligeant l'attelage à la suivre même si certains excités comme Sidi, Kazan ou Dark « tirent au renard ». Parvenu à une dizaine de mètres à l'intérieur du bois, suffisamment à l'écart de la piste à mon goût, je stoppe. J'ôte aussitôt ma grosse veste car le travail qui m'attend, même au-dessous de moins 40 °C, va me donner chaud.

Je décroche le sac rempli de paille ficelé sur le dessus de mon traîneau et le distribue équitablement aux sept paires de chiens, qui se calment aussitôt et s'y couchent. Ils savent que ça ne servirait à rien d'aboyer et de tirer : c'est le signal de la pause. Alors autant en profiter rapidement. Je décroche ensuite les tug-lines*, c'est-à-dire les lignes qui, accrochées au cul du harnais, les relient au trait central. Les mousquetons sont parfois figés par de l'urine ou des excréments gelés et il faut taper dessus avec une pince Leatherman pour casser ce ciment gelé bloquant le système de fermeture. Ensuite, pour éviter que les tugs ne s'emmêlent, je les attache à la ligne centrale au moyen d'une petite boucle prévue à cet effet, de longueur adéquate. Les chiens ne sont alors plus retenus que par la neck-line*, nom donné à la petite cordelette d'une vingtaine de centimètres qui les relie par le collier au trait central. Ils se retrouvent ainsi par paires, se couchant le plus souvent collés l'un contre l'autre pour profiter du petit tas de paille que je dispose sous eux. Encore endiablés cinq minutes auparavant, réclamant bruyamment de continuer, les voilà maintenant immobiles, confortablement lovés sur leur lit de paille qu'ils n'ont plus envie de quitter… du moins pour l'instant. Je m'attelle alors à la tâche consistant à ôter les bottines, ces petits chaussons en tissu qui protègent les coussinets des chiens des agressions de la neige froide et de la glace. Il faut parfois gratter la pellicule gelée qui s'est formée, venant recouvrir le scratch. Immédiatement, les chiens se lèchent et j'en profite pour faire une petite inspection. La moindre blessure, même anodine, doit aussitôt être repérée et soignée, sinon elle risque de s'aggraver et le chien devra être droppé. De même, il faut tester chacune des articulations à la recherche d'une quelconque douleur. J'en décèle une légère, récurrente chez Burka, que je masse sans attendre avec un baume pénétrant, puis j'enveloppe son poignet dans un bandage en néoprène. Même chose pour Inuk. Cela fait, je sors l'instrument métallique en forme de grande gamelle qui permet de faire fondre la neige : le cooker*. J'y verse l'alcool dans le récipient prévu à cet effet et commence à fabriquer de l'eau. Pendant le quart d'heure que dure l'opération, je continue à masser les chiens, surtout ceux qui présentaient des faiblesses lors des entraînements. Le travail consistant à enlever les bottines et à soigner les petits bobos se fait entièrement courbé, en position accroupie. Le dos souffre, mais il faut aller au bout et ne pas écourter la séance. Surtout en début de course, sinon autant rentrer chez soi. Qu'en sera-t-il après quatre ou cinq cents kilomètres ?

Lorsque l'eau est chaude, j'y fais fondre un peu de viande de bœuf coupée en morceaux que je mélange avec les croquettes Royal Canin 4008, très fortement énergétiques, puis distribue ce riche mélange aux chiens, qui mangent plus ou moins bien. Je mets cela sur le compte de cette dernière semaine, durant laquelle nous les avons plutôt suralimentés, en prévision de la perte de poids inévitable survenant dans une telle course. Ils manquent encore d'appétit malgré un run de quatre-vingts kilomètres. Du moins c'est ce dont j'essaie de me convaincre pour ne pas laisser croître l'inquiétude que ce manque d'appétit provoque chez moi.

Quelques chiens lèvent la tête, fixant la piste où grandit, au loin, une lueur qu'accompagne un léger cliquetis métallique : le tintement joyeux des petites médailles en acier frappées du sceau de la Yukon Quest, dont chaque chien est pourvu et sur lesquelles apparaît le numéro de dossard du concurrent. En passant, cette musique se noie avec celle du halètement des chiens et celle que produisent les lisses du traîneau glissant sur la surface gelée de la piste. Je n'ai pas le temps de reconnaître de qui il s'agit et de toute façon, par ce froid, les visages sont entièrement couverts et protégés, sinon ils brûlent.

Quelques minutes plus tard, un second attelage. Vision féerique, assez irréelle que ces nuages de givre fantomatiques éclairés par les faisceaux des lampes frontales, surgissant au beau milieu de la nuit puis se dissipant aussi vite, comme dans un songe, laissant flotter un furtif souffle de vie dans cet univers cristallin, figé, silencieux. Je m'allonge quelques instants dans la neige pour reposer mon dos. Mes cils gèlent, fermant mes yeux qui, de toute façon, réclament le sommeil, mais il faut bientôt repartir, voilà deux heures que nous sommes arrêtés et il est temps de « bottiner ». Cinquante-six bottines, à mettre sur quatorze fois quatre pattes.

Deux attelages passent à la suite. Je ne sais plus très bien où nous en sommes. Me suis-je assoupi un bref instant ? Je vérifie le temps de pause sur mon GPS : deux heures et trente-cinq minutes. Si j'ai dormi, ce n'est que quelques minutes. Je constate avec plaisir qu'à l'exception de certains chiens comme Moujik et Yuma, tous manifestent l'envie de repartir, aiguillonnés par les attelages qui passent et incitent à les suivre. J'avoue ne pas rester insensible à cet appel de la piste, plus ou moins conscient, qu'induit la vision de ces attelages qui nous doublent. Ne sommes-nous pas en course ? Je suis pressé maintenant de lever le camp, de voir comment les chiens vont avaler ce second run, de découvrir si ce repos et les massages prodigués ont eu un quelconque effet sur les articulations très légèrement douloureuses de Burka et d'Inuk.

J'ai hâte de glisser dans la nuit tel un fantôme de givre sur cette piste gelée, longue encore de plus de mille cinq cents kilomètres.

Cinquante-six.

Les cinquante-six bottines sont enfin posées, soigneusement scratchées : ni trop fort pour ne pas gêner la circulation du sang, ni trop lâche, au risque de laisser un peu de neige, abrasive comme du sable, s'infiltrer à l'intérieur et, à force de frottements, blesser les coussinets.

À mains nues, courbé en deux dans la neige par moins 40 °C, c'est tout sauf une partie de plaisir que je meuble tout de même, à la fois pour passer le temps et pour me mettre du baume au cœur, en parlant aux chiens.

Je recharge soigneusement le traîneau, vérifie les batteries de mes deux lampes frontales (la principale et celle de secours), puis enfin rattache les tugs aux harnais. Dès lors, les chiens savent que le départ est imminent et commencent, impatients, à s'exciter, aboyer, sauter et gesticuler. Je vais au-devant de Burka et ouvre entre les arbres une piste qui va rejoindre le sentier, condamnant avec des branches un raccourci que les chiens pourraient être tentés de prendre et qui me ferait effectuer un virage trop serré autour d'un arbre. Un attelage de quatorze chiens est long et garder une ligne aussi droite que possible est une sécurité. Or, pour rejoindre le sentier, je vais devoir un peu slalomer. Les chiens arrachent mon ancre et nous démarrons en trombe. Beaucoup trop vite pour que je puisse bien négocier le passage entre les arbres. Les obstacles se succèdent à grande vitesse et je n'ai guère le temps de gérer, évitant de justesse de percuter deux arbres alors que certains chiens en panique ne savent plus où passer : à droite ou à gauche de ce tronc que la ligne de trait frôle ? Un chien qui fait le mauvais choix – et il n'a que quelques dixièmes de seconde pour le faire – peut s'étrangler s'il saute à droite d'un arbre alors que l'attelage passe à gauche. Il faut donc rester vigilant, le pied sur le frein pour immédiatement aller détacher le chien qui se retrouverait dans cette posture. Mais plus facile à dire qu'à faire, car pour bien slalomer entre des arbres, comme pour prendre un virage serré, il faut maintenir une certaine vitesse, sinon la traction vous attire dans le piège. Bref, c'est un peu dans la panique que nous sortons de ce bois où je n'aurais pas dû aller m'enchâsser, et que nous retrouvons la piste. Je vérifie ne rien avoir perdu, arraché au hasard d'une branche, dans la bataille. Je ne pense pas. Tant mieux, car un élément perdu (et tout ce que nous emportons – le strict nécessaire – est indispensable) ne peut pas être remplacé. C'est le règlement. Imaginons qu'un musher (c'est arrivé) perde son unique lampe frontale (j'en ai plusieurs), c'est le scratch assuré car il est impossible de continuer la course – qui se fait à soixante-dix pour cent de nuit – sans lumière.

Burka et Inuk trottent bien, sans gêne. L'attelage file, joyeux, dans cette nuit glaciale et je me laisse gagner par le bonheur de laisser cette épreuve derrière moi : celle du premier run pendant lequel les chiens surexcités sont durs à maîtriser. Dans quelques heures, nous serons à Braeburn.

— Allez, les pt'its chiens !

3

**7 février 2015, 23 h 50,
arrivée au check-point de Braeburn**

Un musher m'avait prévenu que le virage était très « casse-gueule » et c'est bien vrai : il l'est. Mais les pisteurs ont bien fait leur boulot et la difficulté est annoncée par plusieurs piquets fichés au sol en bord de piste. Je suis donc sur le qui-vive même si, en plein milieu de la nuit et après cent cinquante kilomètres de piste, je commence à sérieusement ressentir la fatigue et que tout mon corps réclame le repos.

Après ce brusque virage, presque à angle droit, qu'il faut prendre avec une certaine vitesse pour ne pas percuter un arbre, la piste plonge brusquement dans une descente à plus de 45 degrés. Les mushers qui me précèdent – j'estime une douzaine – ont, pour se ralentir, usé de leur frein au même endroit et largement raclé la neige au bas de la pente, si bien qu'il n'y reste qu'un peu de terre gelée. D'expérience, les chiens savent que la puissance de freinage sera insuffisante et, en réaction, ils accélèrent pour éviter que le traîneau, dans son élan, ne les rattrape et ne leur rentre dedans. Ce qui évidemment n'arrange rien… La réception sur la glace du petit lac est rude mais tout va bien. L'obstacle franchi, quelques kilomètres de tout repos sur la surface gelée de ce lac nous attendent. Pour la première fois, j'utilise pour soulager un peu mon dos douloureux une sorte de petit siège qui, sur un axe, s'installe facilement à l'arrière du traîneau. Qu'un obstacle se présente, nécessitant une réaction immédiate de ma part, et je n'ai qu'à écarter les cuisses pour qu'il reprenne sa place contre le traîneau auquel il est fixé avec des tendeurs. Certains mushers utilisent un traîneau doté d'un siège plus confortable que ce modeste repose-cul. Il s'agit d'un véritable siège à dossier reposant à l'arrière du traîneau dont les deux skis sont considérablement rallongés. Sous celui-ci est aménagé un box pouvant contenir du matériel, fournissant un supplément de place non négligeable. Ce traîneau est apparu il y a une dizaine d'années sur l'Iditarod, où la piste, facile sur de longues portions, autorise le repos. Il est peu utilisé sur l'itinéraire de la Yukon Quest, où il est rarement possible de relâcher son attention. Mais quelques irréductibles conduisent malgré tout ces embarcations pourtant encombrantes dans ce qu'on appelle ici la « jumble ice* » : de longs passages taillés dans le chaos formé par des blocs de glace empilés les uns sur les autres dans certaines zones de hauts fonds ou dans les rapides du fleuve Yukon. Les pisteurs nous ont avertis qu'une portion de piste entre Carmacks et Pelly Crossing était absolument horrible. Le mot utilisé, intraduisible en français, était même un cran au-dessus de « absolument horrible ». Mais à chaque jour suffit sa peine. Il est minuit et j'ai hâte d'arriver au check-point, de mettre les chiens au repos dans une belle épaisseur de paille et de manger l'un des plus gros hamburgers du monde, qui fait la réputation de l'endroit.

Au bout du lac, trop vite traversé au goût de mon dos, qui se serait bien reposé encore un peu, la trace se poursuit dans une petite forêt où la conduite est à nouveau très technique. Nous enchaînons quelques virages dont les chiens s'amusent et, tout à coup, les lumières. Nous y sommes.

Il y a comme un embouteillage car Hugh Neff et un autre viennent juste d'arriver. Ils se trouvaient quelques minutes devant moi. Les juges de course contrôlent leur chargement, font signer le check-in* et leur demandent quels sont leurs plans. En effet, certains prennent ici leurs sacs et s'éloignent aussitôt pour aller camper au calme. C'est le cas de Hugh Neff, qui repart aussitôt. Trois stars sont arrivées en premier ici. Jeff King, le seul à avoir finalement effectué le run de cent soixante kilomètres d'une seule traite, suivi d'Allen Moore, le vainqueur des deux précédentes éditions, et Lance Mackey, la star des stars, « le Tiger Wood des neiges ».

Je suis en douzième position.

Je décide de rester dans l'aire de repos interdite aux handlers. On m'installe à côté de Normand Casavant, un très sympathique musher québécois, qui a déjà fait d'excellents résultats sur la Quest avec notamment une septième place remarquée en 2013. Nous effectuons notre routine ensemble. Bottines, massages, viande à dégeler dans l'eau chaude, distribution de nourriture… Cela prend une heure et demie. Les chiens, fatigués, sans doute un peu stressés par l'environnement (les vétérinaires, les officiels, les attelages qui arrivent et repartent, les médias…), mangent mal, ce qui m'inquiète. Comment vont-ils tenir à raison de plus de cent cinquante kilomètres par vingt-quatre heures au-dessous de moins 40 °C s'ils ne dévorent pas ce que je leur donne ?

J'ai décidé de m'arrêter ici sept heures, c'est dans la moyenne des temps de repos que s'accordent les mushers après cette étape de cent soixante kilomètres. Vers 3 heures du matin, je laisse les chiens, soignés, nourris, massés, dormir dans la paille que j'ai pris soin de bien disposer autour d'eux et cours, plus que je ne marche, vers le check-point car j'ai une faim de loup. Il règne dans cette pièce où s'entassent plus de deux cents personnes une drôle d'atmosphère, typique de cette course hors normes. Des odeurs de cuisine et de vêtements humides mis à sécher absolument partout se mêlent dans l'ambiance surchauffée comparée au froid extérieur. Avachis ici et là, certains dorment, d'autres pianotent sur des ordinateurs, beaucoup de journalistes et de handlers scrutent le tracking* permettant de visualiser les attelages qui continuent d'arriver et de repartir. Brent Sass, en tête, est déjà en route vers Carmacks… ainsi que Jeff King et Hugh Neff. La course est lancée. Jeff King donne l'impression de vouloir mener la danse. Comme à son habitude, une seule chose l'intéresse : la victoire. Mais sur cette édition, la concurrence est rude. Jamais la Quest n'a compté autant de *top mushers* alignés au départ. La course pour la victoire promet d'être exaltante. Depuis quelques années, les traîneaux sont équipés d'une petite balise permettant leur localisation par satellite et chacun peut, sur le site de la Yukon Quest, suivre en « live » la course des uns et des autres. La vitesse s'affiche, ainsi que les temps de run et de repos. Ainsi peut-on calculer assez exactement l'heure d'arrivée de chacun, ce qui pour les handlers qui attendent leur musher est un progrès considérable. Autrefois, ceux-ci restaient des heures dehors et aux fenêtres à guetter, tout comme les officiels, qui se ruaient à l'extérieur dès que résonnait le fameux *« Musher comes in ! »*. Certains nostalgiques, comme toujours, regrettent ce temps ancien, mais beaucoup se réjouissent de pouvoir suivre chez eux et en direct une course passionnante qui compte de plus en plus d'adeptes.

Comme tous les mushers – c'est à cela qu'on les reconnaît –, j'entre avec un visage de glace que je fais dégeler au-dessus de l'énorme poêle autour duquel on me fait aussitôt une petite place. Au bout de quelques minutes, je peux enfin ôter ma cagoule, qui était raidie par le gel et prise dans ma barbe. Je mets tout cela à sécher puis dévore enfin le fameux hamburger avec l'appétit qu'on imagine. Pierre et Fabien m'assaillent de questions auxquelles je réponds entre deux bouchées avant de retourner voir les chiens. Ils dorment à poings fermés mais, à l'exception de Dark, Miwook, Inuk et Unik, ils ne daignent pas manger malgré tous mes efforts. Résigné, un peu découragé, je vais m'allonger deux heures dans l'une des petites pièces aménagées pour les mushers. Je dors mal, par petites fractions de dix minutes, stressé par les chiens qui n'ont pas fini leur ration. Sans doute aurais-je dû attendre davantage pour les nourrir ? Ou peut-être fallait-il leur distribuer plus de snacks en course ? Je tourne et retourne le problème en tous sens. Dehors, le thermomètre affiche moins 44 °C. Des attelages continuent d'arriver et de repartir. Je retourne au check-point pour boire un café avant de tenter à nouveau de nourrir les chiens. Ces derniers mangent, et encore pas tous, du bout des lèvres, sans appétit. Je suis inquiet, de mauvaise humeur. Du coup, je me prépare mal. J'oublie d'emporter mes thermos au check-point, m'obligeant à effectuer un aller-retour fatigant de plus. Je mets deux manteaux à l'envers qu'il me faut retourner, bref, je ne suis pas dans mon assiette et je suis si fatigué... Comment vais-je pouvoir tenir dix jours à ce rythme ? Les bottines sont longues à ajuster, certains chiens renâclent et n'y mettent pas du leur, comme Miwook, qui déteste ça.

— Allons, mon Miwook, calme-toi bon sang !

Lorsque mes quatorze chiens sont enfin bottinés, ce qui prend une bonne demi-heure, je m'occupe de mon chargement, triant dans les sacs de *food drop* ce dont j'ai besoin pour l'étape : snack, batteries, etc. Je m'y prends mal et je m'en veux d'être aussi mal organisé. C'est autant le bordel dans mon traîneau que dans ma tête et cela m'énerve, ce qui n'arrange rien. Je retourne au check-point boire du café pour me réveiller et m'habiller au chaud puis replonge dans le froid et dans la nuit, prévenant au passage les officiels que je suis prêt à signer le check-out*. Quelques bénévoles viennent aider à la manœuvre consistant à ressortir de l'aire de repos pour rejoindre la piste et le départ. Dark, Sidi et Inuk aboient à tue-tête, trépignent, ce qui me redonne un peu d'optimisme – j'en ai bien besoin !

— Ils sont en forme, vraiment au top, me dit Fabien qui en rajoute, je le sais.

Mais il a raison.

J'ajuste ma lampe frontale et quitte le check-point.

Nous traversons une route puis, aussitôt, glissons sur une belle piste qui s'en va plein ouest en contournant un relief. Les chiens vont bien, ils trottent joyeusement et au loin quelques lueurs annoncent déjà le lever du jour.

— Allons, Nicolas, tout va bien… Les chiens vont se mettre à manger, et regarde comme ils ont de l'allant !

Je ne sais pas si j'arrive à me persuader moi-même de grand-chose mais au moins ai-je le mérite d'essayer. Je sais combien la fatigue influe sur le moral et qu'alterneront coups durs et instants d'euphorie. Savoir gérer ce contraste permanent de sensations et d'humeur est fondamental. Facile à dire ou à écrire dans un livre, ce conseil se révèle beaucoup plus dur à suivre en pleine nuit, par moins 45 °C après seulement deux heures de sommeil et l'impression que tout va mal…

L'étape de Braeburn à Carmacks est longue de cent vingt kilomètres, que j'ai décidé de couper en deux runs, le premier d'environ soixante-dix kilomètres, le second des cinquante restants. J'ai donc emporté avec moi de la paille et de la nourriture en quantité suffisante.

J'aime ce moment indistinct où le jour hésite, quand la nuit s'accroche et que commence à se dessiner le relief. Avec l'arrivée du jour, la fatigue se dissipe un peu, comme si de toute façon il était trop tard pour dormir et assouvir cet immense besoin de sommeil. Alors la fatigue bat en retraite, se replie un temps pour mieux revenir ensuite, renforcée encore de ces heures qu'on lui vole.

J'éteins ma lampe frontale. On y voit assez maintenant et le paysage s'ouvre sur une succession de marais et de lacs où il faut parfois éviter des zones d'overflow et de glace. Miwook et Burka sont excellents dans cet exercice qui consiste à slalomer avec une grande précision.

— Djee ! Oui, encore ! Encore ! Allez, yap ! Yap !

C'est un bonheur de les voir aussi réactifs, de les sentir apprécier puis exécuter les ordres avec autant de tonicité et d'intelligence, anticipant les passages que je vise, devinant les zones que je désire éviter.

— C'est bien, les chiens ! C'est vraiment bien.

Je les félicite un par un et chacun à son tour se retourne.

Profitons-en pour vous présenter mes champions.

En tête donc, Burka et Miwook. Derrière eux, Quest et sa fille Sidi. Quest est une bonne chienne de tête, un peu fragile, espiègle mais intelligente, remarquable chasseresse. Si une perdrix se trouve ensevelie sous la neige au bord de la piste, ma main à couper que c'est pour elle. Sidi est tout aussi menue, un peu fragile au niveau des poignets, mais c'est une battante, incroyable grimpeuse, le maillot à pois de mon équipe avec Unik et Kazan.

Unik est un chien d'une régularité incroyable. Un champion. Un chien qui mange bien, qui trotte merveilleusement bien, qui est « tout bien ». Donnez-m'en quatorze comme ça et je gagne la Quest comme qui rigole !

Kazan est un chien soumis, qu'Unik a pris sous sa protection, empêchant les autres de le rosser, ce qu'ils faisaient en permanence l'hiver dernier malgré mes interventions, nombreuses, pour les limiter. Depuis qu'Unik a pris Kazan sous sa protection, ce dernier va mieux et progresse.

En troisième paire, j'ai placé ensemble aujourd'hui – car les dispositions changent d'un jour à l'autre – Olga et Yuma.

Ce sont deux chiennes de 2 ans et demi, trop jeunes encore l'hiver dernier pour intégrer l'attelage de dix chiens avec lequel j'ai traversé ces immensités sauvages à l'époque. J'avais donc confié ces jeunes chiennes à deux de mes amis avec qui ils ont couru la Grande Odyssée, cette course de chiens de traîneau que j'ai créée avec mes amis Dominique Grandjean et Henry Kam. Ainsi, celles-ci ont été bien soignées et bien entraînées pendant mon absence.

Yuma est très particulière. C'est la chienne la plus sauvage de l'attelage. Alors que tous réclament à cor et à cri des caresses et des papouilles à tout-va, Yuma hésite, fait sa mijaurée, sa timide. Mais c'est une très bonne coureuse de fond, courageuse, tonique et opiniâtre.

Olga est sympathique, joyeuse, enjouée. Elle renâcle lorsqu'il s'agit de repartir après un repos toujours trop court à son goût, mais cela dure rarement et elle retrouve vite le plaisir de la piste.

Ensuite Moujik. Un brave chien, mais je sais pertinemment qu'il n'ira pas à Fairbanks, au mieux jusqu'à Dawson. Il fatigue vite, récupère mal et pourtant il est merveilleusement charpenté et très sympathique. Placé à coté de lui, Inuk, une chienne d'une petite taille mais qui a tout d'une grande. Elle trotte fabuleusement bien et a fait preuve lors des derniers longs entraînements de cent kilomètres et plus d'une remarquable endurance.

Happy et Kali sont deux frères jumeaux impossibles à différencier sans une grande habitude et encore m'arrive-t-il de me faire prendre depuis que Kali, un peu moins puissant que son frère, s'est fortifié. Ces deux-là sont une des paires maîtresses de mon jeu. Autant je parie un traîneau que Moujik ne terminera pas, autant suis-je prêt à parier qu'eux iront jusqu'au bout. Pourtant Happy m'a fait peur. Dix jours avant le départ, de drôles de verrues sont apparues sur ses pattes, posant de gros problèmes de frottements, donc de saignements et de blessures lorsqu'on lui mettait les bottines, pourtant obligatoires pour protéger les coussinets des chiens. Nous avons donc été obligés de les lui faire enlever et les cicatrices sont neuves. Mais elles tiennent. Il s'en est fallu de peu que je ne puisse l'emmener. Quel coup dur cela aurait été !

Happy et Kali n'ont jamais démérité en quatre mois d'expédition. Ce sont des coureurs hors pair, costauds et courageux. Je compte énormément sur eux, priant pour que la légère boiterie que Kali a manifestée lors d'un entraînement ne soit due qu'à un petit faux mouvement sans gravité. Ce qui semble être le cas à le voir aujourd'hui trotter allègrement.

Et enfin ce qu'on appelle mes *wheel dogs,* composant le couple placé immédiatement devant le traîneau. Deux vedettes : Wolf, le chef de meute, celui qui a autorité sur tous les autres mais qui est parfaitement idiot, incapable de comprendre quelque chose d'élémentaire, comme de ne pas couper les liens qui le relient à la ligne centrale, et qui, lorsque vous l'engueulez, vous regarde sans comprendre, avec cet air parfaitement bovin qui le caractérise. Mais je l'adore cet idiot-là, profondément gentil, et quel coureur !

Il allonge un trot incroyable, capable de le tenir à des vitesses très élevées (plus de vingt kilomètres à l'heure), lorsque tout le monde est depuis longtemps au galop.

Puis Dark. Ah, le Dark ! Un chien d'une bonne humeur à toute épreuve, toujours partant, trop partant même. Incorrigible, il ne tient pas en place et cela peut parfois rendre fou. Lorsqu'on stoppe pour une pause, lui reste debout à aboyer, à râler, à grogner et à sauter en l'air pour qu'on reparte. À la longue, cela épuise ou énerve, c'est selon. Mais quel chien ! Et sur une course comme la Yukon Quest, quel bonheur de le voir remuer et motiver tout le monde pour repartir !

Deux ou trois attelages, guère plus, se sont déjà séparés d'un ou deux chiens à Braeburn. Combien de temps vais-je pouvoir en conserver quatorze ? Je l'ignore, mais je compte bien attaquer la grande étape de Pelly Crossing à Dawson City et l'ascension du King Solomon's Dome avec au moins douze chiens. C'est pour cette raison, entre autres, que je coupe ce run de cent vingt kilomètres en deux alors qu'il est parfaitement jouable de le courir d'une seule traite en accordant ensuite aux chiens un bon repos de six à huit heures.

Vers 10 heures du matin, alors que nous avons déjà quelques dizaines de kilomètres au compteur, le soleil se hisse enfin au-dessus des montagnes, ses rayons venant caresser d'une lumière bienfaitrice la vallée où nous cheminons. Mais de tiédeur, point, car à cette époque de l'année il est trop bas pour réchauffer l'atmosphère. En revanche, ses bienfaits sont indéniables sur le moral, ce qui n'est déjà pas si mal.

Nous allons maintenant plein nord, vers Carmacks.

Le paysage, métamorphosé par cette réconfortante clarté, est féerique. Une succession de lacs et de marais encadrés de hautes montagnes, entrecoupés de forêts dans lesquelles un bon sentier chemine à travers pins et bouleaux. Les traces d'animaux sauvages sont nombreuses : lynx, loups, bisons, élans, mouflons… Les chiens reniflent, allongeant le trot lorsqu'une trace leur semble plus fraîche qu'une autre. Nous dépassons un musher qui, garé le long de la piste dans une sorte de petit marais gelé entouré de joncs dorés, accorde une pause à ses chiens. Il s'agit de Brian Whilmshurst, un musher atypique de Dawson, qui a participé à tous les briefings d'avant-course en culotte courte, une chemise hawaïenne sur le dos. Une stature aussi imposante que sa barbe. Un monstre de sympathie, qui m'adresse un grand geste amical lorsque je passe. Brian est un bon client, qui est arrivé dixième lors de la précédente édition et qui vise un *top ten* cette année encore.

Je consulte mon GPS, que je commence à détester car il affiche toujours un nombre de kilomètres inférieur à mes suppositions. Qu'est-ce que je disais : cinquante-quatre kilomètres. J'aurais pourtant juré que nous avions dépassé soixante. Fichu GPS ! J'ai hâte de reposer les chiens, qu'ils profitent un peu du soleil avant qu'il ne disparaisse à nouveau derrière les montagnes.

Je stoppe pour snacker les chiens. Certains mangent bien, d'autres moins. Puis, au kilomètre 72, je trouve un bel endroit, l'endos d'une élévation de terrain bien exposé pour garer ma troupe. Aussitôt que je dispose un peu de paille sur le sol, les chiens s'y couchent avec volupté, bâillant de plaisir. J'ôte les bottines, masse longuement tout le monde en attendant que l'eau chauffe, puis distribue la nourriture. Une fois de plus, les chiens mangent peu, mal et cela me déprime. Ils préfèrent dormir que de manger. Cela se voit. Mais à cette température toujours aussi glaciale et avec une dépense physique considérable, je sais que les chiens doivent absorber plus de huit mille calories par jour. Ils en sont loin, à l'exception d'Unik, de Miwook et de quelques autres comme Inuk et Happy, qui mangent pas trop mal, dirons-nous. Je suis complètement démoralisé. J'essaie de leur donner des snacks au saumon haché, de la viande, rien n'y fait. Ils veulent dormir et non manger.

Trois heures plus tard, après que j'ai réussi à dormir vingt minutes, nous repartons.

4

9 février 2015, 4 h 50,
arrivée au check-point de Carmacks

La piste se complique avec du relief et d'immenses zones brûlées où les pisteurs ont slalomé dans une sorte de mikado géant. Il faut se battre, et malgré le froid j'enlève une couche car je commence à transpirer. Moujik tend à montrer des signes de fatigue. Je m'y attendais, mais j'espérais qu'il allait tenir plus longtemps. Je n'imagine pas qu'il puisse repartir de Carmacks.

Le crépuscule déjà et la routine de l'avant-nuit : contrôler les lampes frontales, vérifier les batteries. Les kilomètres semblent s'allonger, ils n'en finissent plus… Je n'ose pas regarder mon GPS, sinon je vais le jeter au loin dans la neige. Il se moque du monde, celui-là ! Il n'affiche que cent cinq kilomètres. Il nous reste donc encore une bonne heure et ce n'est pas la plus facile. La température chute aussi vite que mon énergie. Je suis fatigué, très fatigué, et mon moral fait écho à la forme des chiens. Quest ne tire plus, bientôt suivie d'Inuk. Voulant préserver Quest à tout prix, je la charge dans le traîneau. La piste monte, descend de façon abrupte pour franchir des petits reliefs qui s'enchaînent et n'en finissent pas, demandant un gros effort de concentration pour négocier certains virages entre des arbres ou des souches.

Soudain, Kali bloque. Je stoppe immédiatement l'attelage et marche vers lui. Il a l'arrière-train tout raide ! Je n'y comprends rien. Qu'est-ce qui a pu provoquer un blocage aussi soudain ? Je caresse l'espoir qu'il ne s'agisse que d'une crampe passagère.

— Ah non, pas lui !

Je fais de la place dans mon traîneau et charge mon Kali, qui pèse plus de trente kilos. Je ne suis pas démoralisé, je suis désespéré. C'est avec trois chiens mal en point que je vais arriver à Carmacks, le deuxième check-point de la course, alors même que les choses sérieuses n'ont pas encore commencé. Sur les derniers kilomètres et chargé comme je le suis, le parcours chaotique, alternant pentes et virages, est un calvaire, d'autant plus qu'avec la gangue de glace qui m'emprisonne le visage je ne vois les obstacles qu'au dernier moment. Et surtout, je n'ai vraiment plus le moral et vois tout en noir, comme cette nuit froide, sans lune.

En arrivant enfin à Carmacks, j'ai la certitude de devoir dropper Quest, Moujik, et comme pour enfoncer le clou Inuk, qui s'est mise à boiter. Ce n'est pas un traîneau qui arrive à Carmacks, c'est le radeau de la Méduse ! Au point de contrôle, à l'arrivée, je demande aux officiels de faire mon check du matériel obligatoire sur le parking des chiens de façon à ne pas devoir bouger Kali sans l'aide d'un vétérinaire. Les officiels acceptent de bonne grâce et sollicitent l'aide immédiate d'un vétérinaire qui vient me rejoindre aussitôt que je me gare dans l'aire qui m'est allouée. Je lui explique ce qui s'est passé. Il l'ausculte pendant que je mets rapidement de la paille à mes chiens. Ils peuvent ainsi immédiatement se coucher et commencer à récupérer de cette sale journée. Le vétérinaire constate le blocage d'une partie de l'arrière-train sans pouvoir diagnostiquer quelque chose de précis. Le chien, lui, semble constipé, un dysfonctionnement musculaire bloquant le système.

— Laissons-le au repos quelques heures et voyons s'il parvient à faire ses besoins, conseille le véto. Combien de temps comptes-tu t'arrêter ?

— Au moins huit heures. Mes chiens mangent mal et avec ce froid je ne peux pas continuer ainsi ou je vais tous les dropper au prochain check-point !

Le véto comprend que je suis un peu déprimé et tente de me rassurer. Avec ce froid, qui va d'ailleurs s'amplifier dans les quarante-huit prochaines heures, m'avertit-il, plusieurs attelages ont le même problème. Les chiens sont stressés par ce début de course, il faut leur laisser le temps de prendre et surtout de comprendre le rythme. Je lui montre Inuk. Le diagnostic est sans appel. L'articulation commence à gonfler et est douloureuse. Cette chienne doit être droppée.

La liste s'allonge. Quest et Moujik sont fatigués. Au mieux continueront-ils quelques étapes sans tirer. Dès lors, à quoi bon s'encombrer de chiens « inutiles » ? Qu'il faut nourrir, soigner, masser, bottiner et pour lesquels il faut charger le traîneau de nourriture ? Pour une raison évidente, affective, mais qui n'a pas sa place ici, pas dans une course. De plus, et même s'il me coûte de m'en séparer, Quest et Moujik seront bien mieux à se reposer et à se faire cajoler par Fabien jusqu'à la fin de la course. Il faut être pragmatique et réaliste.

Quest, Moujik, Inuk. Trois chiens droppés. Sans doute quatre avec Kali… Le moins que l'on puisse dire est que les actions baissent. À Carmacks, j'ai envoyé pas mal de nourriture : de la viande, du poisson, plusieurs sacs de snacks et je donne tout ce que je peux aux chiens, mais ils mangent mal, ce qui achève de me miner le moral. J'envisage de scratcher. À quoi bon continuer ? Mes chances d'arriver sont quasi nulles. Je n'ai dormi que deux heures et demie depuis deux jours et je sais que la fatigue m'empêche d'y voir clair. De plus, mes chiens ont besoin de repos et sans doute une fois reposés mangeront-ils mieux ? C'est ce dont je tente de me persuader en allant m'allonger deux heures, après avoir mangé un gros plat de lasagnes dans le check-point. Pierre et Fabien tentent de me remonter le moral… Mais je vois bien qu'ils n'y croient plus, eux non plus ; même s'ils tentent de me persuader du contraire. Je dors à peine une heure et ressors pour réchauffer ce que j'ai conservé à l'abri du froid dans ma glacière et le proposer aux chiens. Tant qu'ils n'auront pas avalé quelque chose, je sais que je ne dormirai que d'un œil. Quelques-uns mangent un peu, mais rien d'extraordinaire, si bien qu'une heure plus tard je recommence. Kali ne va pas mieux et je suis résigné. Il ne repartira pas, je le sais. Toutes les deux heures, je renouvelle la distribution de nourriture, multipliant les ingrédients et essayant d'apporter quelques variantes : sur la neige, sur la paille, dans la gamelle, avec et sans eau, en les mettant debout pour les réveiller un peu. Ils mangent, par petites portions, si bien que je reste onze heures dans le check-point, volant de-ci, de-là quelques petites heures précieuses de sommeil.

Je quitte Carmacks avec dix chiens, mais ces dix-là, après ce long repos, sont pleins d'allant et ce départ en fanfare me redonne un peu le moral. Un moral qui en avait bien besoin. Je suis décidé à aller le plus loin possible, au moins jusqu'à Dawson. Avec dix chiens, nous sommes certes moins puissants et bénéficions d'une marge de manœuvre extrêmement réduite car il est quasiment impossible d'emmener les dix au bout. Avec une telle distance à parcourir chaque jour, tant d'épreuves à surmonter, il y aura forcément d'autres soucis. Ayant si peu de chiens dès le début de la course – personne n'en a droppé autant –, je dois redoubler de vigilance et tout faire pour arriver à Dawson avec eux. Je dois donc oublier le classement, abandonner mes rêves désormais inaccessibles de *top ten* et me concentrer maintenant sur une seule chose : ces dix chiens, pour aller, à notre rythme, le plus loin possible.

L'avantage, petit mais réel, de conduire un attelage de dix chiens est que tout est plus rapide. Quatre places vides, c'est environ vingt-cinq pour cent de temps de travail économisé. C'est aussi moins de nourriture à transporter. Enfin… on se console comme on peut.

L'étape entre Carmacks et Pelly Crossing est de cent trente kilomètres avec, au milieu, ce qu'on appelle un « dog drop* », une cabane où un vétérinaire intervient si nécessaire et où les mushers peuvent dropper un chien puisque l'endroit est accessible aux handlers avec leur camion d'assistance. La piste entre Carmacks et Pelly Crossing emprunte le Yukon avec, sur de courtes portions, des passages à travers les broussailles ou la forêt de la berge. C'est ici qu'on nous a annoncé un horrible jumble ice de plusieurs kilomètres. Effectivement, moins d'une demi-heure après avoir quitté Carmacks, et aussi loin que le regard porte, le fleuve est entièrement barré d'une rive à l'autre par un impressionnant amas de blocs de glace. Certains morceaux et agglomérats atteignent plusieurs mètres de hauteur.

— Mais comment sont-ils passés là-dedans ?

Si les pisteurs y sont parvenus et que d'autres mushers ont suivi, c'est que c'est possible. C'est avec cette conviction que j'entre dans la zone où, aussitôt, commence le combat. Effectivement, la piste est dingue. Je remarque immédiatement les traces de plusieurs traîneaux qui ont fait demi-tour ici, refusant le passage. Il s'agit pour la plupart de concurrents de la Yukon Quest 300, une course de trois cents miles (quatre cent quatre-vingts kilomètres) réunissant une vingtaine de concurrents, dont le départ est donné trois heures après celui de la Quest et qui sert de course qualificative pour l'Iditarod ou pour la Yukon Quest de l'année suivante. Parfois, certains grands noms s'alignent sur cette course pour tester un équipage de jeunes chiens ou simplement s'entraîner. De fait, à cause du froid extrême et de cette piste affreuse, un nombre de mushers record aura scratché ici cette année. C'est le cas de notre copain Olaf. Un musher allemand très sympathique qui habitait dans une cabane proche de la nôtre et qui s'est aligné au départ de la Quest 300.

Mon arrêt prolongé à Carmacks aura tout à la fois permis aux chiens de bien se reposer et fait en sorte que j'entame cette étape de jour plutôt que de nuit, ce qui constitue, pour la conduite dans cet enfer de glace, un avantage certain. Le traîneau est bringuebalé d'un côté puis de l'autre, constamment en équilibre sur ces blocs qui donnent l'impression de voyager sur les gravats d'un gigantesque tremblement de terre ayant démoli des immeubles. Le danger est permanent pour les chiens qui glissent sur la glace vive, risquant à tout instant de se blesser. On imagine le stress qui est le mien. Je tremble pour eux. Les chutes sont tout aussi dangereuses pour le musher, sachant qu'à moins 40 °C, un bloc de glace ou de béton, c'est du pareil au même. Certaines arêtes sont excessivement acérées, en pointe ou coupantes. Et pas moyen de passer au ralenti. Il y a tant et tant de virages – un véritable slalom – qu'il faut, pour les négocier au mieux, conserver une certaine allure. Dès lors, les obstacles arrivent à toute vitesse et les décisions à prendre pour bien les appréhender doivent intervenir instantanément. Il s'agit plus de réflexes instinctifs que d'analyses réfléchies. Le parcours ressemble à un ring où le musher reçoit beaucoup de coups sans pouvoir en rendre un seul. Sa seule consolation, c'est la satisfaction de reléguer derrière lui certains passages au fur et à mesure de leur franchissement. Tout en bataillant, je ne peux m'empêcher d'admirer le travail titanesque qu'ont effectué les pisteurs pour tailler une route dans ce dédale incroyable de blocs de glace enchevêtrés. C'est phénoménal. Des jours à tailler la glace, à déplacer des blocs, à combler des trous avec de la neige, à effectuer des allers-retours, à hésiter, cherchant les passages les moins terribles. Mais pas d'autre solution que le fleuve car ses rives abruptes sont totalement impraticables. Les chiens passent bien, sans se blesser, et je prie pour que ça dure. Les pisteurs annonçaient environ huit kilomètres de jumble ice. Je n'arrive pas à croire que nous n'en avons parcouru que la moitié. Je suis rincé. Il faut en permanence rattraper, porter, redresser le traîneau, dans une totale instabilité. Tout en courant, je dois sauter d'un patin sur l'autre, lire le terrain pour envoyer en le poussant le traîneau là où il faut accélérer pour éviter de heurter un bloc, glisser dans un trou ou se renverser dans un dévers. C'est l'enfer ! Les bras et les épaules en compote, j'ordonne une pause au cours de laquelle je distribue mes félicitations aux chiens et un snack qu'ils avalent avec appétit, ce qui me remplit de bonheur. J'attaque donc la seconde moitié de cette piste de cauchemar avec un bon moral.

Nous sortons enfin de ce passage, sans encombre. D'autres n'ont pas eu cette chance et ont cassé des pièces maîtresses de leur traîneau. Les premiers abandons se dessinent.

Le tracé rejoint la rive puis revient sur le Yukon avant d'entrer dans les terres pour suivre un bon sentier jusqu'à McCabe Creek : le dog drop. Les chiens, joyeux, filent à bonne allure sur cette piste et le moral remonte encore d'un cran

McCabe : une vaste clairière avec quelques bâtisses en bois, où j'arrive au grand trot. Je vise immédiatement une place baignée de soleil où les chiens se reposeront bien. Les organisateurs de la course ont déposé là une demi-botte de paille par attelage, que je répartis aussitôt pour mes cinq paires de chiens. Il est 14 h 40. Je décide de ne prendre ici que deux heures de repos avant de repartir pour Pelly Crossing.

Je les nourris donc rapidement et ils mangent assez bien. Je passe aussi beaucoup de temps à les masser, surtout Burka, dont le poignet droit, légèrement enflé, est fragile. Même chose pour Happy, qui n'est pas au sommet de sa forme, comme s'il couvait le même problème que son frère jumeau, Kali, droppé à Carmacks. Pourvu que je me fasse des idées. Abandonner Happy signerait mon abandon quasi obligatoire, d'autant plus que je ne pense pas pouvoir emmener Burka très loin. Cette faiblesse grandira inévitablement. Comment imaginer qu'elle puisse guérir en effectuant plus de cent cinquante kilomètres par jour ?

Que ne donnerais-je pas pour disposer encore, comme la plupart des concurrents, de quatorze chiens à ce stade de la course ? Mais je dois garder confiance en ces dix chiens, qui ont de l'énergie à revendre. C'est ce que je m'efforce de croire : méthode Coué. Sinon, je suis foutu.

Deux heures plus tard, nous repartons pour un run de cinquante-cinq kilomètres jusqu'à Pelly Crossing. Avec le jour qui tombe, la température chute pour atteindre moins 45 °C. Tout va bien durant les deux premières heures, puis, de nouveau, Happy commence à relâcher son trait, signe qu'il ne va pas bien, ce que confirme son allure trop raide. Je suis complètement désemparé. Je ne comprends pas. Happy et Kali étaient les deux chiens les plus sûrs, les plus costauds de mon attelage. Je le charge dans mon traîneau, la mort dans l'âme, et c'est ainsi que nous allons jusqu'à Pelly Crossing.

Lorsque j'arrive un peu après 18 heures au point de contrôle, des records de froid sont annoncés avec des températures de moins 55 °C à Dawson. Ici, le mercure affiche déjà moins 47 °C. Je montre immédiatement Happy à l'équipe vétérinaire, qui me conseille de le dropper et de le mettre sous antibiotiques.

Je n'ai donc plus que neuf chiens, et Burka boite.

De Pelly Crossing à Dawson, c'est trois cent cinquante kilomètres sans check-point. Une étape redoutée pour sa longueur – la plus longue de la Quest – et par le relief traversé avec pas mal d'ascensions, dont celle du King Solomon's Dome.

Trois attelages ont déjà scratché et tout laisse à croire que le mien sera le quatrième. La fin est proche. Pourtant, je veux m'accrocher et aller au moins jusqu'à Dawson, quitte à porter le traîneau moi-même jusqu'en haut du King Solomon's Dome. Une sorte de rage m'envahit, un sentiment d'injustice me pousse à la révolte. J'ai tant donné pour cette course ! Nous ne méritons pas cela. Qu'ai-je fait pour me retrouver aussi vite en fâcheuse posture ? Ai-je présumé de nos forces, sous-estimé nos faiblesses ?

— J'irai à Dawson, dis-je avec rage à Pierre et Fabien, dépités, qui sentent bien eux aussi que la partie est jouée.

Pour arranger le tout, de nouveau les chiens mangent mal. Or la nuit est glaciale et les étapes à venir sont énormes. Tant pis, je resterai le temps qu'il faudra ici, mais je repartirai avec neuf chiens forts.

Je reste quatorze heures dans le check-point, nourrissant toutes les trois heures, dormant un peu dans les intervalles. Au petit matin, tous les attelages qui étaient ici sont repartis à l'exception d'un seul à part le mien, celui de Kristin Knight Pace, la jeune musheuse.

Arrivé ici en dix-neuvième position, je repars vingt-deuxième, avant-dernier. Trois concurrents ont abandonné et Matt Hall, un des prétendants à la victoire, est, me dit-on, en train de revenir sur ses pas pour scratcher à Pelly.

Je tente de me consoler. Je ne serai pas le premier ni le seul à abandonner puisque de grands mushers comme Matt Hall et d'autres se sont retrouvés dans une situation similaire à la mienne.

Mais j'irai à Dawson.

Mon traîneau est très lourdement chargé pour cette longue étape. J'ai emporté beaucoup de nourriture pour les chiens, imaginant peut-être devoir prendre mon temps, quitte à arriver bon dernier, mais arriver coûte que coûte jusqu'à Dawson. De toute façon, tout espoir de classement est envolé. J'ai pris beaucoup de retard et, avec seulement neuf chiens, je vais aller trop lentement pour espérer rattraper un peu du temps perdu. De plus, il me faudra ménager ces chiens : je n'ai plus aucune marge de manœuvre.

Après ce long repos, les chiens trottent bien malgré le froid polaire : moins 48 °C. Être de retour sur la piste après ce long arrêt me redonne un peu le moral. Au check-point, je détestais voir se poser sur moi les regards désolés de ceux qui me voyaient déjà abandonner la course. Pire encore, celui d'un Français détestable, résident au Yukon, qui se réjouissait ouvertement de ma déconfiture, celle qu'il avait si bien anticipée, y compris sur les réseaux sociaux (en signant courageusement d'un nom d'emprunt que nous avons tous reconnu). Pourtant, ce Français tellement français, soi-disant plus yukonais que nature, avait échoué lui-même, quelques années auparavant, dans sa tentative de Quest ! Pathétique et risible.

Mais par ailleurs tant de gens, amis connus et inconnus, me soutiennent que je ne voudrais pas les décevoir. Je pense à ma femme, à mes enfants, à ces écoles (dont certaines portent mon nom en France) où, rivé sur le tracking de la course, on me suit heure par heure. C'est pour cela aussi que j'ai envie de me battre. Je ne suis plus découragé. Je suis enragé.

5

9 février, 18 heures, départ de Pelly Crossing

C'est sur une belle piste, large et facile, que nous rejoignons un affluent du Yukon. Malgré la température glaciale, par endroits en deçà de moins 50 °C, mes neuf chiens vont bien, très bien. Je crois que j'ai su communiquer la rage qui m'habite à mes valeureux compagnons. En fait, je ne crois pas… j'en suis convaincu. De la même manière, mon comportement angoissé, en lien direct avec leur manque d'appétit, leur transmettait des ondes négatives et entretenait leur stress. Le serpent qui se mord la queue… Il me faut maintenant croire en eux, en ces neuf chiens qui déroulent un trot impeccable, en prendre le plus grand soin et ne jamais céder à la facilité. Jamais. En donnant encore et toujours le meilleur de moi-même, nous devons poursuivre joyeusement notre route. NOTRE route. Sans nous soucier des autres et de notre classement. Un grand lavage intérieur se fait en moi tandis que nous filons sur cette piste gelée. J'en fais part à mes chiens, je leur explique tout ça. Ils se retournent un à un à l'appel de leur nom et je les félicite car ils courent bien, si bien qu'ils se mettent, ragaillardis, à courir encore mieux. Nous filons à plus de quinze kilomètres à l'heure dans ce paysage un peu irréel, figé par le froid, enveloppé d'une petite brume transparente qui recouvre les chiens de givre. Chacun d'eux est protégé d'un épais manteau conçu pour la course, doublé, sous le harnais, d'une sorte de tee-shirt en laine polaire. Ainsi sont-ils parfaitement protégés du froid extrême, sans perte inutile de calories, toute l'énergie disponible étant mobilisée par l'effort physique de la course.

— C'est bien, ma Burka ! Bien, mon Miwook. Devant !

Car déboule un attelage, en sens inverse. Sans doute l'un des mushers de la Quest 300 qui, après avoir effectué la boucle requise à trente kilomètres de Pelly Crossing, revient vers le check-point pour franchir la ligne d'arrivée.

— *Hey !!! Well done.*

Le musher, il me semble que c'est un homme – mais comment en être sûr ? car, du visage, seuls deux yeux givrés apparaissent fugacement –, répond par un vague murmure désabusé. Je n'y fais pas attention et poursuis ma route mais, en me repassant le film de notre croisement, plusieurs choses m'intriguent. N'y avait-il pas une luge derrière le traîneau, l'une de celles que Lance Mackey ou Jeff King, caracolant actuellement en tête de la course, utilisent ?

Je n'y pense plus, restant concentré sur la foulée parfaite de mes neufs chiens qui trottent joyeusement, avalant les kilomètres. Avant de quitter Pelly Crossing, j'ai vidé et rangé mon traîneau de fond en comble, tout repensé : chaque chose est à sa place, la charge bien équilibrée, le poids en arrière. J'ai changé les lisses et nous sommes comme neufs. De Whitehorse à Pelly, je me rongeais les sangs, gérais mal mes affaires et, alors que le traîneau n'était pas aussi bien organisé qu'à l'accoutumée, je perdais un temps précieux à chercher ceci ou cela. Bref, ça n'allait pas et, loin d'être éphémères, mes bonnes résolutions du jour, je m'en fais le serment, perdureront.

Le traîneau doit contenir le *mandatory gear,* le matériel obligatoire que les officiels vérifient régulièrement. Qu'il manque un élément et c'est une pénalité de plusieurs heures qui tombe.

Cet équipement, c'est une hache, un sac de couchage, un cooker (une grande gamelle s'enfilant dans un réceptacle en acier en dessous de laquelle une sorte de brûloir reçoit le carburant, du méthanol), des bottines de rechange, la pochette vétérinaire contenant le dossier de chaque chien, une paire de raquettes. Me concernant, s'y ajoute une petite scie, une glacière pour préparer la nourriture des chiens, une paire de lisses de rechange, un sac contenant quelques affaires : chaussettes, sous-gants, cagoule… de la nourriture pour les chiens : viande, granulés, snacks, un peu de nourriture pour moi sous forme de sachets déshydratés, des sandwichs que je place à dégeler à l'intérieur de ma veste pour les manger en avançant, quelques barres chocolatées. Une pharmacie pour chiens, un nécessaire de réparation pour le traîneau contenant des aiguilles et du fil pour rafistoler les harnais, des mousquetons, quelques vis et boulons, du fil de fer et de la cordelette pour une réparation de fortune éventuelle. Un sac cousu au-dessus de la bâche du traîneau contient lampes frontales et batteries, vite accessibles ; un deuxième, les bottines ; un troisième, des tugs-lines et neck-lines de rechange ainsi que les snacks prévus pour le run, ce qui me permet de nourrir les chiens sans ouvrir la bâche du traîneau.

À Pelly Crossing, j'ai pris soin de dégeler trois sacs de snacks que j'ai rangés dans ma glacière, elle-même enveloppée dans mon sac de couchage. Je ne veux pas donner, alors qu'ils ont encore trop peu d'appétit, des galettes dures comme du béton et sans odeur à mes chiens. J'en suis récompensé : ils dévorent si bien qu'au lieu d'un biscuit je leur en donne volontiers deux chacun. Dire que cela me remplit de bonheur n'est pas exact. J'en pleure de joie. J'étais tellement malade de les voir sans appétit. Je les félicite, blague, les caresse et les embrasse. Ils sont tout frétillants, heureux. Dark est déjà dans les starting-blocks, à aboyer, réclamant qu'on reparte, ce qui semble convenir à toute ma petite équipe.

— Allez, les chiens !

Ils arrachent l'ancre, que je n'ai même pas eu le temps de relever. Ah ! les salopards de chiens que j'aime !

— Mais vous exagérez ! Un peu plus, et vous me laissiez en plan, sans m'emmener ? Non mais oh ! les chiens, qu'est-ce que c'est que cette blague ?

Une « blague » qu'ils m'ont déjà faite et qui a failli me coûter cher, très cher. C'était à l'entraînement. J'étais parti seul avec mes quatorze chiens dans le camion pour me garer au début d'une route qui n'est pas pratiquée en hiver, menant à un petit village indien abandonné en cette saison, situé à plus de cent kilomètres de la grande route de Whitehorse à Fairbanks.

J'avais attelé les chiens, le traîneau retenu par une corde équipée d'un largueur fixé au véhicule. Au fur et à mesure que j'attelais les chiens, ceux-ci se mirent à sauter, à bondir en avant, à aboyer, réclamant à cor et à cri que l'on parte. Ils n'avaient pas couru depuis deux jours et étaient excités, impatients. Lorsque je larguai, le traîneau partit comme une balle. Je pesai de toutes mes forces sur le frein pour les ralentir, pour qu'ils ne s'usent pas dans un triple galop destructeur alors que nous avions un aller-retour de plus de cent quatre-vingts kilomètres à effectuer. Les dix premiers kilomètres sont toujours stressants car, si l'on doit stopper pour une raison ou pour une autre, les chiens deviennent dingues et tentent par tous les moyens de repartir, utilisant toute la puissance qui est la leur. La tension exercée sur les ancres (il y en a deux) est maximale et il faut qu'elles soient très solidement fixées dans une bonne épaisseur de neige dure pour résister. Or, sur cette route, la couche de neige était insuffisante. Dès lors, je ne pouvais pas stopper le traîneau pour démêler un chien ou remettre une bottine. Il fallait déjà qu'ils se libèrent de leur trop-plein d'énergie, qu'ils se défoulent un peu durant dix à vingt kilomètres. Ensuite, ils accepteraient mieux une pause. La raison eût voulu que je ne parte pas avec quatorze chiens, incontrôlables avec ce peu de neige, mais la piste était trop belle et mon envie de courir avec l'équipe entière trop grande.

Ce jour-là, en prenant toutes les précautions nécessaires, je devais pouvoir gérer cette situation. J'avais donc vérifié, plutôt trois fois que deux, toute mon installation, les lignes, les harnais, mon chargement, les mousquetons afin de ne pas avoir à m'arrêter. Or, à peine deux kilomètres après le départ, catastrophe. Je m'aperçois que la vis qui traverse le ski à l'avant du traîneau et retient la lisse a sauté. Le petit clip qui empêche que cela arrive s'est cassé. La lisse commence donc de reculer et menace de s'en aller. Il faut que je m'arrête rapidement et que je répare. Sur la route, impossible. Je vise donc les fossés, de légers creux sur les bords de la route, en pesant de tout mon poids sur le ski pour faire dévier le traîneau, mais la traction des chiens freine cette manœuvre et je ne parviens qu'à mordre très légèrement sur la partie droite de la route. Plusieurs fois, accroupi, une main sur le guidon de mon traîneau, l'autre sur l'ancre, je tente d'accrocher une pierre gelée dans le sol, mais celle-ci s'arrache aussitôt. La seule solution est de coucher le traîneau et d'atteindre l'un des arbres bordant le fossé pour y fixer l'ancre. Je tente de les atteindre à la faveur d'un virage, mais ceux-ci se trouvent trop loin de la route. Les chiens tirent le traîneau couché sur le côté comme s'il était debout, me traînant derrière lui. Mon genou heurte violemment une pierre, m'arrachant un cri de douleur, mais pas question de lâcher, les chiens continueraient pendant longtemps avant que je puisse les rejoindre, même avec le traîneau sur le flanc. La force de quatorze chiens est phénoménale. Comment se fait-il qu'ils n'obéissent pas ? Ils savent que leur musher ne contrôle pas et en profitent. C'est plus fort qu'eux. Chaque chien, individuellement, obéirait au doigt et à l'œil à l'ordre donné de stopper, de se tenir tranquille le temps d'effectuer une réparation comme celle que je dois faire, mais pas plusieurs chiens. Une émulation se crée, c'est comme un mouvement de foule, irraisonné, incontrôlable. Ils ne sont plus eux, mais des forcenés qui veulent courir, courir. Couché derrière le traîneau, je hurle pourtant « Hoooooo !!! » et les chiens ralentissent un peu, assez pour que je puisse d'un coup de reins remettre le traîneau debout et sauter sur les deux patins. Me revoilà sur la route alors que les chiens repartent de plus belle après la frustration qui a été la leur de devoir ralentir quelque peu. La lisse est toujours en place mais elle va sauter d'un moment a l'autre. Je dois faire vite. J'avise un petit sentier qui s'écarte de la route et ordonne à Burka : « Djee ! » Elle s'y engage sans hésiter. Le sentier est étroit et j'arrive rapidement à accrocher l'ancre à un arbre. Enfin, nous voilà immobilisés. Je dois faire vite car certains chiens, tel Wolf, peuvent couper leurs liens pour se libérer. Je retourne le traîneau, attrape ma trousse de bricolage, replace la lisse et effectue avec une petite cordelette une réparation de fortune. Dès que je remets le traîneau sur pied, les chiens bondissent, s'arc-boutent, exerçant sur la corde une pression telle que je ne peux pas libérer l'ancre. Je suis en nage et j'ai très mal au genou, craignant une blessure qui me handicape sur la Yukon Quest, dont le départ est trois semaines plus tard. Je m'arc-boute moi aussi pour tirer de toutes mes forces, mais je ne parviens même pas à libérer un centimètre de mou. Couper l'arbre ? Il est trop gros. Faire demi-tour, c'est la seule solution et cela me remettra dans l'axe de la route. Ce n'est pas l'endroit idéal pour cela, tant s'en faut, mais je ne vois pas d'alternative.

— Burka, reviens ! Reviens !

Elle ne se fait pas prier. Le sentier est trop étroit pour qu'elle croise les chiens sans que les traits s'emmêlent, mais nous n'avons pas le choix et pour le moment j'ai d'autres priorités : retourner le traîneau qui, bloqué dans la neige fraîche et entre des arbres, risque de se briser ; et libérer l'ancre, qui pourrait se raccrocher sur le tronc. Une double manœuvre délicate. Par miracle, en recevant un énorme coup de reins au bon moment, le traîneau se retourne. Je tombe avec lui, mais une brusque secousse m'indique que les chiens repartent en sens inverse : nous voilà libres, et dans le bon sens. Ils me tirent sur quelques mètres puis je parviens à attraper l'ancre qui traîne à côté de moi et la plante tant bien que mal, accrochant une aspérité du sentier. Couché dans la neige fraîche recouvrant le sentier, bloqué par l'ancre, le traîneau est de nouveau immobilisé. Je cours vers les chiens pour les démêler. Inuk gémit, la patte coincée dans une boucle du trait. Les chiens, devant elle, exercent une telle pression que j'ai les pires difficultés à extraire sa patte du nœud que le trait forme. J'y arrive enfin lorsque les chiens arrachent l'ancre et le traîneau. Je saute dessus lorsqu'il arrive à ma hauteur et le bloque en usant de mon poids et de toute la force de ma voix pour ordonner aux chiens de s'arrêter. Ils le font à regret. D'un coup de reins, nous voilà repartis. Reste à négocier le virage à angle droit pour retrouver la route, ce qui se fait en dérapage plus ou moins contrôlé mais sans accident.

Ma lisse est replacée, mes quatorze chiens en ligne et devant nous il reste quatre-vingts kilomètres de route. À la bonne heure ! J'ouvre ma veste et laisse entrer le froid, ce qui, à moins 35 °C, se fait rapidement car je n'en peux plus. Mon corps est une étuve.

Usant de mon frein, je règle l'allure au grand trot et enfin souffle un peu. Avec vingt centimètres de plus de neige, ce petit accident de lisse aurait été réglé facilement en quelques minutes, mais ne pas pouvoir bloquer les chiens – et ils le savent – complique tout, faisant prendre des risques inutiles à l'attelage, et je m'en veux de m'être laissé griser par mon envie de courir avec les quatorze chiens. Ce n'était pas raisonnable et, à trois semaines d'une course comme la Yukon Quest, c'était une erreur grossière. Je masse mon genou, très douloureux. Tout à l'heure, à la pause, je le masserai avec un baume à l'arnica dont je me sers pour les articulations des chiens.

Nous allons ainsi à bonne allure pendant cinq heures et demie lorsque je commence à chercher un endroit où faire demi-tour et nous reposer trois heures. Ensuite, nous reviendrons sur nos pas. Au kilomètre 92, je trouve un endroit parfait, bénéficiant d'une vue splendide sur le paysage et le grand lac à l'extrémité duquel est situé le village indien abandonné. Nous effectuons sur la route, suffisamment large, un demi-tour parfait et les chiens stoppent à mon commandement là où, à la hauteur du traîneau, un arbre d'une dizaine de centimètres de diamètre me permet de fixer l'une de mes deux ancres. Je plante l'autre dans la neige et vais rapidement détacher les tug-lines des chiens pour leur signifier que nous nous arrêtons et afin qu'ils ne puissent arracher le traîneau et l'arbre. Ils en sont capables !

Rapidement, je distribue la paille que j'ai emportée et les chiens commencent à s'y coucher, certains aussitôt alors que d'autres comme Dark, Miwook et Inuk sont plus récalcitrants : « Alors, c'est vraiment la pause, on court plus ? »

— Non, Dark, couché et tais-toi !

Ce dernier, à son habitude, n'arrête pas de geindre et d'aboyer, réclamant qu'on reparte.

J'allume un feu, fais fondre de la neige et les chiens se calment peu à peu. Lorsqu'ils sont tous couchés, qu'il n'y a plus de tension dans la corde, j'enlève l'ancre et la remplace par une corde, celle qui est équipée d'un largueur. Par sécurité, même si la corde fixée à l'arbre est suffisante – mais on ne sait jamais –, je plante les deux ancres dans la neige et pisse dessus. Ainsi se formera de la glace qui rapidement scellera ces deux ancres dans le sol. Après quoi je suis tranquille. Le départ se passera bien.

Deux heures plus tard, alors que la nuit est tombée et que je me repose tout en m'inquiétant de ce genou qui me lance et gonfle, les chiens se réveillent brusquement et se mettent à aboyer, fixant un point précis. Rapidement, ils deviennent fous furieux. Je subodore qu'il s'agit de bœufs musqués. Il y en a beaucoup par ici et les odeurs et/ou les bruits d'une harde ont dû parvenir jusqu'aux chiens. Dès lors, impossible de les recoucher. Je décide de repartir. J'empaquette mon traîneau et, pour une raison que j'ignore, vais atteler les chiens sans enlever ma grosse veste. D'habitude, pour ne pas rester engoncé dans cette veste trop large, trop chaude, je la pose sur le guidon le temps d'atteler les chiens et conserve ainsi ma liberté de mouvement pour effectuer toutes sortes d'opérations : remettre une bottine, démêler un trait, changer un chien de place… Pourquoi cette nuit-là ai-je gardé ma veste sur le dos ? Était-ce prémonitoire ?

Je termine donc d'attacher les tug-lines lorsque, brusquement, une action coordonnée des quatorze chiens, sans doute déclenchée par un bruit venu des bœufs musqués, les projette en avant dans leurs harnais. La tension transmise au trait est telle que l'arbre s'arrache, racines comprises, avec le largueur, et que les deux ancres sautent. Je n'ai qu'une demi-seconde pour réagir et je sais ce que je dois faire : attraper au vol et coûte que coûte le traîneau. Je le vois arriver sur moi comme une balle avec les deux ancres aux pointes affûtées tels des piolets qui sautent en l'air, agressives, comme cherchant une victime du côté par lequel je pourrais me jeter sur le traîneau. Laissant le traîneau passer pour les éviter, je tente d'accrocher le guidon en m'élançant de toutes mes forces vers lui et le manque de quelques centimètres. Je me mets aussitôt à courir mais les chiens sont partis comme des bombes. Peine perdue.

— Hoooooooooo ! Burka ! Hoooooo ! Burka ! Hooooooo !

Elle m'entend et je sais qu'elle perçoit dans ma voix toute ma détresse, qu'elle aimerait pouvoir arrêter. Mais c'est impossible. Sans conducteur, le traîneau, emporté par son poids et sa vitesse, glisse sur sa lancée. En moins de temps qu'il ne faut pour le dire, la nuit a absorbé le traîneau, déjà loin, et je me retrouve seul.

— Merde. Merde. Merde.

Immédiatement, je fais l'état des lieux de ma situation. Quatre-vingt-douze kilomètres pour rejoindre la route avec un genou abîmé, à moins que le traîneau tombe ou ne se bloque d'ici là, ce qui a peu de chances d'arriver car la route est linéaire, sans virages violents. Il y a bien quelques descentes dans lesquelles le traîneau pourrait chuter, ou des côtes où les chiens pourraient s'arrêter, mais je n'y crois guère. Je les connais, mes gaillards. Une fois lancés, ils iront jusqu'au bout, jusqu'au camion que j'ai malheureusement garé à l'écart de la grande route, en roulant un peu sur cette petite route secondaire, déneigée sur quelques kilomètres, suffisamment loin pour que personne ne puisse voir le véhicule. Mes chiens iront jusqu'à lui et stopperont là où j'ai mis un peu de paille pour passer la nuit car je prévoyais de rester ici plusieurs jours à faire quelques allers-retours afin de profiter de cette route enneigée et isolée, parfaite pour « entraîner ». Personne ne verra donc les chiens seuls et ne s'inquiétera du conducteur absent.

Fabien ne s'étonnera pas non plus de ne pas me voir revenir. À l'endroit où nous habitons, Fabien et moi, la couche de neige n'est pas suffisante pour utiliser le traîneau. Lors des entraînements, nous devons donc utiliser un quad, ennuyeux et inconfortable. Alors qu'ici, la neige est suffisante, même si elle n'est pas en grande quantité. J'ai donc signifié à Fabien en partant de ne pas s'inquiéter s'il ne me voyait pas revenir le lendemain : « Je resterai peut-être deux ou trois jours », lui ai-je dit. Je n'ai donc rien à espérer de ce côté-là : Fabien ne déclenchera aucun secours avant plusieurs jours, quatre ou cinq dans le meilleur des cas. Je ne peux pas espérer non plus que quelqu'un emprunte cette piste ou aperçoive les chiens : personne ou presque ne passe jamais par ici.

Je suis seul, désespérément seul dans la nuit, à plus de quatre-vingt-dix kilomètres de mon véhicule, et sans doute aussi des chiens que je retrouverai là-bas. Je n'ai pas de téléphone et donc aucun moyen de prévenir.

Heureusement, j'ai ma grosse veste sur le dos. Sans elle, à moins 35 °C, je n'aurais pas d'autre choix que d'allumer un ou plusieurs feux et d'attendre des secours car mon genou ne me permet pas de marcher assez vite pour produire la chaleur nécessaire et ne pas geler. Mais comment tenir plusieurs jours devant un feu sans dormir ?

Pourquoi ai-je gardé ma veste ? Je n'ai pas le souvenir de l'avoir fait une seule fois l'hiver précédent, durant les trois mois qu'a duré mon expédition, ni une seule fois au cours de tous les entraînements de cet hiver.

Pourtant, je l'ai et je remercie le ciel.

J'ai du feu. J'en ai toujours sur moi. Toujours. Je sais trop l'importance du feu pour l'oublier. Dans plusieurs petits sachets étanches, il y a un morceau de bougie, des allumettes et un grattoir. J'ai de ces sachets dans l'une des poches de mon pantalon, de ma veste polaire, et dans une poche intérieure de ma grosse parka.

Quatre-vingt-douze kilomètres. Je commence à marcher tout en réfléchissant et en testant mon genou. Parviendrai-je à marcher ? En allant lentement et en boitant légèrement, je fais un premier kilomètre puis un second. La marche est pénible car je n'ai avec moi qu'une petite lampe frontale de secours. Celle, puissante, dont je me sers la nuit est sur le traîneau. Sur cette lampe, je n'ai que quelques heures d'autonomie et je dois l'économiser. Dieu seul sait combien de nuits vont s'écouler avant que je retrouve le traîneau, ou que des secours viennent me chercher. Je marche donc dans le noir. Comble de malchance, la lune n'en est qu'à son premier quartier et n'éclaire pratiquement pas. C'est tout juste si je devine, par la trouée que la route fait dans les arbres, le dessin de celle-ci. Souvent, je bute contre l'ados du fossé, m'enfonce sur le bord de la piste non damée.

Mon problème principal, c'est l'eau. Je n'en ai pas et je n'ai pas de récipient qui me permette d'en fabriquer à partir de la neige. Il ne faut pas boire trop de neige, déminéralisée, peu désaltérante. Or j'ai déjà soif et avec la marche ce manque va augmenter, sachant que dix pour cent de déshydratation, c'est cinquante pour cent de performance en moins. Mais pour me tirer de ce mauvais pas – et le mot est faible –, il va me falloir toutes mes facultés. Je dois donc marcher au moins jusqu'à de l'eau. Je me souviens d'avoir traversé plusieurs zones avec de l'overflow. Dans ces endroits-là, en espérant qu'ils ne soient pas trop éloignés les uns des autres, je pourrais me désaltérer. Je boirai au moins deux litres d'eau afin de me constituer une réserve jusqu'au point suivant. Où est la première zone ? Je ne m'en souviens pas bien, mais je pense qu'elle se trouve à au moins trente kilomètres. D'ici là, pas d'autre choix que de boire de la neige. Suis-je capable de marcher trente kilomètres avec ce genou ? Je n'en suis pas certain. En tout cas, tant que j'ai encore de la force, il faut que je fasse tout pour atteindre de l'eau. Là, avec un feu et même sans nourriture, je pourrai attendre plusieurs jours. Fabien finira bien par s'inquiéter. Mais les chiens. Livrés à eux-mêmes, que vont-ils devenir ? Sauront-ils tous se libérer des liens qui les relient au trait central ? Ce qui me fait le plus peur, ce sont les descentes. Certaines sont très abruptes et les chiens vont s'emballer. Le traîneau, emporté par son poids et sa vitesse, risque de les dépasser, de les heurter, de leur passer dessus. Quelle erreur ai-je faite à quelques semaines du départ de la course ! Je marche une heure, faisant mienne cette douleur lancinante au genou qui me fait boiter, m'empêche d'aller vite alors que la distance est considérable. La nuit est terriblement silencieuse et lorsque je m'arrête pour enlever les glaçons qui se figent dans ma barbe, mes cils et tout autour de ma bouche, je n'entends que le faible son de ma respiration ou celui de la neige qui crisse sous mes appuis. Je monte un bon moment jusqu'au sommet d'une petite colline, caressant l'espoir que le traîneau se soit bloqué ou renversé dans la descente, mais, une demi-heure plus tard, en redescendant, je déchante. Le traîneau risque fort de rester sur ses skis jusqu'au bout.

J'ai soif, terriblement soif, et plus je mange de la neige, plus j'ai soif, comme si cette poudre blanche qui fond trop lentement était de la farine.

Presque deux heures que je marche, que je broie du noir, imaginant des scénarios tous plus sombres les uns que les autres pour les chiens. Je décide de marcher encore quatre ou cinq heures avant de faire une pause, à moins que je ne trouve de l'eau plus tôt. De l'eau. J'en rêve. Pour marcher, malgré le froid, au-dessous de moins 35 °C, j'ai fabriqué avec mon surpantalon et ma veste, dont je ne me couvrirai qu'à l'arrêt, une sorte de sac à dos.

Soudain, au loin, puis plus proches, j'entends des loups qui se mettent à chanter et à se répondre. Effectivement, en venant, j'ai croisé une quantité impressionnante de leurs pistes coupant la route.

— Les chiens !

Les loups exècrent les chiens. Ils leur font une chasse sans pitié, ne supportant pas que ceux-ci pénètrent sur leur territoire. Chacun sait qu'il faut camper près de ses chiens afin qu'ils bénéficient de la protection de l'homme, qui n'a rien d'autre à faire pour ça que d'être là. Les loups n'attaquent jamais et ne s'approchent pas même des chiens qu'ils voudraient éliminer tant qu'un homme est à proximité. Pourquoi ? C'est un mystère d'autant plus incroyable que des loups n'ayant jamais vu un être humain de leur vie agiront ainsi, eux aussi. Comme si le respect (la crainte ?) pour ce drôle de bipède que nous sommes était inscrit dans les gènes de ce redoutable et intelligent prédateur.

Si cette meute de loups s'approche de mes chiens, ils n'en feront qu'une bouchée. En traversant les montagnes Rocheuses, j'avais croisé un missionnaire qui avait fait l'erreur de laisser son attelage trop loin de la cabane où il avait fait halte. À l'aube, à l'endroit où il avait attaché ses chiens, entre deux arbres, il n'avait retrouvé que quelques colliers, des taches de sang et quelques touffes de poil dans la neige pleine de traces de loups. Très souvent, au cours de mes expéditions, j'ai vu ou entendu des loups s'approcher de mon campement. Il fallait voir les chiens, queue entre les jambes, tremblant de tous leurs membres, tirer sur leurs liens pour se rapprocher de la lumière de notre camp tout en jetant des regards effrayés vers la nuit et les loups qui rôdaient autour de nous. Mais jamais aucun d'eux n'a attaqué l'un de mes chiens car je me suis toujours souvenu de l'histoire de ce missionnaire malheureux. Qu'adviendra-t-il de mes chiens si les loups les prennent en chasse ?

Plus la nuit avance, plus j'ai soif alors que monte l'angoisse, que je tente de maîtriser car je sais qu'il me faut rester concentré. Il fait moins 35 °C, je n'ai pas d'eau, pas de nourriture, pas de lumière et je ne dois compter que sur moi-même. Je ne suis pas en danger de mort, à condition de ne pas faire n'importe quoi car à cette température tout va très vite et les erreurs se paient cash. Je marche encore une bonne demi-heure et constate que les loups hurlent à l'ouest de la route. Pourvu qu'ils restent dans ce coin-là.

Je commence à imaginer comment dormir. Je ne marcherai jamais quatre-vingt-douze kilomètres d'une seule traite, mais en deux ou plus probablement trois étapes. Et je dois manger. Le plus simple, du moins le moins compliqué est de poser quelques collets à lièvres. Je sais le faire, mais je n'ai jamais utilisé que du fil de laiton, rigide, coulissant aisément dans la petite boucle que l'on forme pour obtenir un nœud coulant. Judicieusement placés, à bonne hauteur, c'est-à-dire à celle du cou, dans les coulées que les lièvres empruntent, ils étranglent ceux-ci lorsqu'ils tentent de se dégager. En plaçant correctement une dizaine de collets dans une zone bien fréquentée, on récolte généralement trois ou quatre lièvres au petit matin. Mais je n'ai pas de fil de laiton. Le seul fil dont je dispose est celui d'un sous-collant en laine que l'on peut dérouler. Je le tresserai pour en faire une fine cordelette et je maintiendrai la boucle avec de petites branches de sapin pleines d'accrocs auxquels la laine collera. Du moins est-ce le plan que je fomente en marchant. Cela m'occupe l'esprit.

Soudain, je reçois comme une décharge électrique. Je m'arrête immédiatement, un pied en l'air, le cœur battant à tout rompre, tabassant mes tempes et m'empêchant d'entendre. Ai-je rêvé ? Ce ne sont pas des loups que je viens d'entendre. Je tends l'oreille autant qu'on peut le faire, ôtant mon bonnet pour mieux identifier le plus beau son que j'aie jamais entendu de ma vie : celui de mes chiens en train d'aboyer. Car c'est bien de cela qu'il s'agit. J'ai aussitôt une réaction complètement stupide. Je me mets à courir alors que mes chiens sont encore à plus de deux ou trois kilomètres et qu'à cette température la seule chose que je risque d'obtenir est une belle (et dangereuse) engelure de la gorge. En effet, en courant, on ouvre la bouche pour mieux respirer. L'air glacial se retrouve donc directement en contact avec les muqueuses.

Je me résigne donc à marcher, mais j'ai tellement peur qu'ils ne repartent. Qu'est-ce qui a pu provoquer ce stop ? Ce ne sont pas les loups. Les chiens n'aboieraient pas ainsi. Non, ils sont bloqués quelque part. Mon Dieu, faites qu'ils ne repartent pas. Je marche aussi rapidement qu'il est raisonnable et possible de le faire à cette température et avec ce foutu genou. Les chiens cessent par moments d'aboyer pour reprendre quelques minutes plus tard. Ils sont loin. Par ce froid, les sons traversent l'air sans perdre beaucoup de leur force et de leur netteté première. Je marche deux bons kilomètres avant de monter une petite colline en haut de laquelle j'entends maintenant distinctement Dark, Inuk, Happy en train d'aboyer. Ils sont là, en bas. J'accélère encore.

Une dizaine de minutes plus tard, dans le faisceau de ma lampe frontale, je vois les petits éclats brillants des yeux de mes chiens. Je vais jusqu'au traîneau en retenant mon souffle, sans rien dire de peur que cela ne déclenche le départ de la meute. Et enfin j'accroche le guidon. Je regarde par terre : l'une des deux ancres qui traînaient donc sur le sol s'est solidement fichée dans la neige, agrippée à une roche dont le sommet en biseau a retenu la griffe acérée de l'une des deux piques. Un gros coup de chance. Je plante solidement la seconde ancre et vais immédiatement voir les chiens. J'ai rarement été aussi heureux de les retrouver. Je vais rapidement de l'un à l'autre vérifier qu'ils vont bien. Ceux qui sont là ne semblent pas avoir souffert de quoi que ce soit, mais il en manque deux ! Olga et Yuma manquent à l'appel.

Jet d'adrénaline.

Mais où sont-elles ? Qu'est-ce qui a bien pu se passer ? Qu'est-ce qui aurait pu faire qu'elles se détachent et ne suivent pas les autres ?

Les loups ? Ils n'auraient pas laissé les autres repartir sains et saufs…

En balayant les alentours avec ma frontale, j'aperçois soudain les petites billes de deux paires d'yeux. Yuma et Olga se sont libérées de leurs liens et sont allées se coucher dans la forêt sous quelques branches de sapin.

— Ma Yuma. Olga.

Elles me regardent, l'air de dire : « Alors, qu'est-ce que tu foutais, ça fait des heures qu'on ne t'a pas vu, t'étais où ? »

Avant de remettre tout le monde à sa place, je me rue sur le traîneau et vide le thermos du litre d'eau tiède qu'il contient. Puis je câline, cajole, caresse tout en vérifiant une seconde fois que tout va bien, qu'il n'y a pas de poignets ou d'épaules qui ont souffert dans l'une des descentes que les chiens ont forcément dégringolées à toute allure. Mais tout va bien. Je n'aurais pas imaginé un tel épilogue.

J'allume un feu, fabrique de l'eau autant pour moi

que pour les chiens, puis, une fois remplacé ou réparé toutes les *tug-lines* coupées par les chiens, nous repartons. Quel pied de glisser sans effort à plus de quinze kilomètres à l'heure alors que je me suis traîné la mort dans l'âme à moins de trois kilomètres à l'heure pendant tout le début de cette nuit catastrophe.

Un musher qui n'a jamais perdu son traîneau et ses chiens n'existe pas ou je ne l'ai pas encore rencontré. Certains s'attachent au traîneau avec une corde. À ne pas faire. L'un de mes amis s'est retrouvé traîné plus de un kilomètre sur une piste en descente slalomant entre les arbres. En bas de celle-ci, il n'avait plus grand-chose qui ne soit pas cassé. Nous avons tous regretté qu'il ne soit pas mort car, tétraplégique, il n'avait plus envie de vivre, et d'ailleurs il s'est laissé mourir.

Le mieux que l'on puisse faire est de laisser courir une corde derrière son traîneau afin de l'attraper en cas de chute ou de départ intempestif. Mais cela n'est pas sans poser d'autres inconvénients. À cela, je préfère une extrême vigilance, et jusque-là, pour moi, elle a été payante : puisque durant les vingt mille kilomètres de mes trois dernières expéditions je n'ai perdu qu'une seule fois mon traîneau – ce qui aurait pu avoir des conséquences tragiques, non pas tant pour moi qui l'ai retrouvé quelques heures plus tard, que pour ma famille, qui avait entendu à la radio canadienne que j'étais mort. Mais cela est une autre histoire.

Cet entraînement a laissé des traces. Mon genou s'est remis lentement, mais je subodore que quelques chiens comme Inuk, Quest et Burka ont forcé dans certaines descentes. Il en a résulté quelques douleurs et faiblesses au niveau des articulations et des poignets. Voilà ce qui arrive à qui présume de ses forces. Ce jour-là et avec aussi peu de neige, jamais je n'aurais dû partir avec autant de chiens…

6

10 février, 12 h 34,
passage de Stepping Stone

Je blague et les chiens adorent. Je raconte n'importe quoi, de bonne humeur, me moquant de l'un, de l'autre, de nous, de moi. Ils me regardent d'un coup de tête en arrière, en souriant. Et qu'on ne vienne pas me dire que les chiens ne sourient pas… À ceux-là, je tiens à disposition autant de photos qu'il faut pour le prouver.

Nous causons, nous blaguons ainsi pendant un bon moment. Déjà cinquante kilomètres au compteur depuis Pelly Crossing. Dans une douzaine de kilomètres, nous atteindrons le lieu-dit Stepping Stone, une cabane sur la rive de l'affluent gelé. Là, un passionné de la course propose aux mushers le gîte et le couvert. Effectivement, quelques kilomètres plus loin, de petits panneaux plantés dans la neige annoncent « Lasagnes à deux kilomètres », puis « Eau chaude pour les chiens », puis « Welcome mushers ».

C'est vache pour celui qui n'a pas prévu de s'arrêter là. Surtout à moins 50 °C !

J'hésite pour la forme – c'est tellement, tellement tentant –, mais au fond de moi je sais bien que je ne m'arrêterai pas. Nous avons pris suffisamment de repos à Pelly Crossing pour effectuer un run plus long, d'au moins quatre-vingt-dix kilomètres, et je ne dois pas céder aux sirènes nordiques.

Pas maintenant… ou alors mon pauvre Nicolas, rentre chez toi ! Je connais si bien – un vieux copain souvent maudit – cette partie de moi qui s'oppose à celui qui voudrait se réchauffer ou tout au moins dégeler, manger, se reposer. Je sais qui va gagner, à l'avance, mais le dialogue s'installe, comme la litanie d'un vieux couple. Pour cette course, j'ai décidé que je ne lâcherais rien. RIEN.

— N'est-ce pas, les chiens, qu'on va leur montrer de quel bois on se chauffe ?

Les deux mushers – je n'ai pas le temps de voir de qui il s'agit – stationnés à Stepping Stone, chiens dans la paille, veulent gentiment m'aider à me garer. Ils sont assez surpris quand je les prie de bien vouloir m'indiquer la piste pour repartir aussitôt, sans même ralentir, car je ne veux pas donner aux chiens le faux espoir d'un stop.

Le propriétaire de la cabane, jovial, à la gueule des plus sympathique, m'interpelle au passage :

— Nicolas ?

— *Yes, I am Nicolas but sorry, I don't stop. Thank you…* (Oui, je suis Nicolas mais désolé, je ne m'arrête pas. Merci…)

— *Hey, good luck,* le Français *! Take care.*

La piste tourne brusquement avant de débouler vers le fleuve par une petite pente abrupte que nous gérons dans une sorte de « déséquilibre contrôlé ».

Nous retombons sur nos pattes quelques mètres plus bas et mes chiens s'élancent sur une piste qui repart presque en sens inverse pour aller traverser le fleuve puis s'enfoncer dans la forêt et monter à l'assaut des Black Hills, cette chaîne montagneuse qu'il va nous falloir gravir, descendre, gravir, descendre…

Je suis enchanté de voir les chiens trotter si vite, si bien, absolument pas affectés par cette pause que nous avons sautée. Je le suis encore plus deux heures plus tard, lorsque je distribue un snack qu'ils dévorent aussi bien que le précédent. J'en profite, tant qu'à faire, pour leur donner un peu de croquettes qu'ils mangent avec appétit, à même la neige. Eh bien, voilà peut-être la clé pour entretenir leur appétit ? Fractionner les prises en avançant plutôt que de donner de grosses portions au repos ?

Je suis regonflé à bloc, prêt à soulever des montagnes. Et mes chiens le sentent, le savent. L'émulation joue à plein, et c'est sans doute l'une des réponses à une question que je me pose. Pourquoi participer à une telle course, aussi inhumaine tant elle est difficile ? Pourquoi aller dans ce froid, gravir ces montagnes, avancer de nuit, de jour, sans dormir ou si peu ? Oui, pourquoi ?

Pour ces moments-là sans doute, de communion totale avec les chiens. Pour cette euphorie qui me gagne après être tombé si bas. La fatigue exacerbe les sentiments, amplifie les sensations. Et c'est si bon de remonter la pente en flèche après avoir touché le fond.

Je suis incorrigible ! Me voilà en train de compter. Reparti avant-dernier de Pelly Crossing, vingt-deuxième sur vingt-trois concurrents encore en lice, je viens de doubler deux attelages, peut-être trois si l'attelage croisé en route était bien celui de Jeff King ou de Lance Mackey, mais cela ne me semble pas très plausible.

Je suis donc vingtième. Eh bien, allons chercher le dix-neuvième. Ne sommes-nous pas en course ? Quel est l'imbécile qui a dit que tout espoir de classement s'était envolé ? Qu'on me le présente, celui-là, et je vais lui montrer à qui il a affaire : à quatorze chiens ! Car moi, je vais le faire, le boulot des cinq chiens, au moins jusqu'à Dawson, quitte à me ruiner physiquement.

Et ensuite, eh bien, imaginons que je puisse repartir de Dawson (tiens, c'est bon signe ça, que je m'autorise même à y penser…) avec neuf chiens. Alors pourquoi ne pas imaginer que je puisse grignoter quelques places, disons cinq, ce qui me placerait quinzième ?

— Qu'est-ce que vous en pensez, les chiens ? Quinzième, ça aurait de la gueule, non ?

Bon, un peu de calme, ne cédons pas à l'euphorie. Les deux mushers que tu as doublés finissaient de se reposer et vont te redoubler lorsque tu t'arrêteras, dans une vingtaine de kilomètres. Du calme.

Dans toutes les côtes, je patine pour aider les chiens, d'un pied, puis de l'autre, essayant d'être le plus linéaire possible dans les poussées que je donne afin de ne pas communiquer aux chiens d'à-coups contre-productifs. Et nous allons ainsi dans le froid et la nuit, qui vient à notre rencontre pour quelques heures.

Parfois, la forêt s'ouvre sur le paysage. À la faveur d'une belle montée, j'admire la vue sur la vallée, magnifique, avec un lac tout en longueur, coupé en son milieu d'une petite presqu'île que dominent de grands pins majestueux. La lumière du soir, rose, coule sur le décor, habillant de couleurs tout le paysage. C'est féerique. Une vraie carte postale. À l'extrémité de la presqu'île, quelques rochers gris et noir attirent mon attention. Mais pourquoi ne sont-ils pas recouverts de neige ? D'autant plus étrange qu'ils se mettent à bouger…

— Des loups !

Ils sont sept à se suivre à la queue leu leu, traversant lentement le lac. En tête de cette petite procession, trois loups adultes et ensuite de jeunes louveteaux qui batifolent, se doublant, se chamaillant. Parvenu de l'autre côté du lac, le loup de tête s'arrête, se retourne et toute sa petite bande se remet bien en ligne, les uns derrière les autres, comme s'il avait signifié la fin de la récréation. Alors ils rentrent dans la forêt. Je suppose qu'ils partent en chasse. Je leur souhaite bonne chance, ravi du merveilleux spectacle qu'ils m'ont offert.

Mes loups à moi n'ont rien vu et continuent de leur trot rapide et régulier à grimper la colline.

Nous montons, nous descendons ainsi pendant un bon moment. Rares sont les plages de plat.

Enfin, j'avise une place dans une petite descente (stimulante pour repartir tout à l'heure), où nous nous arrêtons. Je leur fais croire qu'il s'agit d'un arrêt snack, ainsi mangeront-ils au moins quelques galettes (j'ai prévu large). Comment fait-on pour laisser croire à des chiens que c'est un break pour une collation et non une longue pause dodo ? Très simple. Lorsque c'est un stop prolongé, j'enlève ma grosse veste, décroche les tugs et distribue la paille. Si je ne le fais pas, c'est un arrêt snack de quelques minutes durant lequel on a juste le temps de souffler un peu et de manger. De nouveau, les chiens dévorent. Sont-ils surpris de me voir ensuite enlever ma veste, décrocher les lignes et distribuer la paille pour enchaîner sur ma routine de camping ? Je ne saurais le dire… Toujours est-il que je suis ravi de ce qu'ils ont déjà mangé sur la piste, puis ici. Je prépare donc plus sereinement la nourriture : mélange de viande hachée, de croquettes et d'eau tiède que je leur présente une heure et demie plus tard, alors qu'ils ont déjà engrangé une bonne phase de repos. Pour les mettre en appétit, j'ai décongelé dans l'eau chaude quelques saucisses et des morceaux de gras de poulet. Ces friandises les réveillent et c'est avec gourmandise qu'ils mangent le contenu de leur gamelle. À la bonne heure !

Deux heures plus tard, une fois la digestion passée, nous repartons pour un run de soixante kilomètres. L'un des mushers, ou plutôt une musheuse de 26 ans, Ryne Olson, qui s'est classée trente et unième sur l'Iditarod lors de sa première participation, me dépasse. Un peu plus tard, c'est au tour de Jason Campeau.

Concentré sur les chiens, j'ai complètement oublié que j'avais faim, très faim. Je prépare un plat lyophilisé tout en faisant réchauffer un sandwich que je dévore à moitié gelé, mais je n'ai pas la patience d'attendre. Trop faim. Tout en dégustant le plat, je fais fondre de la neige pour remplir d'eau chaude mes deux thermos et mettre à dégeler des snacks. Enfin, je m'accorde une demi-heure de repos, et somnole quelques minutes – guère plus – dans la neige, emmitouflé dans ma grosse veste. Je ne me suis pas recouvert avec mon sac de couchage pour ne pas risquer de m'endormir. En outre, j'ai bu plus d'un litre d'eau tiède, ce qui constitue la meilleure sonnerie de réveil que je connaisse. Infaillible.

Je range soigneusement mon traîneau, prépare rigoureusement mon run, lampe frontale, batteries, etc., afin de laisser les chiens se reposer le plus longtemps possible avant de commencer à mettre les bottines.

Je vais de l'un à l'autre, profitant de ce moment privilégié avec chacun pour leur parler, les caresser. Ils se laissent faire de bonne grâce, se réveillant doucement en s'étirant et en bâillant. Bottines aux pieds, ils savent que le départ est proche. Certains, comme Dark et Miwook, s'ébrouent du givre qui les recouvrait et commencent à gesticuler, signifiant qu'ils sont prêts, motivant les autres pour en faire autant. Après quatre-vingt-dix kilomètres, et seulement trois heures et demie de pause, je trouve qu'ils ont belle allure, mes chiens.

— En route !

*

Dans le théâtre de la nature, le spectacle des aurores boréales est l'un des plus magnifiques qui soient. Cette nuit, de lumineux voiles verts et jaunes montent dans le firmament comme de grandes écharpes dont les pans ondulent, s'étirent langoureusement, se distendent en volutes puis se reforment. Parfois – les Indiens le disent –, une sorte de crépitement se fait entendre. S'agit-il d'ultrasons inaudibles ou d'une simple sensation sans fondement ? Peu importe, cette musique silencieuse est enchanteresse et délicieuse aux oreilles de ceux qui l'entendent. J'ai toujours pensé que les chiens étaient sensibles à cette secrète symphonie, qu'ils couraient d'une allure plus enlevée sous les feux d'une aurore que dans la noirceur d'une nuit sans lune. Ou peut-être captent-ils ce ravissement qui m'anime ?

Peu importe, ce soir, ils trottent vite et bien. Je fais ma part de boulot, aidant dans toutes les montées, et celles-ci se succèdent, sans répit. Chaque fois que je me mets à patiner, Kazan se retourne, l'air de dire : « Merci de nous aider. »

— C'est bien, mon Kazan.

Il m'étonne, Kazan. Soumis, parfois un peu au-dessous des autres sur de grandes étapes, Kazan n'était pas le champion qu'il est devenu, régulier, opiniâtre et endurant.

— C'est bien, petite Yuma.

Timide, voire craintive, Yuma, malgré son petit gabarit, travaille joliment à côté de la non moins petite Sidi, qui n'aime rien mieux que de monter. Sidi est une grimpeuse, une montagnarde qui va être servie dans ce relief des Black Hills.

— Bien, ma petite Sidi.

Unik est une horloge. Il est le seul chien qui mange bien, et ce, depuis le départ. Un chien exceptionnel dont je ne me séparerais pas, dussé-je le porter sur mon dos jusqu'au bout !

À côté de lui, Olga m'étonne. Cette chienne à la morphologie fragile, les membres postérieurs un peu torses, figurait sur ma liste des chiens susceptibles d'être vite droppés sur la course. Pourtant, elle est là et bien là.

— Bravo, mon Olga.

Quant à Dark et Wolf, quelle paire incroyable !

— C'est bien, mes deux gros ! Bien, Dark. Bien, mon Wolf.

Neuf chiens. Comme neufs. Ne serait-ce pas un signe que cela s'écrive de la même façon ?

7

11 février, vers 2 heures, à l'approche de Scroggie Creek

À la pause snack, les chiens dévorent toujours autant. Ils prennent le rythme et cela m'enchante. Nous repartons et dépassons Ryne, dont la stratégie consistait donc à effectuer trois runs d'environ soixante kilomètres entre Pelly Crossing et Scroggie Creek, là où j'ai décidé de ne réaliser que deux étapes.

Les aurores boréales disparaissent alors qu'un voile recouvre le ciel et, subitement, la température remonte : à peine moins 30 °C. Quelques heures plus tard, il se met à neiger, très légèrement puis franchement. Je sors mon masque, sans lequel il me serait impossible d'ouvrir les yeux. La piste devient plus sinueuse et difficile avec quelques passages délicats en descente, en dévers ou entre des broussailles et arbrisseaux assez serrés. Malgré la vitesse toute relative de notre progression, les flocons défilent à toute allure dans le faisceau de ma lampe frontale. Ce ballet incessant de particules blanches est épuisant. Vers 2 heures du matin, assez soudainement, une immense fatigue me tombe dessus, écrase mes paupières qui pèsent des tonnes. Je consulte cet enfoiré de GPS, qui m'annonce que nous n'arriverons pas à Scroggie Creek, le prochain dog drop, avant deux heures. Comment vais-je tenir ? Je n'en peux plus. Mes yeux se ferment et je manque plusieurs fois de tomber de mon traîneau. Je donnerais tout l'or du monde pour dormir, ne serait-ce qu'une demi-heure, mais il faut tenir. Je me donne des baffes, bois de l'eau glacée, cours derrière le traîneau, tente toutes sortes de choses pour me maintenir éveillé. L'année dernière, Brent Sass est tombé de fatigue et de son traîneau alors qu'il était aux commandes de la course avec Allen Moore, pendant le tout dernier run, à moins de cent kilomètres de l'arrivée. Sa tête a heurté la glace et il a dû être évacué en urgence par hélicoptère, victime d'une sérieuse commotion cérébrale.

La Quest fonde sa légende sur ces mushers qui vont au bout d'eux-mêmes, sacrifient tout pour « y arriver », mais sans jamais abandonner une éthique d'entraide exemplaire. Brent est de ceux-là qui ont souvent renoncé à quelques places pour aider un autre musher en difficulté, n'hésitant pas en plein blizzard à attacher le traîneau de Hans Gatt (triple vainqueur de la Quest) derrière le sien pour lui faire profiter du talent exceptionnel de son chien de tête, Silver. C'est ainsi qu'ils ont pu franchir ensemble American Summit alors que Hans souffrait d'une hypothermie sévère.

Un moment d'épuisement, voilà ce qu'il me faut parvenir à dépasser pour ne pas tomber.

Je sais que ces phases de fatigue extrême, totale, ne durent pas. Elles sont cycliques. Il faut réussir à les surmonter en attendant qu'un sursaut revienne. Mais que c'est dur ! La neige tombe maintenant à gros flocons et recouvre la piste d'une couche de plusieurs centimètres. Cela ne gêne ni Miwook ni Burka dont les silhouettes disparaissent parfois dans le brouillard de cette petite tempête de neige. Manger me réveille un peu, tout comme la perspective d'une arrivée prochaine. Je compte les kilomètres, plus que douze, dix…

Scroggie Creek est une petite cabane que la Quest ouvre pour le passage de la course. Un « parking » avec de la paille est aménagé pour les chiens. J'arrive là à la fin de la nuit alors qu'un semblant d'aube commence à distiller un peu de lumière. J'apprends que tout un groupe de mushers vient de quitter la place, et que deux autres viennent d'arriver : Ryne Olson et Jason Campeau. Je m'occupe longuement des chiens, massant la totalité d'entre eux avec le flacon d'Algyval que j'ai laissé dégeler à l'intérieur de ma veste, plus particulièrement Burka, dont le poignet, un peu enflé, m'inquiète. Je distribue à manger et, serein, vais boire une soupe et manger un ragoût de viande. Le gars qui tient la cabane m'apprend que Jeff King – c'était bien lui – a fait demi-tour après avoir rejoint Stepping Stone. Il a officiellement scratché à Pelly, quelques heures après que je l'ai croisé ! L'explication qu'il a donnée est qu'en raison du froid extrême qui régnait, il a décidé d'attendre à Stepping Stone qu'il diminue. Or, après plus de dix-huit heures d'arrêt, le froid extrême perdurait, malgré l'annonce d'une dépression qui apporterait la neige. Ayant nourri plusieurs fois ses chiens, Jeff s'est alors rendu compte qu'il ne lui resterait sans doute pas assez de nourriture pour aller jusqu'à Dawson. Et le froid ne diminuant toujours pas, Jeff King, dans l'impossibilité de poursuivre, n'a donc pas eu d'autre choix que de faire demi-tour. Cet abandon fait suite à celui de l'Iditarod l'année précédente, une course qu'il était pourtant en train de gagner puisqu'il disposait à l'avant-dernière étape d'une avance confortable de plus d'une heure, de celles qui poussent les observateurs à dire que les jeux sont faits, d'autant plus que son team était plus rapide que ceux de ses deux poursuivants. C'était compter sans dame Nature, qui n'a pas voulu, semble-t-il, que Jeff King égalise le record détenu par Rick Swenson de cinq victoires. Sur la banquise de la mer de Béring, le vent s'est levé brutalement. Jeff a continué, persuadé de pouvoir traverser le bras de mer jusqu'au village de Safety, mais la tempête a encore forci. La bâche du traîneau, faisant office de voile, a repoussé celui-ci en dehors de la piste sans que les chiens, balayés par la tempête, puissent rien faire. En essayant de maintenir le traîneau dans l'axe pour revenir sur la piste gelée, Jeff est tombé plusieurs fois, perdant son cooker qui, dans le vent, est parti vers l'océan comme une balle de canon. Alors Jeff a commencé à avoir peur d'être poussé vers l'eau libre et, avisant une zone enneigée, il a mis l'ancre et rassemblé ses chiens autour de lui en attendant une accalmie. Déployant son sac de couchage sur eux, il a tenté de les protéger du froid. Ceux-ci montaient les uns sur les autres, pour former une grosse boule, se réchauffer l'un contre l'autre, sans y arriver vraiment. Comme le vent ne faiblissait pas et que les chiens gelaient sur place, Jeff a décidé de marcher jusqu'à Safety, distant de quatre ou cinq kilomètres. Il espérait pouvoir s'y réchauffer pour ensuite revenir chercher ses chiens. Après quelques kilomètres, Jeff tombe sur un groupe de motoneigistes à qui il demande de l'aide, se disqualifiant de fait de la course.

Derrière lui, bénéficiant d'une très légère accalmie, les deux poursuivants de Jeff King franchissent le bras de mer et le doublent sans se douter de rien. Lorsque Dallas Seavey apprend qu'il est le nouveau leader et sans aucun doute le futur vainqueur de l'édition, il n'en croit pas ses oreilles.

Je me couche sur le sol de la cabane, minuscule et bruyante, pour tenter de voler quelques heures de sommeil, mais la porte claque sans cesse et les trois personnes qui tiennent l'endroit parlent haut et fort, m'empêchant de dormir. Je me relève rapidement et j'en profite pour aller nourrir une nouvelle fois les chiens, remettre de la paille sous ceux qui se sont déplacés. Ils mangent bien, se reposent bien. Je décide d'écourter mon arrêt et de repartir deux heures plus tard. J'ai hâte de rencontrer mon adversaire, de me mesurer à lui : King Solomon's Dome. Une fois l'obstacle franchi, c'est gagné. De l'autre côté, une longue descente rejoint un pont à partir duquel il suffit de suivre trente kilomètres d'une route enneigée au milieu de laquelle a été faite une belle trace à motoneige. Ensuite, la piste débouche sur un chemin d'hiver et vingt kilomètres plus loin, c'est Dawson.

Dawson et vingt-quatre heures d'arrêt obligatoire pendant lesquelles je pourrais dormir tout mon soûl et les chiens reprendre des forces. Ce check-point, le seul de tout le parcours où l'assistance est autorisée, est bien entendu mis à profit par tous. Les handlers prennent alors le relais et s'occupent des chiens pendant que les mushers se reposent.

Je suis d'attaque.

Cette ascension m'effraie et pour exorciser ma peur j'ai besoin de l'affronter. En bottinant les chiens, j'explique à chacun d'entre eux quel morceau de bravoure j'attends d'eux.

— Nous ne sommes que dix, mais je vous jure qu'on va arriver en haut, mes p'tits chiens.

En réalité, nous sommes plus que dix car je suis bien décidé à faire le travail de plusieurs chiens. Je m'y suis préparé comme on peut le faire avant de livrer combat contre plus fort que soi, avec toute la rage, toute la niaque dont je suis capable.

Nous repartons. La température n'arrête pas de remonter : moins 24 °C. C'est presque l'été comparé aux moins 45 °C, moins 50 °C de ces derniers jours ! Les chiens partent bien, y compris Burka, dont le poignet, sensible à froid, semble tenir dès que l'on reprend la piste. Miwook m'impressionne. Toujours partant, il est de plus en plus fort, menant l'attelage avec un allant et une maturité impressionnants.

— C'est bien, mon Miwook… Drôlement bien !

Avant de quitter le dog drop, j'ai discuté quelques minutes avec Kristin qui, sympathique, n'a eu de cesse de me féliciter sur la conduite de mes neuf chiens, elle qui en possède encore quatorze. Elle trouve qu'ils vont vite. « *You are flying* », me dit-elle, tout sourires. Sympa.

La piste monte tranquillement sur plus de quarante kilomètres. Une sorte de faux plat qui convient aux chiens dont le rythme reste soutenu, même si la vitesse n'est pas excessive. Au dog drop, j'ai préparé une grosse soupe consistante, très hydratée, que je conserve dans ma glacière et que je leur sers tiède avant que nous attaquions les choses sérieuses. Une nouvelle fois, ils dévorent et cela me donne du courage. Est-ce que j'en manque ? En tout cas, pas aujourd'hui. Pas ici. Je suis décidé, déterminé, quitte à m'arracher les poumons pour atteindre ce foutu sommet.

Soudain, c'en est fini du faux plat. La pente s'accentue franchement. Nous y sommes.

— Ohooooo les chiens.

Ils se retournent pour connaître les raisons de l'arrêt : Snack, paille, pipi ? Rien de tout cela.

Mais qu'est-ce qu'il fait donc, notre musher ?

Il se déshabille. Sur les jambes, je ne conserve qu'un collant fin et sur le torse un tee-shirt en coton, de ceux que l'on met en plein été sur la plage. Avec mes grosses Sorel aux pieds et cet accoutrement, j'aimerais voir à quoi je ressemble. Cela doit être risible.

— Et maintenant, à vous les chiens !

Je les déshabille, eux aussi, leur ôtant les manteaux qu'ils portent depuis le début de la course et avec lesquels, en montant, ils auraient eu beaucoup trop chaud.

Les neuf manteaux rejoignent ma grosse veste, mon surpantalon, mon pantalon, et mes deux vestes polaires qui, retenus par deux tendeurs, forment sur mon traîneau un tas imposant.

— Et maintenant les chiens, on y va !

Je pense qu'ils ont compris à l'intonation de ma voix combien il y avait de rage en moi : comme une équipe de rugby pousse dans une mêlée déterminante, mes chiens s'unissent à mes efforts et nous montons.

J'ai décidé que je ne mettrais pas le pied sur le patin avant d'avoir atteint le sommet, à huit kilomètres d'ici.

L'ascension commence par une longue montée assez raide conduisant à un premier virage. La neige fraîche a totalement recouvert les traces de ceux qui me précèdent, mais le chemin que des véhicules tout-terrain doivent pouvoir emprunter en été est facile à suivre. Sidi, Miwook et Kazan sont de véritables tracteurs alors que Dark, Yuma et Burka tirent par à-coups.

— C'est bien, mon Kazan. Formidable, Miwook.

Je monte au bon moment. À la faveur du crépuscule, la température est redescendue à moins 30 °C : parfaite pour l'exercice.

Cet automne, j'ai effectué de nombreux footings de huit à quinze kilomètres pour conserver la forme physique qui était la mienne après trois mois d'expédition à travers la Sibérie, la Chine et la Mongolie. Si bien que mon cœur et mes jambes suivent même si c'est dur, très dur de monter en courant dans cette petite couche d'une vingtaine de centimètres d'épaisseur de neige. Nous nous arrêtons plusieurs fois pour reprendre notre souffle. Kazan, qui tire comme un damné, en profite alors pour se rouler dans la neige. Je suis à deux doigts d'en faire autant tellement j'ai chaud. Pourtant, je suis tête et mains nues, aussi peu couvert qu'on peut l'être sur le corps. Je ne vais tout de même pas me mettre à poil !

À la faveur d'un virage où la pente est encore plus forte qu'ailleurs et exige de pousser exagérément le traîneau, je m'accorde une pause pour boire un bon litre d'eau. Je plonge alors mon regard dans le fond de la vallée et constate que nous avons déjà bien progressé. Qu'il semble loin et bas, le petit chemin que nous avons suivi jusqu'au pied de la montagne ! Je le devine le long de la rivière gelée quand deux points noirs attirent mon attention à flanc de montagne. Ce sont deux élans, que nous avons sans doute dérangés et qui s'éloignent tranquillement vers une forêt de bouleaux et de conifères. Réhydratés, nous reprenons l'ascension. La neige freine la glisse de mon traîneau qui est lourdement chargé, mais les chiens tirent courageusement. Je suis stupéfait du boulot qu'effectue Kazan. Je ne lui connaissais pas cette hargne à escalader les montagnes. Il est en train de ravir le maillot à pois que détenait Sidi, même s'il se retourne un peu souvent à mon goût, relâchant alors quelques secondes sa traction pour la reprendre de plus belle. Je souffle et je souffre, m'imposant un exercice épuisant qui est en train de transformer mes jambes en plomb. Mais pas question de faiblir, de négocier avec cette partie de moi qui commence à rechigner et à faire entendre une petite voix : « Allons, tu pourrais monter de temps en temps sur un des deux skis et patiner… »

— Pas question !

Les chiens n'ont pas demandé à faire cette course, je la leur ai imposée. Tant qu'ils ont plaisir à courir, qu'ils voient du pays et partagent avec moi le bonheur évident de voyager, tout va bien, mais si l'épreuve demande un regain de travail et de gros efforts, c'est à moi, le capitaine, de montrer l'exemple, de pousser dans la mêlée, comme un bon pilier de deuxième ligne. Et aucun chien ne pourra me reprocher de ne pas avoir fait ma part, car je donne tout ce que je peux. Tout. Les chiens le sentent, ils le savent. Une émulation se crée entre nous. Ils m'entendent souffler, pousser, grogner lorsque dans les virages le traîneau coince. Je boxe contre cette « injustice » qui m'a enlevé tant de chiens au début de la course. Je vais la mettre K-O, lui montrer que cela n'a aucune prise sur nous, qu'elle aille s'exercer ailleurs. Elle perd son temps avec nous. Nous sommes invincibles. Nous allons grimper tout en haut de cette fichue montagne plus vite que les attelages qui ont encore quatorze chiens. Rira bien qui rira le dernier ! Quand les forces commencent à manquer, c'est dans cette rage au fond de moi que je puise le courage de continuer. Que c'est haut ! Que c'est long ! Que c'est raide, cette saloperie de montée !…

— Allez, les chiens !

Huit virages étaient annoncés. Si j'ai bien compté, il en reste trois. Moins de la moitié.

— Allez, mes p'tits chiens. Courage, on y est bientôt.

Je nous accorde une seconde pause. Kazan commence à donner quelques signes de fatigue, ainsi que Yuma.

— Mais oui, mon Kazan. Mais pourquoi forces-tu autant ?

Je le caresse longuement, attendant pour repartir qu'il retrouve son souffle. Dès lors, tous les chiens demandent leur part, Burka en tête. Je me soumets de bonne grâce à ces démonstrations d'affection qui m'apportent au moins autant qu'aux chiens. Avec ces animaux, il y a autant de plaisir à donner qu'à recevoir…

La lumière tombe avec des mauves qui colorent de petits nuages bas et filiformes, signe que le temps change, évolue vers plus de chaleur.

— Allez, les chiens, prochaine pause en haut.

Ce départ est dur. Les muscles de mes jambes ont eu le temps de refroidir et, raidis, crient grâce. Une grâce que je ne leur accorde évidemment pas. L'attelage et le musher forment une chaîne et aujourd'hui je ne serai pas le maillon faible.

La nature n'est pas ingrate. Alors que nous approchons du sommet, si haut que nous dominons déjà un somptueux spectacle de montagnes jusqu'aux confins de l'horizon, le ciel nous offre une féerie de couleurs dans un éblouissant coucher de soleil.

La pente commence à s'arrondir. Aussitôt les chiens accélèrent, comme pour un sprint final, afin de gagner quelques secondes au chronomètre. En nage, épuisé, je saute sur le patin alors que nous atteignons le sommet, découvrant du même coup toute l'étendue du paysage que la montagne voilait.

— Ohooooo les chiens !

Nous y sommes. Je hurle. Un cri de victoire plein de rage et de bonheur. Les chiens se retournent, se demandant quelle mouche a piqué leur musher. Je suis tellement heureux. Je suis fier de nous ! Je le dis aux chiens et vais les féliciter en les embrassant un à un. Ils absorbent ma joie comme des éponges, s'en nourrissent. Dark se met à aboyer, impatient déjà de repartir, de « se faire » cette belle et longue descente qui s'annonce.

Un rideau se tire. La nuit enveloppe le paysage dans lequel, minuscule petit point dans l'immensité, nous sommes posés, tout en haut de notre montagne. Je me rhabille chaudement, allume ma lampe, remets tout en ordre, le chargement du traîneau, les lignes et, plein d'un bonheur rare et mérité, je prends place à l'arrière de mon bateau des neiges.

Dawson n'est « plus qu'à » une centaine de kilomètres d'ici. Nous venons de remporter notre première victoire. Lorsque je donne l'ordre du départ, je ne sais pas si c'est de joie qu'ils sautent dans leurs harnais pour repartir, mais je dois peser sur le frein pour éviter qu'ils ne se « brûlent » à dépenser trop d'énergie dans la descente.

8

12 février, entre Scroggie Creek et Dawson

Sur le versant opposé à celui par lequel nous nous sommes hissés au sommet de cette montagne, le vent a sculpté des congères sous lesquelles la piste a totalement disparu. Dotés d'une extrémité fluorescente, les piquets de marquage sont bien visibles dans l'obscurité et ça tombe bien. J'ai une lampe frontale puissante alimentée par de non moins puissantes batteries que j'apprécie particulièrement en cette nuit noire – la lune est cachée derrière la couche nuageuse – car je n'ai aucune, mais alors aucune envie de me perdre et de faire des kilomètres en plus. Mais avec Miwook et Burka, ai-je besoin d'y voir ? Ne sont-ils pas mes yeux qui voient la piste, la devinent, la trouvent sans faillir ?

— Bien, mon Miwook ! Bien, ma Burka !

Nous plongeons vers la vallée que je devine au loin. Que c'est bon de descendre si facilement après avoir tant grimpé, si durement. Mais une mauvaise surprise m'attend. Alors que je croyais définitivement écartée toute difficulté, une nouvelle ascension se présente et s'avère beaucoup plus longue qu'il n'y paraît. Elle n'en finit pas... Les chiens montent courageusement. Je patine, patine, en maugréant après le gars qui, à Scroggie Creek, m'avait assuré qu'après King Solomon's Dome « il n'y avait plus qu'à se laisser glisser jusqu'à Dawson ». Au milieu de la montée, je profite d'un léger replat pour snacker les chiens. C'est à ce moment-là, en revenant vers mon traîneau, qu'une alarme sonne dans ma tête.

— Non ! Non ! Pas ça...

Pourtant, je ne me trompe pas. Les signes annonciateurs de cette catastrophe que je redoutais tant sont là. Tous les voyants sont au rouge et je dois faire vite, très vite. Sinon, dans une heure, je serai mort gelé au bord de la piste.

Lors de ma traversée de la Sibérie, dans les montagnes de l'Oural, je suis violemment tombé de mon traîneau et ma tête a heurté la glace. L'une de mes vertèbres cervicales s'est déplacée, comprimant le nerf qui irrigue l'oreille interne gauche. J'ai ainsi perdu quatre-vingt-dix pour cent de mon audition de ce côté-là, déclenchant à quelques mois d'intervalle des crises au cours desquelles le système complexe qui gouverne l'équilibre dans l'oreille interne se dérègle complétement. On appelle cela le syndrome de Ménière. Ces crises plus ou moins violentes en fonction des individus et du degré d'altération du système sont très impressionnantes. Je perds alors toute notion d'équilibre. Tout se met à tourner autour de moi. Je dois immédiatement me coucher alors que des nausées terribles me font vomir tout ce que j'ai dans le ventre. S'ensuit une longue période de une à deux heures durant laquelle je délire totalement, n'ayant plus aucune notion d'équilibre, de temps et d'espace. Lorsque la crise s'achève, que ma boussole intérieure se remet en marche, un épuisement m'envahit qui me pousse à dormir plusieurs heures dans un véritable état comateux. J'ai consulté des spécialistes, qui m'ont donné un traitement censé faire disparaître les crises ou du moins en réduire la fréquence. En effet, elles se sont espacées. La dernière remonte à plus d'un an, mais celle-ci m'a terrassé, laissé sans forces pendant plus de douze heures. Je n'ai alors plus aucun souvenir de ce que j'ai fait ou dit pendant le laps de temps où je déconnecte totalement.

Le chirurgien qui m'a proposé une intervention assez risquée que j'hésite à effectuer m'a mis en garde contre les éventuelles conséquences d'un « surmenage excessif ». Lorsque j'ai évoqué cette course, détaillé le manque de sommeil et la dépense physique qu'elle génère, sa réponse a été sans appel. Impossible. Mais combien de fois ai-je entendu dire impossible !

Impossible de traverser les territoires interdits de Sibérie ? Mikhaïl Gorbatchev m'a autorisé à le faire en 1990.

Impossible d'arriver en traîneau à chiens sur la place Rouge ? Autorisation finalement obtenue grâce à l'intervention de Jacques Chirac.

Impossible de traverser les montagnes Rocheuses en hiver ? Impossible de faire un film avec de vrais loups ?…

Si j'avais écouté, je serais passé à côté de tant de choses.

Alors, je suis passé outre, une fois de plus. J'ai

décidé de prendre le risque, sachant qu'à moins 40 °C, une crise comme l'une de celles que j'ai traversées me condamnerait à mort à moins d'une intervention extérieure rapide. Je ne suis pas totalement inconscient ni dénué d'un certain sens des responsabilités. Même si mes deux aînés sont grands et peuvent voler de leurs propres ailes, mon dernier, âgé de 11 ans, a encore besoin de moi et je n'irais pas prendre des risques inconsidérés. Avant de participer à cette course, j'ai pesé le pour et le contre. Depuis quelques années, les mushers sont équipés de petites balises GPS qui permettent de suivre leur progression et de les localiser en cas de problème. Ces balises sont équipées d'un signal de détresse que l'on déclenche en appuyant sur un bouton. C'est lui, peut-être, qui m'a décidé à participer à cette course car ce bouton éloigne quelque peu l'épée de Damoclès au-dessus de ma tête en cas de crise.

Les premiers signes annonciateurs d'une crise me laissent le temps d'effectuer ce que j'ai déjà mille fois répété dans ma tête. Je mets les deux ancres, récupère le petit boîtier GPS grand comme une grosse boîte d'allumettes et le mets dans ma poche, sors mon sac de couchage mais, lorsque je veux me mettre dedans, une grosse nausée me fait vomir tout ce que j'ai dans le ventre. Je commence à perdre pied. Je tombe à genoux, incapable de rester debout, et me mets à hoqueter. Les montagnes commencent à danser, les arbres se déforment et mon traîneau navigue maintenant comme dans un tourbillon.

— Non… non…

Je fais un effort colossal pour rejoindre à quatre pattes mon sac de couchage. Tant que je ne suis pas dedans, je suis mort. Le froid me tuera aussi sûrement qu'une balle en pleine tête. Ensuite seulement, je pourrai déclencher le signal. Alors il faudra que je réussisse à garder un semblant de conscience pour tenir jusqu'à ce que les secours arrivent, pour effectuer la seule chose qui me laissera en vie, rester dans le sac de couchage, à l'abri du froid.

Je vomis encore et tout tourne tellement qu'ouvrir mon sac et m'y glisser demande un effort immense. J'y parviens cependant. J'ai mal au cœur. Cette sensation est vraiment horrible, ce sol qui tourne, cette tête qui tourne, tout qui tourne, tourne. Que cela s'arrête, je vous en supplie ! Fébrilement, je saisis le petit boîtier et cherche le bouton, que je trouve. J'appuie dessus et sombre.

Lorsque je reviens à moi, le sac de couchage plein de vomi, je ne sais pas combien de temps la crise a duré, mais j'ai les mains gelées et tout le haut du corps parcouru de frissons.

Par chance, je suis à l'arrêt dans une zone forestière. Je parviens à me mettre debout. Les chiens dorment roulés en boule dans la neige. Burka relève la tête et m'observe. Je suis certain qu'inquiète, elle ne dormait que d'un œil.

— Ça va aller, ma Burka. Ça va aller.

Vite, allumer un feu. Je saisis l'un des trois petits sachets étanches que j'ai toujours sur moi, dans différentes poches de ma veste et de mon surpantalon. Dedans s'y trouvent une bougie, un grattoir et des allumettes. Avec les doigts gourds, ce n'est pas chose facile, mais je parviens à allumer la petite bougie. Dès lors, il ne reste plus qu'à poser sur cette flamme quelques branches très inflammables de sapin. Le feu grandit et me réchauffe. Je regarde l'heure. Il ne s'est passé que quarante-cinq minutes. Puis je me saisis du petit boîtier émetteur pour éteindre le signal bien que les secours doivent déjà être en route. Ils sont sans doute partis de Dawson à motoneige et devraient arriver d'ici une à deux heures. Quel n'est pas mon étonnement de constater que le bouton de détresse n'a pas été activé. J'ai pourtant le souvenir de l'avoir actionné. Est-ce possible que dans l'état où je me trouvais, ma volonté de faire quelque chose se soit assimilée à celle de l'avoir fait ?

Le feu grandit. J'ai pourtant le plus grand mal à le nourrir avec des branches mortes qu'il me faut aller chercher de plus en plus loin. La tête me tourne toujours, mais je n'ai pas le choix. Il faut que je me réchauffe, que je boive et que je mange. Je suis terriblement las. Je n'ai qu'une seule envie, dormir, dormir, dormir, pendant un an et plus encore.

Cette crise a été l'une des plus courtes et des moins violentes de celles, au nombre de six, que j'ai connues ces dernières années. Que se serait-il passé si elle avait été comme les autres ? Je ne préfère pas y penser et me concentre sur ce qu'il me reste à faire pour atteindre Dawson.

Pendant que la neige fond dans ma grosse gamelle posée sur le feu, je vais détacher les tug-lines qui empêchent les chiens de bien se reposer, bridant trop leur liberté de mouvement.

— Désolé, les chiens mais je ne pouvais vraiment pas… vraiment pas.

En buvant, beaucoup, en mangeant, énormément, des forces reviennent, ce qui me permet de me remettre debout, de nourrir les chiens avec une soupe liquide qu'ils apprécient. Je leur ai laissé les bottines aux pattes, ce qu'il ne faut pas faire dès lors que l'on s'arrête plus d'un quart d'heure, car l'élastique gêne la circulation. Plusieurs chiens les ont enlevées avec leurs dents. Je les remplace et vérifie les autres en me relevant plusieurs fois, saisi de vertige. Un mal de crâne épouvantable me fait souffrir le martyre, mais je lui résiste.

Nous repartons. Les chiens ne rechignent pas malgré la pente qu'il nous faut d'emblée continuer de gravir. Je n'ai pas la force de courir, et je patine timidement. Reposés, les chiens vont courageusement, vaillamment, d'un pas lent mais régulier, jusqu'en haut. Puis nous descendons à nouveau. Petit à petit, revigoré par le froid, renforcé par ce que j'ai mangé, je sens mes forces revenir, mon mal de tête s'éloigne et le moral s'améliore.

— Mes p'tits chiens. Bientôt, vous allez pouvoir dormir tout votre soûl sur un épais tapis de paille.

Bien sûr, ils ne comprennent pas le sens exact des mots, mais ils sont, en revanche, très sensibles à la musicalité et aux intonations de mes paroles. Ils captent tellement bien les émotions, l'intention de mes propos qu'ils en sont troublants. Cette joie qui est la mienne, mon optimisme retrouvé, ma confiance grandissante, tout cela, ils le perçoivent et s'en imprègnent. La parole est un cadeau dont il faut abuser. En retour, les chiens offrent le meilleur d'eux-mêmes.

Un pont – m'a-t-on dit – se trouve à exactement quatre-vingts kilomètres de Dawson. Mon GPS m'indique que nous y serons bientôt. Je devrais trouver là de la paille laissée ici et là par les mushers qui me précèdent et qui en ont transporté jusqu'ici. Je n'en ai donc pas emporté. Il y a des avantages dont il faut savoir profiter…

Voici le pont. Plus que quatre-vingts kilomètres. Mais tout à coup, une inquiétude. Il est tombé plus de vingt centimètres de neige. Vais-je pouvoir deviner où mes concurrents ont reposé leurs chiens ? Cinq kilomètres plus loin, je n'ai toujours pas vu le moindre brin de foin dépasser de la neige, mais, dans un long virage, j'aperçois l'endroit où deux attelages ont fait une pause. Ouf ! Bien que les chiens bifurquent immédiatement vers l'aire de repos où l'on devine la paille, je les déçois terriblement en leur demandant de continuer. Nous sommes en plein vent et je suis sûr de trouver un endroit plus abrité où ils se reposeront mieux.

— Non, Burka ! Miwook, devant. Devant.

Ils obéissent de mauvaise grâce.

— Mes p'tits chiens, faites-moi confiance. Je vous promets qu'on s'arrête un bon coup bientôt.

Effectivement, à la faveur d'une nouvelle côte, à l'abri d'une forêt de conifères et de bouleaux, je trouve l'endroit idéal : sous la neige, le concurrent a laissé une belle épaisseur de paille, une confortable litière sur laquelle j'ai un immense plaisir à installer les chiens. Et la routine de la pause reprend. Avec quelques branches mortes ramassées ici et là, j'allume un feu où je mets à griller des sandwichs congelés. Pendant ce temps-là, sur le cooker, allumé lui aussi, je fabrique de l'eau. Les chiens dorment déjà, confortablement lovés dans les manteaux que je leur ai remis sur le dos pour la pause. Je suis excessivement fatigué, subissant, en plus du reste, le contrecoup de cette crise malvenue, mais l'excitation que génère la réussite me maintient éveillé. Je masse longuement les chiens, en particulier les poignets fragiles de Burka et de Sidi, avale un sandwich et enfin distribue le repas de viande et de croquettes mélangées à de l'eau tiède que j'ai préparé. Ils mangent tous et se recouchent aussitôt.

— Bonne nuit, les chiens !

Je sors mon sac de couchage, que j'ai nettoyé comme j'ai pu du vomi dont il était imprégné, l'étale sur un petit tapis de sol posé sur la neige et attends pour me coucher d'avoir fabriqué assez d'eau pour remplir mes deux thermos, après en avoir bu un litre et demi : mon réveil ! Dans une heure et demie, deux heures tout au plus, le besoin d'uriner me réveillera plus sûrement que la plus stridente sonnerie du monde. Il sera alors temps de bottiner, puis de repartir pour un dernier run jusqu'à Dawson.

*

Je suis certain que j'aurais pu dormir une semaine entière tant je suis fatigué. L'état dans lequel le manque extrême de sommeil vous plonge s'apparente à celui produit par la drogue avec, par moments, des phases d'euphorie. L'impression de sortir de soi, d'assister en spectateur à ce que fait une sorte de zombie dont le moral monte aussi haut qu'il est tombé bas, puis inversement, comme un petit bateau ballotté au sommet d'une vague puis dans le creux de celle-ci, avant d'être de nouveau hissé sur la crête de la suivante…

Ce matin, dans l'obscurité de cette aube froide, je broie de nouveau du noir. Je ne vais pas pouvoir conserver Burka. Cette nuit, en repartant, elle boitait.

J'ai hésité quelques instants à la charger dans le traîneau, mais elle s'est remise à trotter normalement. Pourtant, la boiterie est récurrente. Dès lors, je ne repartirai qu'avec huit chiens. J'en aurai donc « perdu » six en n'ayant pas effectué la moitié du parcours, Dawson se situant au mile 470 de cette course de mille miles. Par ailleurs, Kazan, même s'il a été exceptionnel dans l'ascension, a montré quelques signes de fatigue, ainsi que Yuma, d'une constitution fragile. Jusqu'où iront ces deux-là, alors que de redoutables étapes et ascensions nous attendent ? Par ailleurs, je ne dois pas oublier que je suis engagé dans une course. Et que je me trouve dans les derniers de la classe… Pas de quoi pavoiser…

Une aube grise et froide se lève alors que nous allons bon train au sommet d'une petite élévation de terrain. Sur cette belle piste tracée dans une grosse épaisseur de neige, la conduite est facile. Je parviens à m'asseoir quelques minutes sur mon petit siège, reposant mon dos et mes jambes qui ne demandent que ça. J'en profite pour boire le thé que j'ai préparé et manger une barre de chocolat. Plusieurs tétras s'envolent des arbres bordant la piste. Les chiens adorent et vont, joyeux, d'un bon trot qui m'enchante. Je vais mieux tout à coup, m'en voulant d'avoir cédé à une sorte de découragement passager, sans fondement. Dans quelques heures, le jour se lèvera et nous atteindrons Dawson.

Mon histoire avec Dawson ne date pas d'hier.

À l'instar du lac Baïkal, en Sibérie, Dawson est un lieu qui m'aimante et que j'ai découvert en 1982. Avec des copains, nous nous sommes installés sur les berges du Yukon, en amont de celui-ci, pour fabriquer un radeau, à l'image de ceux que construisirent les chercheurs d'or lors de cette fameuse ruée du Klondike.

Le Klondike, le Bonanza sont ces rivières célèbres que suit la piste de la Yukon Quest. En effet, l'itinéraire de la course a été conçu à partir des pistes empruntées par ces chercheurs d'or pour se rendre jusqu'à Dawson, dans ce village né à la suite d'une découverte faite très exactement le 16 août 1896. Ils étaient quatre – un mineur américain, un autochtone du Yukon ainsi que son neveu et sa sœur, qui était mariée à l'Américain. Ils cherchaient de l'or dans un ruisseau qui se jetait dans la rivière Klondike, quelques kilomètres à l'est de l'emplacement actuel de la ville de Dawson. L'une de ces personnes – nul ne sait laquelle exactement – distingua quelque chose qui brillait dans l'eau du ruisseau. Retournant une pierre, il (ou elle) vit de l'or qui gisait en une épaisse couche dans les fissures des rochers et des pierres. Les autres accoururent. Dansant de joie, ils comprirent qu'ils avaient trouvé là un incroyable filon, celui que tant d'hommes et de femmes avaient recherché pendant plus de vingt ans dans le nord-ouest du Canada.

Ils ne soupçonnaient cependant pas que leur découverte allait déclencher l'une des plus grandes ruées vers l'or de toute l'histoire. Pendant les deux années qui suivirent, plus de quarante mille personnes affluèrent des quatre coins du monde, d'aussi loin que l'Australie, la France… Dawson, qui n'était qu'une flaque de boue en 1896, s'est métamorphosé en quelques mois en un immense village de tentes, puis de maisons en bois, pour devenir rapidement la plus importante ville canadienne à l'ouest de Winnipeg.

Aujourd'hui, Dawson a conservé son âme d'autrefois, ses maisons et ses trottoirs en bois, même si, pour des raisons de confort, les autorités de la ville ont pris cette décision aussi dramatique esthétiquement que culturellement de recouvrir les anciennes rues de macadam… Ce sont les magnifiques parquets de chêne ou d'acacia que nos grands-parents ont recouverts de lino… Même sacrilège, au profit d'un modernisme aveugle.

Heureusement, l'hiver, la neige recouvre cette horreur. N'allez pas à Dawson en été !

En 1982 donc, nous avons construit ici un radeau – réplique exacte de celui sur lequel Jack London et d'autres ont navigué – pour traverser tout l'Alaska. Mais c'est une autre histoire…

J'y suis retourné en hiver pour réaliser un film documentaire *(Professsion musher)* puis pour entraîner des chiens. Je n'avais pas encore d'attelage à moi, alors j'assouvissais partiellement ce rêve en m'occupant, en tant que handler, des chiens d'un autre.

Quinze ans plus tard, ma femme, ma petite fille d'un an et demi (et baptisée à l'époque l'Enfant des neiges) et moi, nous y sommes revenus, au terme d'un voyage d'un an à cheval et en traîneau à chiens à travers la Colombie-Britannique et le Yukon. Nous avions alors emprunté l'itinéraire de la Yukon Quest depuis Whitehorse jusqu'à Dawson. C'était avec mon premier attelage. Il était constitué de chiens issus du croisement d'un laïka de Sibérie, Otchum, et d'une chienne groenlandaise, Ska. Des chiens costauds, bagarreurs, chasseurs, puissants et terriblement attachants. Ils tractaient un énorme traîneau chargé jusqu'à la gueule, sur lequel était installé dans un sac de couchage maintenu à température par une pieuvre chauffante – un petit système à charbon pulsant de l'air tiède – notre petit trésor, notre petite fille. À l'arrière, chacun sur un patin, Diane et moi conduisions le traîneau, nous relayant devant, chaussés de raquettes lorsque nous devions tracer notre propre piste, ce qui fut le cas sur plusieurs centaines de kilomètres, à travers les montagnes Rocheuses de la Colombie-Britannique. Nous traversions alors des territoires sauvages, sans aucun cabane ni chemin, où personne ne va jamais. Notre rythme de progression, dix à vingt kilomètres par jour, n'avait rien à voir avec celui d'une course. Lorsque nous avions atteint Dawson, le vainqueur de la Yukon Quest Frank Turner, qui par hasard se trouvait en ville ce jour-là, s'était approché de notre traîneau, intrigué.

— Vous venez d'où comme ça ?

— Whitehorse, Prince George. On voyage depuis un an.

Après un moment de surprise, Frank allait ouvrir la bouche lorsqu'il avait remarqué que quelque chose bougeait dans le traîneau. Montaine, les cils gelés, le visage tout auréolé de givre, l'avait alors gratifié de son plus beau sourire, plongeant Frank dans un océan de perplexité.

— Avec elle ?

Je répondis à toutes ses questions, impressionné qu'un musher aussi légendaire que Frank daigne s'intéresser à notre histoire. De fait, il était sidéré. Comment avions-nous fait pour voyager sur une telle distance, sur ces pistes, dans ce froid, avec un tel « bagage » ?

Ce fut le début d'une longue amitié. L'hiver suivant, sur invitation de Frank, je me retrouvais avec ma famille, qu'un petit Loup était venu agrandir, à m'entraîner chez lui afin de participer pour la première fois à cette course mythique : la Yukon Quest. Je reviendrai plus tard sur cette première participation.

Quelques années plus tard, je revenais au Yukon pour le tournage, qui dura deux ans, de mon premier film long métrage pour le cinéma : *Le Dernier Trappeur*. À cette occasion, je retrouvais Dawson où nous avons tourné plusieurs séquences qui, je crois, mettent en valeur cette magnifique petite bourgade chargée d'histoire, défigurée depuis par le béton dont on a recouvert les rues…

La liste est malheureusement longue de ces blessures que nous avons infligées à nos paysages. Je pleure de voir ce que nous avons fait de nos montagnes, sous prétexte d'avoir une « vision urbanistique » favorable au développement du tourisme. On a donc bétonné la montagne pour qu'elle ressemble à la ville, afin que le dépaysement ne soit pas trop rude pour les citadins que l'on voulait attirer. Je n'ai pas besoin de m'étendre sur le résultat de cette aberration de plus qui a consisté à sacrifier certaines vallées pour construire des usines à ski.

Je m'égare. Mon esprit vagabonde. C'est si bon d'avoir toutes ces heures, cette disponibilité pour le faire. Le jour est maintenant bien levé. Nous sommes le 12 février, une couche nuageuse tenace empêche le soleil de percer, noyant le sommet des plus hautes montagnes dans une sorte de brume blanche et opaque. Bonanza, Klondike, Sulphur Creek… ces noms chargés d'histoire me renvoient à mes lectures d'enfant : *Croc-Blanc, Radieuse Aurore, L'Appel de la forêt*. Quel talentueux et étrange personnage, ce Jack London, qui a passé l'essentiel de son temps au Yukon dans les bars à écouter les histoires de ceux qui s'aventuraient sur les pistes glacées. Il puisait auprès de ceux qu'il rencontrait le miel dont il nous régala ensuite. La fin de cet auteur extraordinaire est à l'image de l'homme torturé qu'il fut, plein de contradictions et d'idéaux.

À Dawson se visite encore l'une des cabanes qu'il a habitées.

La vallée du Klondike, cent ans plus tard, conserve les stigmates des incroyables bouleversements dont elle fut victime, alors que des milliers d'hommes assoiffés de richesse creusaient, arrachaient, retournaient, griffaient la terre. Nous glissons silencieusement sur la piste devenue route qu'une fine pellicule de neige recouvre, étouffant le bruit des pattes des chiens et le frottement des skis. Le seul bruit, comme une petite musique, est le tintement léger que font les médailles des chiens jouant dans leurs minuscules anneaux de fer.

— On y est, les p'tits chiens. On y est bientôt !

Recouverts de neige et de végétation, d'immenses monticules de terre, que des machines à laver le gravier ont déversés, offrent un paysage boursouflé, typique des champs aurifères du siècle dernier. Nous passons à côté de la célèbre Drague n° 4, immense, à l'allure de bateau, avec sa coque de bois et ses godets de fer dont la fonction consistait, en avançant mètre par mètre, à creuser et à arracher la terre au ruisseau.

Les chiens accélèrent. Ils sentent la ville proche. Je

suis euphorique. Quelle belle étape nous avons réalisée là !

À l'approche de Dawson, et pour la première fois depuis Pelly Crossing, je me surprends à calculer ce que j'avais décidé d'ignorer : ma position. Nous sommes dix-septièmes alors que nous avions quitté Pelly en dix-neuvième position.

Dix-septièmes sur vingt-six participants. Nous reprenons du poil de la bête, c'est le cas de le dire.

J'ai hâte de retrouver Pierre, et aussi de lire dans les yeux de Fabien toute sa fierté de voir arriver notre petit attelage. Du coup, les derniers kilomètres s'allongent. J'ai tellement hâte d'arriver, de me délecter de voir les chiens s'étendre dans la paille et dormir tout leur soûl…

Soudain, une voiture. Les chiens accélèrent. C'est Pierre ! Il vient à ma rencontre, accompagné d'un caméraman et d'un photographe. Il lève les bras en signe de victoire, affichant un immense sourire. Je ne stoppe surtout pas, les chiens pourraient croire que nous sommes arrivés.

— Bravo, Nico ! Bravo !

Je suis ému, au bord des larmes.

Je suis tellement fier de mes petits chiens.

Les derniers kilomètres sont un pur plaisir. Celui de commander Miwook, royal, qui va exactement où je lui demande d'aller. Celui de féliciter un à un les chiens, qui savent que nous arrivons et filent à vive allure comme les champions qu'ils sont.

Voilà les premières maisons, cette *front street* où vingt ans plus tôt Diane et moi étions arrivés à la fin de notre long périple avec notre petite fille ressemblant à s'y méprendre à une petite Indienne…

Cette *front street* encore le long de laquelle Pierre et moi avions amarré notre radeau.

Cette *front street* au bout de laquelle m'attend aujourd'hui une petite foule joyeuse qui se met à crier.

Vive émotion.

9

12 février, Dawson City.
Arrêt de vingt-quatre heures

Rien que pour ce moment-là, la Yukon Quest mérite d'être vécue : se glisser dans des draps propres après une longue et délassante douche chaude. Puis fermer les yeux et sombrer dans le plus délicieux sommeil. Je me réveille sept heures plus tard dans la même position avec une faim de loup. Il est 19 heures : nous allons dîner au restaurant de l'hôtel Downtown. Pierre me donne d'excellentes nouvelles des chiens. Ils ont mangé avec appétit et dorment, libres, confortablement installés sur un épais lit de paille couvrant le sol de la tente spécialement montée pour eux avec des bâches. Ainsi sont-ils bien au chaud, à l'abri des regards et de ce qui pourrait les distraire ou les déranger. Tout comme moi, ils doivent profiter à fond de ces vingt-quatre heures de repos. Fabien les dorlote. Les phases de massage, de repas et de repos se succèdent, orchestrées avec maestria selon un programme rigoureusement préétabli.

Je dévore mon repas, de très bonne humeur, ravi de partager ce moment avec Pierre. Ensemble, nous avons tant de souvenirs.

— Franchement, à Carmacks, lorsqu'on a vu la tournure que prenait ta course, on ne te donnait pas une chance sur dix d'arriver jusqu'ici.

— Moi non plus !

Vers 22 heures, je retourne me reposer, et ce, jusqu'à 7 heures du matin. Plusieurs fois dans la nuit, je me réveille en panique, cherchant les chiens, certain de m'être endormi trop longtemps au bord de la piste…

Après un solide petit déjeuner, je rejoins Fabien et les chiens, tous en pleine forme et prêts à reprendre la piste, à l'exception de Burka dont le poignet, toujours un peu gonflé, m'inquiète. Je demande son avis au vétérinaire chargé du check-point de Dawson, qui est catégorique. Elle peut continuer. Il m'assure que cela n'empirera pas et, au contraire, ne serait pas surpris si cela s'améliorait. Je suis étonné, voire sceptique, mais ces vétérinaires sont des spécialistes, très expérimentés.

— *Your dogs look great !* (Tes chiens sont en pleine forme !)

Brian Wilmshurt sait-il combien cela me fait plaisir de l'entendre dire ça ?

Je les regarde, mes champions. Il a raison. Ils sont forts, en forme, prêts à en découdre et moi aussi. On va leur montrer de quel bois on se chauffe !

Nous bottinons et certains chiens commencent à trépigner, impatients de repartir : Dark bien entendu, mais aussi Sidi et Kazan, ainsi que Miwook. Ils ont pourtant avalé sept cent cinquante kilomètres en moins de cinq jours avec seulement vingt-quatre heures de repos. On m'a annoncé une belle piste sur le fleuve Yukon et la température de moins 20 °C est parfaite. Un beau run en perspective. J'ai hâte de quitter Dawson. Les deux prochaines étapes sont longues : deux fois deux cent quarante kilomètres jusqu'à Circle. Ensuite, les check-points sont plus rapprochés. Si j'arrive à repartir de Circle avec huit chiens, je considère que j'aurai toutes les chances d'aller jusqu'à Fairbanks. Même si la plus grande ascension de la course reste à venir, je sais maintenant que nous pouvons le faire.

Au départ de Dawson, la plupart des concurrents comptent au moins onze chiens. Nous sommes trois à repartir avec seulement neuf chiens, dont Hugh Neff, vainqueur de l'édition 2012. La moyenne du nombre de chiens par attelage ira en diminuant. Elle sera vraisemblablement proche de dix chiens à Central. Dès lors, si j'arrive comme je l'ai fait depuis Pelly Crossing à conserver mon team de neuf chiens, je redeviendrai compétitif, mon objectif avoué étant maintenant d'essayer de remonter dans le classement. C'est ambitieux mais, en comparant la vitesse de tous les participants au cours de la dernière étape, il est évident que nous pouvons l'être. J'ai été l'un des plus rapides et cela m'a étonné.

Nous sommes le 13 février, il est 11 heures. Je cours depuis déjà sept jours. Pour rejoindre le lieu du départ, il y a presque un kilomètre à effectuer sur une route verglacée que les voitures empruntent. Dès que j'enlève l'ancre, les chiens plongent dans leurs harnais et s'élancent au galop, bien que je pèse de tout mon poids sur le frein qui mord mal dans la glace. Au dernier point de contrôle, les mushers doivent signaler leur départ : c'est le *check-out*, mais mes chiens protestent et il faut l'intervention de deux personnes pour m'aider à les retenir pour signer. Aussitôt relâchés, nous repartons en négociant un virage un peu raide qui permet l'accès au Yukon. Une petite neige tombée en fin de nuit recouvre partiellement la piste et tempère quelque peu l'ardeur des chiens.

Le Yukon gelé, enchâssé entre de hautes falaises, serpente en dessinant de grandes boucles dans ce paysage chargé d'histoire. Comment naviguer sur ce fleuve sans penser à ces milliers d'hommes qui, hiver comme été, l'ont emprunté, certains sur des radeaux ou avec des traîneaux chargés d'or, mais le plus grand nombre avec le seul espoir d'atteindre la mer de Béring et de monter dans un bateau pour échapper à l'enfer. Ces malheureux, ruinés, affamés et découragés n'avaient alors plus qu'une seule idée en tête, quitter le Klondike, où la plupart étaient arrivés bien trop tard, longtemps après que les premiers prospecteurs se furent partagé les bons secteurs. Le cimetière de Dawson est rempli de ces victimes du froid, de la faim ou du scorbut qui ont achevé leurs rêves de fortune dans un trou. Entassés les uns sur les autres dans une bâtisse à l'abri des corbeaux durant l'hiver, les corps étaient enterrés, par dizaines, dès que le sol dégelait. Comme j'avais écrit un roman sur cette incroyable épopée du Klondike, *L'Or sous la neige*, que je rêve d'adapter au cinéma, un lecteur m'a fait un cadeau surprenant. Il m'a transmis la lettre originale qu'un jeune Français de 22 ans ayant participé à cette ruée vers l'or avait envoyée à ses parents au cours de l'hiver 1898. Il racontait sur quatre pages manuscrites l'enfer qu'était sa vie, sans ressources, sans autre abri qu'une tente mal chauffée, sans nourriture, et s'excusait d'avoir pris cette décision stupide de tout quitter pour faire fortune. Il terminait sa lettre par ces mots : « Chers parents, je ne pense pas survivre encore bien longtemps et sur cette triste pensée, je vous embrasse bien affectueusement. » L'écriture soignée, au crayon à papier, sur les feuilles arrachées d'un cahier, témoignait de toute la concentration dont ce pauvre jeune homme avait fait preuve pour écrire cette dernière missive. C'était bouleversant. J'ai souvent relu ces pages, essayant de me représenter tout ce qui était décrit et raconté.

Quelle incroyable épopée que cette ruée vers l'or où cohabitaient des millionnaires vivant de façon extravagante à côté de malheureux qui mouraient de faim et de froid. Ne raconte-t-on pas qu'un certain « Swiftwater » Bill Gates, pour impressionner une femme qui aimait les œufs, une denrée très rare à Dawson, acheta tout le stock de la ville, les fit bouillir et en nourrit ses chiens. Un autre, Jimmy McMahon, dépensa l'équivalent de 800 000 dollars d'aujourd'hui en or en une seule soirée. Ce soir-là, il se dit que l'on pouvait gagner beaucoup d'argent rien qu'en ramassant sur le sol toute la poudre résiduelle du précieux métal avec lequel il payait un festin, du champagne et des filles à ses amis. Ces millionnaires jouaient au poker avec des mises au pot équivalant à plus de cent mille dollars d'aujourd'hui. Pour les plus riches, l'extravagance, la décadence et la luxure, mais les engelures, la famine et le cimetière pour les autres.

Le soir de Noël, il se raconte qu'une prostituée fit son entrée dans un bar en proposant à ceux qui lui demandaient d'ouvrir un peu son décolleté de mettre sur la balance le poids en or des vêtements dont elle s'effeuillerait alors un à un. Tout y passa sauf sa petite culotte. Elle empocha plus de six kilos d'or (les vêtements d'hiver pèsent lourd) et se rhabilla.

Dans les bars de Dawson, on peut encore payer en or, ce que je fis l'été où nous construisions le radeau, après une demi-journée passée à laver du gravier dans un petit ruisseau. J'y ramassai, dans une batée, une douzaine de dollars de poussière d'or. De quoi payer trois bières à la saveur toute particulière.

Le premier musher à atteindre Dawson reçoit cent grammes d'or. Cette année, ce sera Brent Sass. Mais ce prix, commémorant cette grande époque, est assorti d'une condition que Brent Sass connaît à ses dépens : il faut finir la course. Et l'on sait dans quelles conditions dramatiques ce dernier a dû abandonner l'année dernière, évacué par hélicoptère à moins de cent kilomètres de l'arrivée.

Avec six heures d'avance, Brent possède un solide avantage, insuffisant toutefois pour dire que la course est jouée. Plus de la moitié de la distance reste à couvrir et le franchissement du mythique Eagle Summit est chaque année fidèle à sa réputation. Il casse les ambitions de ceux qui sont allés trop vite. Derrière lui, deux solides concurrents qu'il n'est pas confortable d'avoir dans son rétroviseur : Allen Moore et Hugh Neff, deux anciens vainqueurs. Le premier à franchir la ligne d'arrivée sera, à n'en pas douter, l'un de ces trois-là. Quant aux deux autres stars, Jeff King et Lance Mackey, le premier a abandonné et le second est en quinzième position, trop loin des leaders pour jouer la gagne.

Mes chiens trottent bien, joyeusement, à une vitesse que je juge raisonnable. Je me trompe, comme je vais bientôt l'apprendre. Deux cent quarante kilomètres nous séparent du check-point d'Eagle. Une cabane, ouverte le temps de la course par son propriétaire, a été annoncée au kilomètre 81. C'est donc là que la plupart des mushers qui bouclent l'étape en trois runs font halte.

Environ cinquante kilomètres après Dawson, je suis surpris de dépasser celle qui se trouvait à trois heures d'avance devant moi et qui a fait halte sur le bord de la piste. Ryne Olson a donc prévu d'effectuer quatre runs au lieu de trois. Je suppose qu'elle va bientôt repartir et me doubler à nouveau lorsque, plus loin, je me serai à mon tour arrêté.

Le jour décline tandis que je dépasse le petit village abandonné de Forty Mile qui se trouve à la croisée du fleuve Yukon et de la rivière Fortymile. Lui aussi a connu son heure de gloire lors de la ruée vers l'or du Klondike. Fondée par quelques chercheurs d'or en 1886, cette ville, qui serait la plus ancienne du Yukon, est aujourd'hui un village fantôme. À l'époque où l'or coulait à flots, la Compagnie commerciale de l'Alaska y a établi un comptoir attirant jusqu'à six cents personnes qui repartirent dès la fin des prospections. Seul le peuple indigène Tr'ondëk Hwëch'in présent dans la région depuis plusieurs générations est resté.

Actuellement, on ne rencontre que quelques rares bâtiments que les chiens observent en se demandant si nous allons y faire halte… Je regarde mon GPS, qui m'indique soixante et onze kilomètres. Il nous reste donc une dizaine de kilomètres pour atteindre la cabane.

La nuit tombe lorsque nous quittons le Yukon pour emprunter la rivière Fortymile, son affluent. Je profite de l'arrêt que je nous impose pour installer mes lampes frontales, puis snacker les chiens. À Dawson, pour mieux y voir encore durant les étapes de nuit, j'ai imaginé un éclairage supplémentaire s'ajoutant à ma lampe frontale. Il s'agit d'une lampe encore plus puissante, un peu lourde pour être utilisée sur le front, que j'ai du coup fixée au guidon de mon traîneau. Cette lampe est alimentée par une grosse pile au lithium qui est rangée dans le traîneau. La seconde lampe frontale est maintenue en place sur mon front grâce au large élastique entourant mon bonnet, et je conserve les batteries sur moi afin de pouvoir me déplacer vers les chiens sans avoir besoin de me détacher. Je n'utilise cette dernière qu'en cas de nécessité, dans un passage difficile par exemple, où j'ai besoin de pouvoir instantanément diriger le faisceau de la lampe sur un chien ou un obstacle. Sinon, le large spectre de la première frontale éclaire suffisamment pour que je n'utilise que cet éclairage indirect qui se révèle moins fatigant.

Au kilomètre 84, je commence à m'inquiéter. Aurais-je dépassé la cabane ? J'étais pourtant resté très vigilant, sur mes gardes. Les chiens accélèrent soudain à la vue d'un attelage au repos en plein milieu de la piste. Il s'agit de Jason Campeau, qui est reparti en treizième position de Dawson avec plus de huit heures d'avance sur moi. Je suis un peu étonné de le trouver encore ici. Je stoppe les chiens derrière son attelage et cherche la paille sur laquelle je comptais et que les concurrents ont forcément laissée ici. Comme je n'en vois pas, je cherche une piste me permettant de rejoindre la cabane qui se trouve sur la berge et d'où sort Jason qui vient vers moi.

— Salut, il n'y a pas de paille quelque part que les autres ont laissée ?

— Ce n'est pas la cabane.

— C'est quoi alors, cette cabane ?

— La cabane d'un gars de Dawson. Les gars à l'intérieur m'ont invité à rester là.

— Et la cabane ?

— Aucune idée de là où elle se trouve. Ces gars-là me disent qu'ils n'ont connaissance d'aucune cabane ouverte dans le coin.

— C'est une histoire de fou. Les officiels m'ont assuré qu'elle était ouverte, qu'il y avait un panneau en bord de piste pour l'indiquer. Du coup, certain d'y trouver de la paille, je n'ai rien emporté.

— J'peux pas t'aider. Moi aussi, je l'ai cherchée… Mais tu peux rester ici, les gars sont sympas !

— Et toi, quand repars-tu ?

— D'ici une heure.

Ça me va. Il ne fait pas froid, à peine moins 20 °C, et les chiens peuvent se reposer une heure dans leurs manteaux pendant que je leur prépare à manger. Dès que Jason sera parti, je récupérerai sa paille. Mon traîneau est maintenant parfaitement organisé et j'ai plaisir à effectuer ma routine, sans stress puisque je sais que l'appétit de mes chiens est revenu. Je prépare le repas en sifflotant et en plaisantant avec les chiens, que je caresse et masse, leur répétant combien je suis content de ce run parfait. Quatre-vingt-cinq kilomètres en moins de six heures.

Lorsque tout est en ordre, que les chiens ont bien mangé et que j'ai préparé mon traîneau pour l'étape suivante, je monte à la cabane dont je trouve les occupants, aussi sympathiques qu'éméchés, en train de vider bière sur bière avant d'attaquer une bouteille de trois litres de whisky qu'ils se promettent de finir le soir même. Ça promet ! Ils m'offrent un plat de spaghettis bolognaise que j'apprécie au plus haut point. Enfin, Jason se prépare. Comme je sais qu'il faut une bonne demi-heure pour bottiner, je ne me presse pas pour descendre récupérer sa paille et discute avec mes hôtes, qui m'avouent que courir la Yukon Quest est la chose la plus débile qu'ils puissent imaginer.

— Ne pas dormir pendant dix jours, se « peler les miches », pour crapahuter derrière un traîneau, faut être malade !

Je ne peux que leur donner raison. Oui, nous sommes tous un peu « malades ». Il n'y a pas à revenir là-dessus. Nous rions, échangeons quelques blagues, jusqu'au moment où je constate que Jason est enfin reparti. Alors, je vais récupérer la paille et la distribue à mes chiens, qui s'y couchent avec un bonheur évident. Je ne suis pas sûr que leur plaisir à se lover sur une confortable et douillette litière soit aussi grand que celui que j'ai à les voir si contents.

— Bonne nuit, les chiens.

Elle sera courte mais bonne. Je ne compte pas m'arrêter ici plus de six heures. Au diable le fait que j'aie dépassé Ryne et que Jason se soit arrêté presque neuf heures ! Je ne me laisserai influencer par rien d'autre que par l'état de mes chiens et je les sais assez en forme pour repartir après seulement six heures de repos. Dès lors, pourquoi ne pas profiter de cet avantage ? Ne sommes-nous pas en course ?

J'ai eu comme une intuition en mettant dans mon petit sac d'affaires personnelles deux paires de boules Quies en mousse. Connaissant le niveau sonore qui empêche de dormir dans certains check-point*s*, j'avais veillé à ne pas oublier ces bouchons d'oreilles. Bien m'en a pris ! Car dans la cabane, l'ambiance est encore montée d'un cran. Je tente de m'assoupir dans un coin, mais c'est impossible, si bien que je remercie mes amis de leur hospitalité et vais m'allonger sur un peu de paille entre Miwook et Burka. Le ciel se découvre et quelques étoiles apparaissent alors que le froid retombe un petit peu. Cette zone du Yukon, et tout particulièrement cette vallée de la rivière Fortymile, est réputée pour ses températures glaciales. Mais nous y échapperons cette fois-ci, ce qui n'est que justice eu égard aux températures extrêmes que nous avons endurées les premiers jours.

Je ne sais pas si j'ai dormi, sans doute somnolé quelques instants. Je bottine les chiens et nous repartons. Une étape qui s'annonce facile sur la rivière, mais ensuite bien plus ardue avec l'ascension de l'American Summit.

À peine bottiné, Miwook se remet debout, devant, prêt à partir. Il m'impressionne. La seule à renâcler un peu lorsque je lui demande de se lever est Sidi, mais cela ne dure pas. Dès que nous avons démarré, elle retrouve son allant et tire aussi bien que les autres. Nous n'avons pas fait un kilomètre que j'aperçois, très visible et légèrement en retrait sur le bas-côté droit, un panneau indiquant la cabane. Peu importe, je n'ai pas perdu au change, les chiens se sont bien reposés.

Je n'ai que neuf chiens mais c'est vraiment une belle petite équipe. L'ambiance est bonne cette nuit. La piste est amusante, facile mais pas lassante, car pleine de surprises sur cette rivière qui se resserre et tournicote de plus en plus. Je regrette cette étape nocturne car le paysage a l'air magnifique, avec ces montagnes et ces falaises tombant à pic dans la rivière. J'ai prévu de faire quatre-vingt-dix kilomètres. Il ne m'en restera alors « plus que » soixante-dix pour Eagle, l'un des trois plus difficiles runs avec l'ascension d'American Summit. Le timing est parfait. Si tout va bien, je monterai en plein après-midi avec une bonne visibilité.

Soudain, les chiens accélèrent : dans le faisceau de ma lampe, j'aperçois un magnifique lynx, qui coupe la piste en effectuant de grands bonds. Un peu plus tard, nous dérangeons cette fois un élan, qui s'en va dans la forêt en soufflant bruyamment. Une multitude de traces de loups, très fraîches, sillonnent la rivière en tous sens mais, dommage, nous n'en verrons pas les auteurs… Je suis bien. Les chiens le sentent et communient avec moi. Qu'est-ce qui pourrait nous empêcher d'atteindre Eagle ? Dans la nuit, une lumière clignote sur le traîneau, transperçant la bottine à l'intérieur de laquelle est installé le petit émetteur GPS qui envoie un signal toutes les quatre ou cinq secondes. J'imagine Pierre et Fabien, les yeux rivés sur le tracker, qui lisent ma progression. Ils doivent jubiler de me voir avancer si bien, si vite. Cette minuscule lueur qui clignote dans la nuit me relie au monde, aux miens, mes enfants, ma femme, mes frères, mes amis, plusieurs classes également et des inconnus, qui me suivent. Je ne peux pas m'empêcher de penser aussi à ces quelques individus malveillants qui se sont épanchés sur les réseaux sociaux en espérant ouvertement une débâcle et en se réjouissant de mes débuts difficiles.

Ils doivent s'inquiéter de nous voir filer si bien vers Eagle… Rien de tel au Canada où ces propos fielleux n'ont pas cours… ou si peu. Cette médisance est un mal bien français motivé par la jalousie, la rancœur, l'amertume. Certains mushers français seraient bien inspirés de prendre exemple sur leurs cousins canadiens et de courir un peu plus avec leurs chiens plutôt que de déblatérer sur des sites de discussion où certaines conversations sont aussi risibles que pathétiques.

Je ne reverrai pas mes amis Pierre et Fabien avant Circle car le check-point d'Eagle n'est pas accessible. Les chiens droppés ou les mushers qui scratchent là quittent les lieux par avion. Plusieurs de ces petits avions sur skis qui font l'aller-retour depuis Dawson pour y emmener le staff de la Quest m'ont survolé aujourd'hui, effectuant quelques pirouettes comme ils doivent le faire chaque fois qu'ils passent au-dessus d'un attelage.

Vers 4 heures du matin, une grosse fatigue me tombe dessus. Dès lors, je me surprends à consulter de plus en plus souvent ce fichu GPS qui, à son habitude, n'avance pas assez vite. Encore vingt kilomètres. J'ai tellement hâte maintenant d'arriver. J'espère encore trouver un stock de paille laissé par un concurrent en bord de piste.

— Mes petits chiens, à partir du kilomètre 85, on cherche la paille !

J'ai ramassé celle de Jason et l'ai comprimée dans un sac solidement ficelé sur mon traîneau. Ainsi, nous avons un petit stock qui fera l'affaire si nous n'en trouvons pas sur place. Dans le cas contraire, la couche sera double, tout bonus pour les chiens qui méritent bien cela.

Nous quittons la rivière qui s'était rétrécie jusqu'à devenir un petit ruisseau gelé où une multitude de boules de neige bondissaient devant les chiens : des lièvres blancs, qui ont tous réussi à échapper aux crocs de mes chasseurs, même si parfois il s'en est fallu de peu. Dès lors, la piste s'engage dans les terres et s'enfonce dans une taïga de forêt, de marais et de petits lacs.

Plus que dix kilomètres. Je suis mort mais je tente de n'en rien montrer à mes chiens. Au kilomètre 87, nous apercevons plusieurs trous au bord de la piste, dont le fond est tapissé de paille.

— Yahouuu, les chiens !

Ils ont compris et, sans même attendre que le traîneau soit immobilisé, y plongent directement. Je vais de l'un à l'autre, les félicite chaudement tout en décrochant les tug-lines, ce qui les libère du trait central et leur permet de se rouler.

Puis je me presse pour enlever les bottines, fabriquer de l'eau, masser chacun… afin qu'ils mangent rapidement et puissent bien se reposer avant cette étape décisive. Une de plus. Je dois, moi aussi, dormir au moins deux heures pour être d'attaque et les aider.

Lorsque je me couche enfin, mon sac de couchage sur moi, je pousse un grand soupir de contentement que les chiens, du fond de leur sommeil bienheureux, doivent entendre.

10

14 février, de Dawson à Eagle

Le jour est déjà bien levé lorsque nous repartons. Même si c'est grandement insuffisant, dormir deux heures m'a fait du bien. J'ai maintenant hâte de grimper, de mettre cette montagne derrière nous.

Lorsque je prépare les chiens, il y a toujours cette appréhension qu'ils n'aient pas assez récupéré, qu'ils accusent une baisse de tonus. Comment vont-ils repartir ? Est-ce qu'une boiterie n'est pas passée inaperçue ? Comment réagira le poignet de Burka ? Autant de questions qui me turlupinent, les réponses venant lorsque nous reprenons la piste. Après quelques kilomètres, les chiens retrouvent naturellement leur rythme, à l'image d'une belle mécanique bien huilée, et je pousse un long soupir de soulagement, un tantinet admiratif. Mais aussitôt d'autres interrogations s'imposent à mon esprit. Auront-ils la même pêche que lors de l'ascension de King Solomon's Dome ? Le dénivelé est à peu près identique, mais la montée, plus longue, sera plus progressive. Au pied de celle-ci, j'enlève leur manteau aux quelques chiens, plus frileux que les autres, à qui je l'avais laissé : Sidi, Olga et Yuma. Je snacke, absorbe un bon litre d'eau tiède et ôte mon surpantalon et ma grosse veste.

— Allons-y.

Sur la Quest, une bonne méthode pour se botter le cul en montée est de penser à William Kleedehn, cet incroyable musher dont le seul but durant la majeure partie de sa vie fut de gagner la Yukon Quest. S'il n'y est jamais parvenu, il n'en est pas passé loin puisqu'il totalise un nombre impressionnant de *top five* et deux places de second, l'une en 2003, derrière le triple vainqueur Hans Gatt, l'autre en 2005, où il est arrivé huit petites minutes derrière l'immense champion, sans aucun doute le plus grand de tous les temps, Lance Mackey. Mais ce jour-là, nous étions des milliers à prier pour que William gagne, y compris les officiels de la Yukon Quest, qui n'ont pas hésité, une fois n'est pas coutume, à sortir de leur réserve pour prendre parti. Et personne, y compris Lance Mackey, ne se faisait la moindre illusion. Tous derrière Wiliam. Vous allez tout de suite comprendre pourquoi. Wiliam court avec une jambe artificielle ! Il a perdu sa jambe dans un accident de moto. Il faut voir les vidéos de William en train de gravir Eagle Summit pour comprendre le courage dont il fait preuve. Cette jambe artificielle qu'il balance avec une sorte de déhanchement de côté, sa main aidant la jambe à se positionner au-dessus de l'autre, le rétablissement sur celle-ci, la poussée sur la jambe valide et recommencer, jusqu'en haut. Respect.

Pourquoi étions-nous si nombreux à prier pour qu'il gagne en 2005 ? Parce qu'en 2004, tout portait à croire qu'il allait enfin réaliser son rêve : remporter la Quest.

Cette année-là, son team était incroyablement bon, rapide. Il avait gagné plusieurs courses en des temps records, dont la Coper Bassin, une course de plus de quatre cent cinquante kilomètres, réputée difficile. Il partait donc grand favori et effectivement il réalisa une course parfaite. À moins de deux cents kilomètres de l'arrivée, le parfum de la victoire commençait à l'enivrer sans qu'il perdît pour autant le moindre degré de concentration. Tout le monde retenait son souffle, espérait sa victoire. Un obstacle de taille restait à franchir : Eagle Summit. Mais en douze participations, William connaissait Eagle Summit aussi bien qu'un vieil ennemi. Tout est arrivé sur Eagle Summit, mais rien d'aussi dramatique et d'aussi inattendu… Dans la pente, Wiliam tombe et se casse la jambe, la bonne ou la mauvaise, c'est selon, en tout cas celle qu'il ne fallait pas : la valide. L'os perforait la cuisse valide. La course était finie.

Ce jour-là, nous avons été nombreux à enrager et à pleurer de dépit. Devant une telle injustice, on se demande si un Dieu existe. En tout cas, ce jour-là, il devait dormir ou cuver le vin de messe !

Puis quelques années ont passé avant que William retrouve un attelage compétitif. Et enfin, en 2009, le voici de nouveau dans ce qu'on appelle le pack des leaders. William, l'opiniâtre, le courageux, va-t-il enfin gagner sa Quest ? Il est rapide, bien placé, expérimenté, tout porte à croire qu'il peut le faire. Et une nouvelle fois, le rêve se brise dans la pente d'Eagle Summit, toujours lui. Ses chiens abandonnent, refusent l'obstacle comme le font certains chevaux devant des barres qu'ils jugent trop hautes. Et avec sa jambe de bois, William ne peut pas pousser comme le font certains mushers qui montent en haut à la force des… mollets. Comble de malchance, l'une de ses chiennes de tête est en chaleur et fout le bazar. C'est la débâcle… William fait demi-tour, retourne au check-point de Central. La course pour la gagne est finie pour lui. Il terminera sixième. Il est doublé par Sebastian Schnuelle et surtout par Hugh Neff. Hugh va sans doute réaliser son rêve, qui est pour lui aussi et depuis longtemps de gagner la Quest. Son avance est confortable lorsqu'il franchit enfin Eagle Summit après des heures passées dans une tempête. Il n'a plus qu'à se laisser glisser pour atteindre Fairbanks et gagner.

Du moins est-ce ce qu'il pense à ce moment-là et ce que tous les observateurs croient également. Pourtant, pour avoir empiété sur la route pendant quelques kilomètres au lieu de suivre la piste parallèle, Hugh écope d'une pénalité de deux heures. À ce moment-là de la course, Hugh, qui s'était placé juste derrière Sebastian Schnuelle, qu'il savait pouvoir doubler à n'importe quel moment, passe devant lui et arrive ainsi au dernier check-point avec une avance confortable sur son concurrent. C'est à ce moment-là, lorsqu'il a, pour ainsi dire, course gagnée (il est premier avec une heure et demie d'avance et avec l'attelage le plus rapide), qu'il apprend du *race marshall* (le juge de course) la pénalité dont il écope. Au dernier check-point, un arrêt obligatoire de huit heures est imposé à tous les attelages, pour éviter que certains ne soient tentés de trop pousser les chiens sur le *finish*. Hugh ne sera donc autorisé à repartir que dix heures après son heure d'arrivée (huit heures d'arrêt obligatoire et deux heures de pénalité). Il quittera donc le point de contrôle plus d'une demi-heure derrière le nouveau

YUKON QUEST

LOTTERIES YUKON
WHITEHORSE DAILY STAR
BUILDERS SUPPLYLAND
5
2015

LA PRÉPARATION

Quest m'observe réparer les harnais.

Burka, la star…

Les frères jumeaux : Kali et Happy.

Dark et Wolf, les deux « Wheel dog », ceux que l'on place juste devant le traîneau.

Les chiens n'ont qu'une seule envie : partir… courir.

Dernier entraînement à pleine charge, à quatre jours du départ.

Le Yukon, une province plus grande que la moitié de la France pour… cinquante mille habitants.

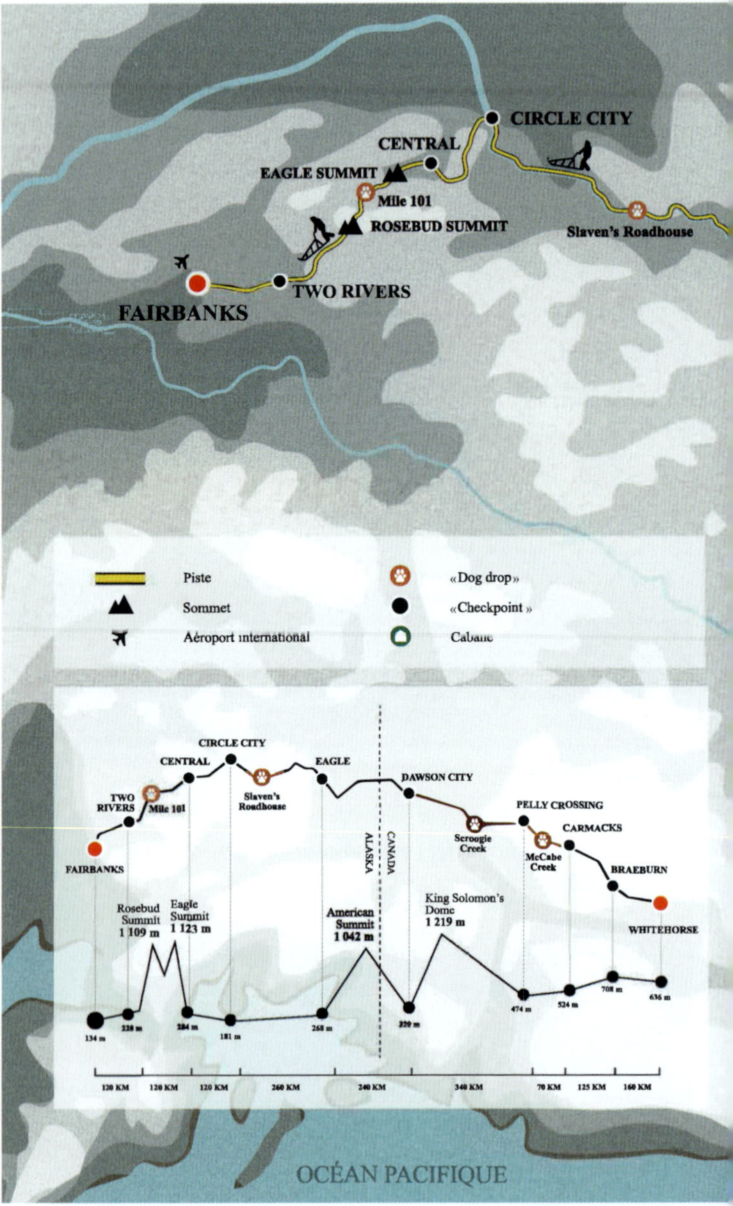

CIRCLE CITY
CENTRAL
EAGLE SUMMIT
Mile 101
ROSEBUD SUMMIT
Slaven's Roadhouse
TWO RIVERS
FAIRBANKS
Piste
Sommet
Aéroport international
«Dog drop»
«Checkpoint»
Cabane
CIRCLE CITY
CENTRAL
EAGLE
TWO RIVERS
Mile 101
Slaven's Roadhouse
DAWSON CITY
PELLY CROSSING
CARMACKS
Scroogie Creek
McCabe Creek
BRAEBURN
FAIRBANKS
ALASKA
CANADA
WHITEHORSE
Rosebud Summit 1 109 m
Eagle Summit 1 123 m
American Summit 1 042 m
King Solomon's Dome 1 219 m
134 m
284 m
181 m
268 m
474 m
524 m
708 m
636 m
120 KM
120 KM
120 KM
260 KM
240 KM
340 KM
70 KM
125 KM
160 KM
OCÉAN PACIFIQUE

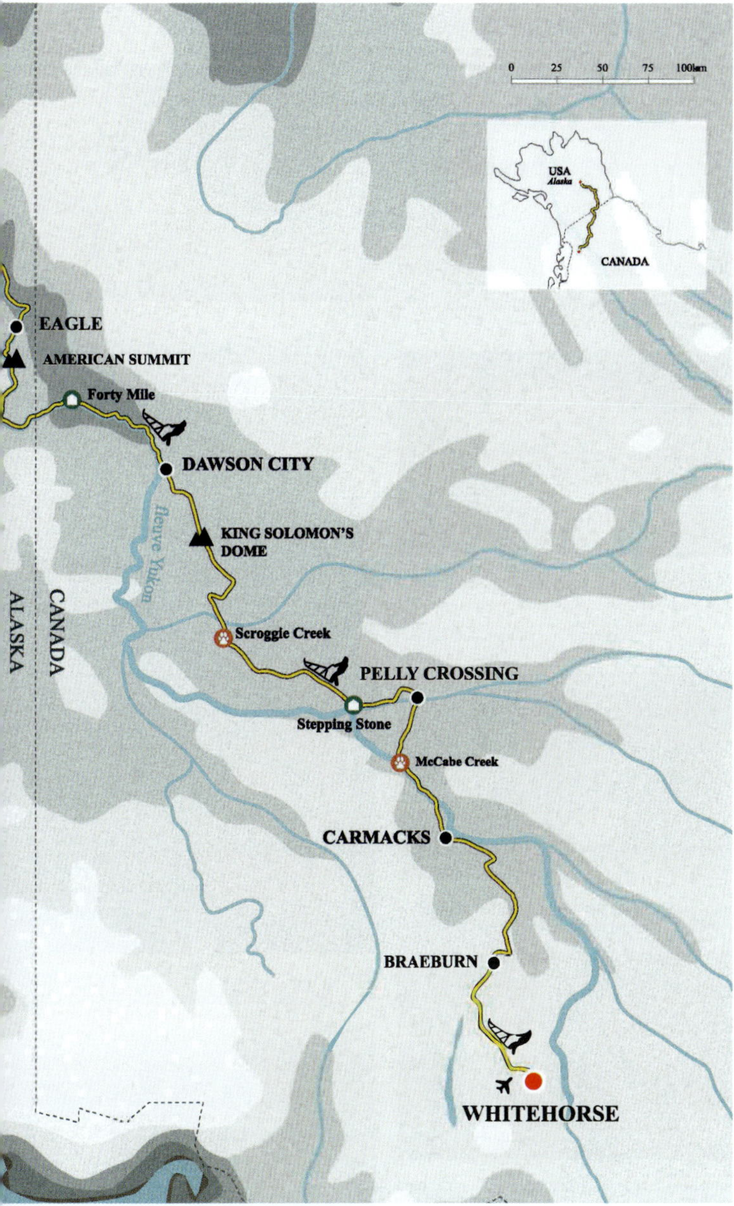
0 25 50 75 100km
USA
Alaska
CANADA
EAGLE
AMERICAN SUMMIT
Forty Mile
DAWSON CITY
fleuve Yukon
KING SOLOMON'S DOME
ALASKA
CANADA
Scroggie Creek
PELLY CROSSING
Stepping Stone
McCabe Creek
CARMACKS
BRAEBURN
WHITEHORSE

Chaque chien a une médaille avec le numéro du concurrent gravé.

La longue et si importante préparation des « food drop », des sacs contenant tout ce dont on aura besoin qui seront acheminés vers les check-points.

Le traîneau à pleine charge avec plus de cent cinquante kilos.

Une foule très nombreuse assiste chaque année au départ.

LE DÉPART : WHITEHORSE

Concentration maximale à quelques minutes du départ. Les chiens sont « dingues », il va me falloir maîtriser cette incroyable énergie.

WHITEHORSE

(En haut) Sur le traîneau, un sac rempli de paille pour que les chiens se reposent bien et au chaud lors de l'arrêt prévu en pleine forêt.

(En bas) Quatorze chiens « équipés » pour les grands froids : - 40 °C à - 50 °C durant les premiers jours…

BRAEBURN

Les chiens vont bon train, à plus de seize kilomètres à l'heure.

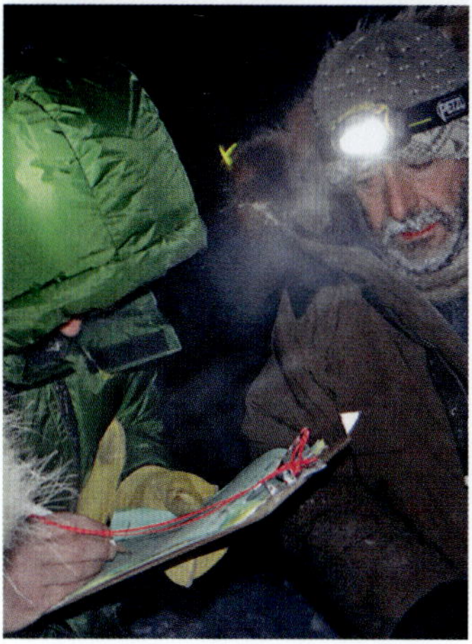

Premier arrêt au check-point de Braeburn où est servi le « plus gros hamburger du monde » !

CARMACKS - PELLY CROSSING

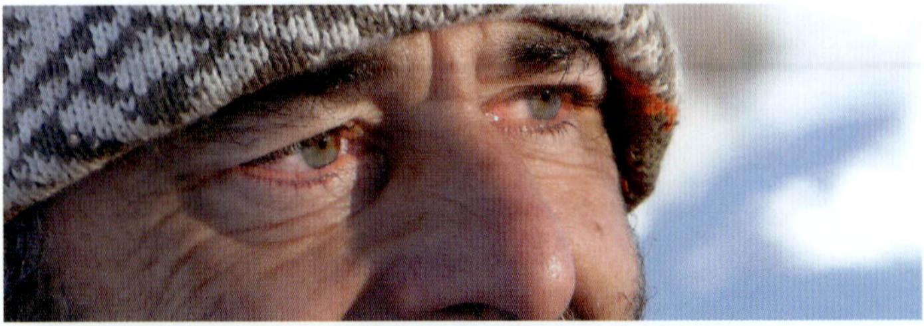

Au check-point, les vétérinaires contrôlent l'état des chiens, alors que les mushers s'activent pour préparer l'étape suivante.

Hugh Neff, ancien vainqueur, l'une des stars de la Quest.

Mon ami Frank Turner, ancien vainqueur lui aussi, l'une des légendes du monde du «mushing».

Distribution de nourriture à - 45 °C.

Pendant que j'avance avec les chiens, mes deux amis handlers, Pierre et Fabien, vont sur les routes du Yukon d'un check-point à l'autre.

Miwook, la star de cette course.
Un chien exceptionnel qui a emmené l'attelage de bout en bout, en restant en tête.

DAWSON

Dawson, vingt-quatre heures d'arrêt. Le seul endroit de la course où l'aide extérieure est autorisée. Pour chaque musher, c'est déjà un grand bonheur que d'arriver jusqu'ici : une demi-victoire.

Beaucoup parler aux chiens, tout le temps. Leur communiquer de la joie, de l'amour, de la volonté…

Hôtel cinq étoiles pour les chiens qui, pendant vingt-quatre heures, rechargent leurs batteries.

EAGLE - CIRCLE CITY

Dark et Wolf, inséparables, qui s'aiment comme rarement j'ai vu deux frères mâles s'aimer.

L'arrivée à Circle City en Alaska. Plus des deux tiers de la course derrière, mais il reste le plus dur…

À chaque check-point, contrôle et conseils des officiels qui font un travail remarquable et auxquels j'adresse mes remerciements les plus appuyés.

CENTRAL - TWO RIVERS

Brent Sass, le vainqueur, un grand bonhomme généreux et sympathique.

Le très grand, la légende, Lance Mackey.

Plus de deux cents bottines pour une course de mille six cents kilomètres afin de protéger au mieux les coussinets des chiens. Mais quel travail !

Deux à trois heures de sommeil par vingt-quatre heures pendant dix jours… alors, chaque minute compte.

Sidi a fait une demi-étape dans le traîneau pour se préserver et garder toutes ses forces pour la montagne.

Kazan et Unik trottent allègrement alors que nous allons bientôt attaquer le mythique « Eagle Summit ».

En haut du col d'Eagle Summit, un grand, très grand, moment de bonheur : c'est presque gagné, Fairbanks n'est plus très loin.

L’ARRIVÉE : FAIRBANKS

Comment décrire l’immense joie qui est la mienne lorsque je franchis la ligne d’arrivée et que je tombe dans les bras de mes deux amis après avoir pleuré de bonheur, le visage enfoui dans la fourrure de mes chiens ?

leader que personne, y compris lui-même, n'attendait à cette place : Sebastian Schnuelle.

Avec une avance confortable mais pas forcément suffisante, Sebastian s'élance trente-cinq minutes avant Hugh. Devant lui, soixante-dix kilomètres pour atteindre la *finish line*. Derrière lui, Hugh et son attelage, plus rapide que le sien, qui vont tout faire pour le rattraper.

« C'était horrible, j'ai passé les quatre dernières heures à regarder derrière moi. À chaque virage que faisait la rivière, je m'attendais à le voir débouler », avouera Sebastian.

De fait, le musher victorieux, ovationné par une foule très nombreuse, n'a pas le temps de descendre de son traîneau que Hugh, quatre minutes derrière lui, franchit à son tour la ligne d'arrivée. Il s'en est fallu de peu : quelques kilomètres de plus et Hugh doublait Sebastian. Incroyable *finish*.

Hugh gagnera la Quest en 2012, battant son propre record du plus petit écart de temps entre le premier et le second, celui de 2009 contre Sebastian, avec ce nouveau record : vingt-six secondes.

Vingt-six secondes entre Allen Moore et lui au terme d'une course de plus de dix jours et quelque mille six cents kilomètres ! Extraordinaire…

Quelle sorte d'incroyable *finish* la course nous réserve-t-elle encore cette année ? Tout donne à croire qu'il n'y aura pas de surprise puisque Brent Sass dispose à environ deux jours de l'arrivée de plus de neuf heures d'avance sur Allen Moore. Alors, course gagnée ? Plus personne n'ose l'affirmer tant les retournements de situation les plus inattendus sont légion sur la Yukon Quest comme sur l'Iditarod.

*

Cette montée, je l'attaque donc en pensant à cet incroyable Kleedhen, ce qui ne m'autorise certes pas à me plaindre. Comme la pente est progressive, j'aide les chiens en patinant, une main sur le guidon, l'autre poussant comme à skis de fond sur un bâton que j'ai récupéré en bord de piste. Les deux poussées, l'une prenant le relais de l'autre, effectuées de façon synchronisée, sont linéaires et allègent considérablement le poids que les chiens ont à tirer en accompagnant leur effort.

Je souffle, je souffre, mais nous montons à un bon rythme. Le ciel s'est bouché de nouveau. La température est remontée et une petite neige commence à tomber en même temps que le vent se lève. Je m'inquiète. Il ne faudrait pas que le vent forcisse trop car je sais combien l'endroit, là-haut, est inhospitalier. Le quadruple vainqueur Hans Gatt, loin d'être, on s'en doute, un perdreau de l'année, s'y est fait prendre en 2011. Incapable de continuer, pris dans la tourmente et en hypothermie totale, il a été heureusement rejoint par Brent Sass, dont le chien de tête, Silver, fut par la suite récompensé par un prix spécial pour son action héroïque. En effet, c'est lui qui a mené les vingt et un chiens de leurs deux attelages réunis jusqu'à la forêt salvatrice, au pied de la montagne. Nez au sol dans la tempête qui faisait rage, le chien de tête de Brent a réussi à suivre la piste enfouie sous la neige, et ce, malgré une visibilité de quelques mètres à peine qui empêchait Brent de voir au-delà des quatre premiers chiens de son attelage.

Je ne m'engagerai pas au-delà des derniers arbres sans avoir bien mesuré le vent et sérieusement évalué mes chances de franchir le sommet.

Les chiens grimpent bien. Kazan et Yuma soufflent. Ils ont trop chaud car ils se dépensent encore plus que les autres. À chaque pause que nous faisons, tous les cinq cents mètres environ, ces derniers se roulent dans la neige pour se rafraîchir. Lorsque nous arrivons juste au-dessous du niveau de la dernière ligne des arbres, ils refusent carrément de repartir, comme pour m'avertir du danger qu'il y a de monter au-delà. Le vent, assez fort, n'a pourtant pas forci. Il fait encore jour pendant quelques heures et je pense que j'ai tout à gagner à tenter le passage maintenant.

— Faut qu'on y aille, les chiens. On passe le sommet et ensuite on redescend vers Eagle, où l'on prendra un bon repos.

Miwook et Burka me regardent et semblent d'accord. Dark aboie pour encourager les autres à repartir, ce que consent à faire Kazan, mais pas Yuma. Je la remets d'autorité sur la piste. Elle renâcle un peu et j'ai peur que son attitude ne déteigne sur les autres, mais devant, des chiens comme Miwook et Unik tendent leurs traits pour donner le *la*.

Nous nous engageons dans le grand blanc. Ciel blanc. Piste blanche. Montagne blanche. Tout se confond dans un paysage monochrome qui est aussi magnifique qu'effrayant. L'impression d'être seul en mer à des kilomètres de la côte.

Maintenant que nous avons pris la décision de passer, filons ! Le vent peigne les chiens et refroidit Yuma et surtout Kazan qui reprennent du « poil de la bête ». Je me félicite de ne pas avoir cédé à cette petite voix intérieure qui me proposait d'accorder malgré tout un repos aux chiens avant d'entreprendre l'ascension finale. Nous serions repartis de nuit, à froid, en prenant le risque de voir le vent forcir alors qu'il reste pour l'instant intense mais pas violent au point de devoir faire demi-tour. Les chiens doivent ressentir mon appréhension et je subodore qu'eux aussi ont maintenant hâte de basculer de l'autre côté, de retrouver des arbres, un port. Tout mais ne pas rester ici en pleine mer, au milieu de rien, ballottés dans le vent.

Nous montons encore et encore. Que c'est haut ! Je pousse de toutes mes forces, engagé avec les chiens dans une bataille de plus que nous ne pouvons pas perdre. Miwook est impressionnant, tout comme Unik et Burka, qui font preuve d'un courage hors normes.

Je les félicite, les encourage, leur dis toute mon admiration. Je me sens tellement responsable.

— Allez, mes petits chiens ! On passe et hop ! deux heures plus tard, on arrive au check-point où je vous ai réservé une surprise.

L'organisation met une botte de paille à disposition de chaque musher dans tous les check-points, et donne la possibilité d'en acheter une supplémentaire là où on le désire, ce que j'ai fait dans chacun des check-points suivants.

— Deux bottes de paille, c'est l'hôtel quatre étoiles, Spa, restaurant gastronomique et vue imprenable sur les montagnes pour vous, les petits chiens !

Je raconte n'importe quoi mais ce n'est pas grave, ils apprécient, m'écoutent et avancent dans la bonne humeur car le musher est joyeux.

La pente s'infléchit. Arrivons-nous en haut ? La visibilité n'excède pas cinquante mètres, m'empêchant de m'en assurer. Je tente de me remémorer les lieux, mais la dernière fois que je suis passé ici avec mon attelage de gros chiens, nous étions en 1997. Ça fait un bail ! Il faisait grand beau et ça n'avait pas du tout la même gueule. En revanche, je me souviens avec précision de l'endroit où je m'étais arrêté, sur le flanc d'une assez forte déclivité, pour snacker les chiens après avoir franchi le sommet. M'y attendait un photographe, et l'une de ses photos illustra la couverture d'un livre que j'avais écrit sur cet hiver passé au Yukon en famille et au cours duquel j'avais participé pour la première fois à la Quest. Je reviendrai sur cette histoire rocambolesque qui s'est soldée par une disqualification historique… décidée à un mètre de l'arrivée !

Puisque je me trouve sur ce même flanc de montagne sur une sorte de replat, je pense être en train de franchir le sommet, mais je me trompe. Quelque cinq cents mètres plus loin, une belle pente nous attend.

— Allez les chiens ! On y est bientôt.

Le vent monte et nous aussi.

Une demi-heure plus tard, c'est le *white out* total. Je n'y vois plus rien. La neige tombe à l'horizontale et la piste disparaît. Mais devant, Miwook et Burka savent où ils vont. Je ne sais pas quelle sorte de chien extraordinaire était ce fameux Silver de Brent Sass, mais les miens méritent aussi quelques éloges. Parfois, le vent est si fort qu'il déporte le traîneau sur le côté alors que la neige glacée et durcie ne retient plus rien. Je ne sais pas du tout où nous allons, sinon que mes chiens merveilleux suivent la piste comme me le disent, de loin en loin, les piquets que je réussis à apercevoir au travers du blizzard et de mon masque embué.

Je crie mes encouragements à Burka et Miwook, mes vaillants chiens de tête, qui tiennent la barre de notre embarcation ballottée par le vent, noyée dans la blancheur de ce blizzard qui nous malmène et se joue de nous. Mais rira bien qui rira le dernier.

Nous y sommes. Cette fois, j'en suis certain et je l'annonce aux chiens, qui redoublent d'ardeur. Mais nous tardons à redescendre. La piste suit la crête, puis une sorte de plateau balayé par le vent, à n'en plus finir.

Enfin, nous commençons à descendre. Je recommence à voir le couple de tête, les piquets signalant que nous sommes toujours sur la piste.

— Bravo, mes champions ! Bravo !

Un pied sur le frein, je maîtrise très consciencieusement la vitesse afin que les chiens ne se blessent pas dans la neige fraîche qui masque les irrégularités de la piste gelée. Puis je fais un stop pour les féliciter chaudement et me rhabiller. Le jour décline, comme le vent qui, de ce côté-là de la montagne, a considérablement faibli. Que c'est bon, ces moments-là ! Il reste vingt-cinq kilomètres : dans deux heures à peine, nous serons à Eagle. À mi-chemin de Circle, situé sur le cercle arctique, le check-point à partir duquel, une fois atteint, je me suis autorisé à penser à Fairbanks.

— Allez, les chiens !

Et voici les premiers arbres, ces vieux copains que je n'aime pas savoir loin de moi. Plus rien ne peut nous arriver. Le vent peut souffler, le froid peut tomber, rien ne nous atteindra car avec du bois, on fait face à tout, ou presque. Tous savent l'admiration sans bornes que je voue aux Inuits, qui ont su survivre sur un désert de glace, sans bois. J'en suis incapable. Je suis un Indien. Un homme de la forêt.

La nuit tombe, mais au loin une petite lueur grandit comme notre moral. Les chiens et moi savons que nous y sommes. Alors nous trottons joyeusement dans la nuit jusqu'au check-point où un sympathique petit comité d'accueil applaudit.

— *Welcome to Eagle!*

— *I am so glad to be here ! So glad !*

— *Not too windy up there ?*

— *Not enough to stop my team.*

— *Well done, Nicolas. Nice looking team coming in* [1] *!*

1. — Bienvenue à Eagle.
   — Je suis tellement heureux d'être ici ! Tellement heureux !
   — Pas trop venteux là-haut ?
   — Pas assez pour stopper mes chiens.
   — Bien joué, Nicolas. Une belle équipe à voir arriver.

11

14 février, 19 heures,
arrivée au check-point d'Eagle

J'adore cet endroit : Eagle. Les bénévoles se mettent en quatre pour que cette halte soit le plus agréable possible, et donnent avec précision les informations dont j'ai besoin. Arrivé peu après 18 heures, je compte repartir vers 2 heures du matin. Une fois encore, les vétérinaires me confirment la bonne forme de mon attelage et me rassurent sur ce poignet légèrement enflé que Burka traîne depuis Carmacks. Mes chiens mangent bien. Avec toute cette paille à disposition, je suis comblé et leur prépare un nid douillet dans lequel ils se pelotonnent avec volupté. Après les avoir soignés, massés, nourris, je vais dans le petit check-point me restaurer à mon tour. Je consulte le tableau des arrivées et sorties et constate avec étonnement que je suis remonté à la quinzième place. Un concurrent, Ray Redington, a scratché à Dawson avec huit chiens dont plusieurs souffraient d'engelures assez sérieuses.

— Mais Lance Mackey, il est où ?

— Derrière toi, il devrait arriver d'ici quelques heures. Tu l'as doublé alors qu'il prenait un long repos dans la cabane.

Ceux qui sont ici le savent car ils suivent la progression des uns et des autres grâce aux petites balises GPS. Je suis très surpris par cette information. Quant à Ryne Olson, qui était arrivée trois heures avant moi au dernier check-point, elle n'a plus que trois quarts d'heure d'avance, cela devient un écart très accessible. Elle me le dit.

— Tu vas vite, tu vas me doubler…

Ryne, joviale, sympathique, déterminée comme le sont souvent les femmes qui participent à ces courses, reste pourtant très féminine. Je la trouve même assez charmante.

Plusieurs femmes ont brillé sur les grandes courses de chiens de traîneau, la plus célèbre d'entre elles étant Susan Butcher, qui a gagné quatre fois l'Iditarod et dont la renommée fut internationale. En Alaska, le premier samedi du mois de mars est officiellement consacré à la commémoration des exploits de cette héroïne des temps modernes, morte en 2006 des suites d'un cancer.

En 1985, avant toutes les victoires qui l'ont rendue célèbre dans le monde entier (elle a fait la couverture d'une multitude de magazines féminins, y compris en France), elle s'était fait connaître à la suite d'un tragique accident, dont elle avait été victime sur la piste de l'Iditarod. Un élan avait attaqué ses chiens, dont deux étaient morts et onze avaient été blessés alors qu'avec une hache elle tentait de défendre son attelage. Un élan pèse jusqu'à sept cents kilos et marcher dans la neige profonde lui est difficile, tant et si bien qu'il se cantonne à certains itinéraires et se déplace tout l'hiver dans les mêmes traces. Les loups cherchent à tirer parti de cette faiblesse et, pour épuiser ce puissant cervidé avant de l'attaquer, essaient de l'éloigner de ses pistes. Vite essoufflé dans la neige profonde, l'élan se sait condamné et refuse d'en sortir. Mais les loups sont patients et très persévérants. Ils le suivent, le harcèlent, profitant du terrain et de la moindre erreur pour le pousser hors de son sillon. Acculé, la plupart du temps l'animal préfère faire face, charger les loups et viser de ses sabots aux pointes acérées la tête de ses assaillants. Alors ces derniers reculent, contraints d'abandonner. En course, la rencontre avec un élan qui utilise la piste des traîneaux pour se déplacer peut se révéler dramatique. Lorsqu'il voit fondre un attelage sur lui, l'élan charge pour se défendre des chiens qu'il assimile à une meute de loups. Les dégâts peuvent être considérables car, attachés à la ligne de trait, les chiens ne peuvent ni s'échapper ni esquiver les coups. Cette année, Brent Sass, qui caracole toujours en tête de la course, a eu, peu avant d'atteindre Dawson, une grosse frayeur avec un élan qui se trouvait en plein milieu de la piste et n'avait pas l'intention de la quitter. Debout sur le frein, Brent ne pouvait rien faire sinon prier pour que le *moose*, impressionné par son attelage et ses cris, décide de s'en aller... ce qu'il fit, heureusement. Charlie Boulding, une figure de la Quest, n'a pas eu cette chance. Il a été obligé de combattre, à la hache, l'impressionnant animal – c'est le plus grand cervidé du monde –, qu'il a réussi à tuer avant qu'il ne décime son attelage. Il ne fut pas le seul. Chaque année ou presque, un musher et ses chiens se retrouvent en fâcheuse posture face à cet animal à l'allure faussement placide.

À force d'arpenter toutes sortes de pistes dans les endroits les plus sauvages, j'ai croisé la route de beaucoup d'élans au cours de ma « vie de chien ». Mais même si parfois j'ai eu quelques belles frayeurs, je n'ai jamais eu d'accident de ce type. Pourvu que ça dure…

*

Reparti en vingt-deuxième position de Pelly Crossing, je suis content de cette quinzième place provisoire. Si Ryne semble à notre portée, les autres concurrents devant nous sont à plus de sept heures et déjà en route vers Circle, autant dire inaccessibles. Mais *step by step*…

Je mange de bon appétit, bois beaucoup et vais me coucher dans le petit local prévu à cet effet après avoir inscrit sur un tableau l'heure à laquelle je souhaite être réveillé : dans deux heures et demie.

À mon réveil, difficile on s'en doute, je donne à boire une sorte de grosse soupe à mes chiens après avoir pris soin de les recouvrir de paille avant d'aller me coucher. Deux attelages sont arrivés pendant que je dormais, celui de Kristin et celui de Lance Mackey. Je suis très impressionné de me retrouver à côté de cette légende.

Lance Mackey est considéré comme le plus grand musher du monde, à juste titre. Son père, Dick Mackey, a aidé le non moins fameux Joe Redington (le grand-père de Ray, qui a scratché à Dawson) à mettre en place l'Iditarod en 1973. Dick Mackey a gagné l'édition 1978, dans un *finish* mémorable où la course s'est jouée à une truffe de chien devant Rick Swenson. Ensuite, c'est son fils, Rick Mackey, qui a pris le relais et gagné l'Iditarod puis la Yukon Quest en 1997, l'année de ma première participation, arrivant devant mon ami Frank Turner. Quant au petit frère Lance, il était censé ne jamais gagner aucune course : atteint d'un cancer de la gorge, les médecins lui donnent fort peu de chances de survie et même pas une sur mille de pouvoir un jour remonter sur un traîneau. L'opération est lourde et les traitements par radiation et chimiothérapie l'assomment, le laissant à moitié mort, un bras ankylosé, la bouche déformée, le visage tuméfié.

De longs mois de convalescence commencent, durant lesquels Lance se rapproche énormément de ses chiens. Un an plus tard, les médecins statuent sur son cas. Le cancer, après l'opération et le traitement par rayons, semble ne pas reprendre, mais il est averti qu'il ne pourra plus vivre comme avant. Il est intubé, diminué et affaibli ; certaines activités lui sont interdites, d'autres peu recommandées. La pratique du traîneau à chiens fait partie de la première catégorie, bien évidemment. Quant à courir la Quest ou l'Iditarod ? Inimaginable.

Lance Mackey se souvient bien de ce jour-là, « sans doute pire que celui où j'ai appris que j'avais ce sale cancer de la gorge » dit-il, et d'enchaîner : « C'est à cet instant-là que j'ai décidé de me battre, de réaliser l'impossible : courir l'Iditarod ou mourir. »

Et il le fait. En 2002, encore intubé car il ne peut toujours pas manger normalement, il participe pour la première fois à l'Iditarod. Nombre de spectateurs sont éberlués de le voir aller jusqu'à mi-course, où il abandonne, sans forces, mais plein d'espoir. Aujourd'hui la moitié de la course, demain, pourquoi pas, la totalité…

Il se donne une année pour reprendre des forces, s'entraîner, croiser ses chiens avec les meilleurs et, à la fin de la saison, rencontre Hugh Neff, qui l'encourage à participer à la course de la Yukon Quest, celle des deux courses de mille miles (mille six cents kilomètres), qui reste considérée comme la plus difficile. Lance… se lance. C'est sa première participation, il ne connaît pas l'itinéraire, ignore où se trouvent les difficultés, alors il suit les leaders, se calant sur leur progression, avançant et s'arrêtant avec eux… Si bien qu'il en fait encore partie à trois cents kilomètres de l'arrivée. Puis il les mange les uns après les autres et termine premier ! Le public et tout le milieu du mushing restent pantois d'admiration. Mais Lance n'en est qu'à ses débuts. Quatre ans durant, il va gagner la Quest, imposant sa suprématie à tous les niveaux de la course, gagnant avec le style et l'élégance qui caractérisent les grands champions. On commence à parler dans le milieu du fameux doublé : gagner la même année la Yukon Quest puis l'Iditarod. Les spécialistes sont formels : c'est impossible.

Lance réalise l'impossible et gagne les deux, deux fois !

Le grand public est admiratif, le milieu a trouvé son maître. Lance change de statut. Il devient une véritable star, mais n'en reste pas moins accessible et simple.

Je le constate aujourd'hui, alors qu'il vient me voir et s'arrête sur Miwook.

— *Nice dog !*

Nous parlons un moment. Il me dit qu'il court avec un jeune attelage qu'il ne veut pas forcer et qu'il a traversé quelques difficultés au début de la course, notamment à cause du froid. Il me félicite d'avoir su gérer et conserver neuf chiens depuis si longtemps, depuis Pelly Crossing. Je l'assure de mon admiration la plus sincère pour son parcours exceptionnel. Il me répond par un joyeux « *Oh ! Thank you* » et nous allons partager un *breakfast* dans le check-point. C'est un moment exceptionnel que je vis comme dans un rêve. Je n'idolâtre personne et je ne suis pas (ou plus) tellement du genre à me laisser impressionner par les grands de ce monde, mais Lance Mackey, c'est tout de même le plus grand des grands. Il est temps pour lui d'aller dormir et je souhaite à Lance un bon run à venir après qu'il m'a souhaité bonne chance.

Je bottine et m'en vais en souriant sous les étoiles. Lance ne sait pas quelle force il m'a donnée. Sans doute un peu de la sienne, qui transpire par tous les pores de sa peau de dur à cuire, c'est le moins que l'on puisse dire de cet homme condamné à mort et qui a réussi à s'imposer dans une des disciplines sportives les plus difficiles qui soient.

Je suis reparti avant Ryne Olson, qui dormait encore lorsque j'ai quitté le check-point. Je suis donc quatorzième.

Les chiens m'impressionnent. Je ne leur ai pas accordé un long repos mais ils trottent bien. Deux cent cinquante kilomètres nous séparent de Circle. Une cabane tenue par un trappeur et ouverte aux mushers de la Quest se trouve à environ soixante-dix kilomètres d'ici. Je compte y faire mon premier arrêt, comme la plupart des mushers.

La piste, essentiellement sur le Yukon gelé avec parfois des incursions de quelques kilomètres à l'intérieur des terres, reste assez bonne même si certains passages sont un peu techniques. Plusieurs fois, je me surprends à contrôler notre vitesse sur mon GPS. Non, je ne rêve pas, nous avançons vite.

Soudain, j'aperçois dans le faisceau de ma lampe quelques pancartes. Une cabane ? Non, ce sont deux petits panneaux plantés ici par les pisteurs pour signaler aux mushers le franchissement de la frontière entre le Canada et l'Alaska, ce quarante-neuvième État des États-Unis d'Amérique racheté pour sept millions de dollars à la Russie en 1867. Le prix d'un appartement de 200 mètres carrés à New York pour un territoire regorgeant de richesses, de presque deux millions de kilomètres carrés. Trois fois la France…

Cinq heures et dix minutes plus tard, très exactement, nous sommes à la cabane. J'installe mes chiens dans la paille laissée par ceux qui viennent de quitter la place, leur donne des snacks, de l'eau, puis je vais dans l'abri, boire et manger quelque chose de chaud pendant que mes chiens se reposent.

Nous discutons. Clarence, qui tient la cabane, se plaint que l'endroit ne soit plus aussi bon qu'avant. Moins de lynx et plus de loups, me dit-il. Mais la fourrure de loup se vend moins cher que celle de lynx…

Clarence note toutes les arrivées et tous les départs. Il calcule les temps, les moyennes. Cela l'occupe et l'intéresse. Il m'informe que j'ai été, de loin, le plus rapide entre Eagle et ici.

— Le plus rapide ?… de tous ?

— Oui. Le plus rapide, jusqu'ici, était Allen Moore avec un temps de six heures et quelques minutes. Tu as fait le run en une heure de moins que lui.

Je n'en reviens pas. Sommes-nous si rapides que ça ? Je consulte le tableau où Clarence a tout noté. Pas de doute. À moins qu'il se soit trompé… Ce qui est peu vraisemblable. Je constate qu'ils sont tous restés au moins quatre heures, souvent davantage, et qu'en repartant dans deux heures, comme je l'ai prévu, je vais me rapprocher encore de Jason Campeau, Brian Wilmshurst et Dave Dalton, qui se trouvaient loin de moi. Qui le sont encore, mais… moins.

Trois heures d'arrêt, c'est peu, mais je sens mes chiens en forme, capables de reprendre la piste, tout aussi performants sur un second run de soixante à quatre-vingts kilomètres.

Je distribue quelques snacks avant de bottiner, et nous voilà repartis, après la négociation difficile d'un virage à angle droit dans une sévère descente qui permet de rejoindre la rivière. Je suis maintenant en course, à la conduite d'un attelage compétitif qui va vite. Ma mentalité a changé. Je ne pense plus seulement à avancer, à atteindre le check-point suivant, je pense désormais aux mushers qui se trouvent devant et que j'ai envie de rattraper, du moins d'essayer, car un ou deux me semblent accessibles. Cela me placerait en treizième, voire douzième position : honorable puisque nous étions vingt-six au départ. Mais nous n'y sommes pas encore. À partir de maintenant, tout le monde commence à *racer*. C'est-à-dire que tous ceux qui sont capables d'approcher celui qui les devance tenteront coûte que coûte de le doubler.

Cet après-midi, la température est bonne pour avancer : moins 23 °C, sans vent. Le fleuve Yukon est ici très large et nous sommes minuscules sur le lit gelé de ce grand serpent de glace. Je suis heureux, confiant, même si je sais qu'un obstacle de taille nous attend avant d'atteindre la Terre promise : Circle.

Cet obstacle, c'est la jumble ice, annoncée sur plus de vingt-cinq kilomètres.

Je stoppe plusieurs fois pour remettre des bottines, snacker, caresser. Chaque fois, Dark aboie pour repartir. Cette litanie, qui m'exaspérait l'hiver dernier en Sibérie, se fait aujourd'hui l'écho du courage et de la bonne condition des chiens. Durant ma précédente expédition, il empêchait les autres de se reposer et me cassait les oreilles, à japper ainsi indéfiniment. Parfois, je hurlais pour le faire taire, ce qu'il consentait à faire pendant quelques minutes avant de recommencer, inlassablement. Certains jours, je l'aurais étranglé. Mais ici, cela m'enchante !

— Bien, mon Dark ! Oui, on va y aller !

Le fleuve déroule ses grands orbes dans un paysage qui s'aplatit de plus en plus et qu'un beau soleil éclaire maintenant. Nous allons bon train, sans encombre jusqu'en milieu d'après-midi, puis j'avise une place exposée au soleil pour donner un peu de repos aux chiens qui viennent d'enchaîner deux runs de soixante-dix puis soixante kilomètres. Je fais fondre de la neige, nourris, masse, et m'allonge une demi-heure avant de répéter cette tâche, longue et rébarbative, qui consiste à bottiner les chiens. Je ne connais aucun musher longue distance qui ne déteste pas cet exercice pourtant incontournable. Accroupi dans la neige, le dos plié, mains nues quelle que soit la température, cette besogne minutieuse – une mauvaise compression de la bottine peut blesser le chien – est un labeur vraiment pénible. Quand il s'est enfin acquitté de cette corvée, c'est chaque fois dans un long soupir de soulagement que le musher se redresse. Je profite de ce moment pour parler aux chiens, leur dire tout ce qui me passe par la tête, les encourager, bref, leur dire combien je les aime. Psychologiquement, cela aide les chiens à se préparer pour un nouveau run. Ils ont maintenant assimilé la mécanique de la course, qui consiste en une alternance de *run, rest, run, rest*... (*rest* signifie repos). Le prochain run nous emmènera jusqu'à Slaven's Cabin, une halte renommée de la Yukon Quest : une cabane classée au patrimoine historique de l'Alaska, qui ouvre le temps de la course et où l'organisation a déposé une demi-botte de paille par musher. Un vétérinaire de l'équipe est là aussi, disponible si besoin. Ce n'est pas un check-point, mais un dog drop. On peut donc y dropper des chiens que l'organisation se charge d'acheminer jusqu'au check-point suivant, par avion.

À chaque check-point, chaque dog drop, le nombre de chiens par attelage diminue. Avec neuf chiens, je ne suis maintenant plus très loin de la moyenne générale. Hugh Neff, qui occupe la troisième place, n'en a plus que huit, Normand Casavant aussi. Beaucoup n'en ont plus que neuf ou dix. Personne n'a conservé le même nombre de chiens depuis Pelly, à part Dave Dalton, avec douze chiens, et moi, avec neuf.

Dave est une figure de la Yukon Quest qui détient deux records, dont celui du nombre de participations : vingt-quatre. Un record impressionnant codétenu avec Frank Turner et qu'il battra sans doute l'année prochaine, car Frank a raccroché les gants alors que Dave, à 57 ans, ne s'y résout pas encore. Le second record de Dave, et pas des moindres, est une magnifique troisième place en 2004 avec quatorze chiens, ce qui est exceptionnel. Dave occupe aujourd'hui la dixième place, environ huit heures devant nous. Il est donc dans le très convoité *top ten*.

*

Pour reposer Burka, qui caracole en tête depuis le début de la course, j'ai placé Olga au côté de Miwook. En effet, un léger petit vent à balayé le fleuve, remplissant par endroits la cuvette que forme la piste d'une couche de neige fraîche que les chiens de tête doivent fouler. Burka, en couple avec Unik, ne semble pas affecté par ce changement que certains chiens prennent parfois comme une punition. J'ai eu soin de la féliciter longuement avant de la déplacer afin de désamorcer tout sentiment d'injustice et de ne donner prise à aucune sorte de soupçon de sa part.

— Ma Burka, tu vas te reposer un peu avec ton copain Unik.

Je déplace Yuma, que je place à côté de Wolf, et remonte Dark afin qu'il communique à tout l'attelage son allant formidable. Cela me permet, par ailleurs, de veiller à ce que Yuma ne relâche pas trop, ce qu'elle a tendance à faire de temps en temps.

Ce troisième run, qui nous amène jusque Slaven's Cabin, se fait en grande partie de nuit, sur une piste qui se complique avec certains passages de glace, tracée pour l'essentiel sur la partie gauche de la rivière, sur le dévers que la glace forme non loin de la rive. Les pisteurs ont pris cette option pour éviter les zones de slutch* – une sorte de boue épaisse et molle – et d'overflow. La conduite se révèle extrêmement pénible, le traîneau chassant constamment dans la pente. Pour le maintenir, il faut se tenir en déséquilibre sur le patin gauche, en tirant sur le guidon. Ces dérapages incessants, ces glissades plus ou moins contrôlées cassent le rythme des chiens et me cassent le dos. Rares sont les portions reposantes et elles ne durent jamais assez longtemps. Je suis épuisé lorsque j'arrive enfin à Slaven's Cabin au beau milieu de la nuit. S'y trouvent Brian Wilmshurst et Dave Dalton, qui s'apprête à partir. Ils sont étonnés de me voir déjà ici et, lorsqu'ils me demandent combien de temps je compte y rester, je suis évasif.

— Au moins cinq heures.

Ce dont ils se doutent car le run jusqu'à Circle est long et annoncé particulièrement difficile. Il convient de repartir avec des chiens reposés. Non, ce qu'ils veulent savoir et que je ne leur révèle pas concerne mon heure prévue de départ et donc la marge de manœuvre dont ils disposent avant d'être rattrapés. Le petit jeu du chat et de la souris a commencé. Et moi, je suis le chat qui aimerait bien les manger avant Fairbanks…

12

15 février vers 21 heures,
arrivée au dog drop de Slaven's Cabin

Fairbanks.

J'avais pourtant juré de ne pas en parler avant Circle. Or voilà que je m'autorise à y penser et que je vais bien au-delà en cherchant maintenant le moyen de grappiller des places pour me classer parmi de grands mushers comme Dave Dalton ou Mike Ellis. Signe qui ne trompe pas : le moral revient.

Je reste néanmoins parfaitement concentré, et ne cède en rien à l'euphorie. Je sais combien on chavire rapidement sur ce type de course où la moindre erreur se paie cash, et en entraîne souvent d'autres. Alors, dans un état de fatigue extrême, on plonge vite dans une spirale infernale et dépressive.

Mes neuf chiens vont bien, très bien, et j'en informe la vétérinaire qui vient me rejoindre alors que je les soigne. Elle les ausculte un moment, s'appesantissant à ma demande sur le poignet de Burka. Elle me confirme que malgré la persistance de cette légère inflammation, la situation ne s'aggrave pas. Il convient, me dit-elle, de continuer comme je le fais : beaucoup la masser à chaque arrêt, placer son poignet dans un pansement de néoprène qui garde l'articulation au chaud et active la pénétration du baume, et enfin la faire marcher quelques secondes en laisse avant de partir pour qu'elle ne démarre pas à froid.

— *Good looking team. They look great !* Bonne équipe, ils ont fière allure ! dit-elle en les regardant dévorer leur repas avec appétit.

Je fais de même lorsque, dans la cabane, on me sert un gigantesque hamburger. J'avais une faim aussi énorme que mon envie de dormir, ce n'est pas peu dire. La dernière bouchée avalée, je me couche alors que Brian Wilmshurst, lui, s'apprête à repartir, une heure derrière Dave Dalton.

Je m'endors dans la seconde sans la moindre inquiétude pour mon réveil puisque ceux qui tiennent la cabane m'ont promis de s'en charger. Ils me réveilleront donc à 3 h 30 du matin, dans un peu plus de trois heures.

Cette nuit dure deux minutes. Deux. Celle où je me suis endormi, et celle où l'on m'a réveillé. Entre les deux, une sorte de coma intemporel. Se peut-il qu'il soit déjà temps de repartir ? Tout mon corps réclame le repos et cependant une inaliénable motivation me pousse dehors à braver le froid et la nuit pour avancer encore et encore. Pourtant, il reste tant de kilomètres, de montagnes à gravir, de difficultés à surmonter… Quelle sorte de folie nous anime donc, nous, les mushers de longue distance, pour y trouver, au-delà de la souffrance endurée, autant de plaisir ?

Ils sont nombreux à se poser cette question, y compris (et peut-être surtout) les mushers. Les réponses vagues, contradictoires, évasives et confuses que ceux-ci donnent montrent que nous ne savons pas vraiment. Il y a un petit peu de « tout », donc rien de précis. Du masochisme ? Non, c'est bien plus complexe que cela. Un savant mélange de trop d'éléments propres à chacun mais qui font que chaque année se retrouvent quelques dizaines de fous, y compris ceux qui ont juré qu'« on ne les y reprendrait pas ».

J'engloutis un sérieux petit déjeuner d'œufs sur le plat, de bacon et de pain beurré et me replonge dans la course.

La nuit est belle. Le ciel s'est éclairci et le froid est tombé. Je laisse les manteaux sur les chiens, je bottine et nous repartons. Avant chaque départ, j'ai une boule dans le ventre, comme si mon attelage fonctionnait au démarrage sur une batterie dont on craint qu'elle puisse se décharger à tout moment. Combien d'attelages en course tombent soudainement en panne ? Les chiens *quit,* comme on dit ici : ils abandonnent, demandent le repos et renoncent à l'effort. Au dernier check-point de la course, à cent soixante kilomètres de l'arrivée, j'avais assisté en 2001 au départ de celui qui devait gagner la course puisqu'il avait quatre heures d'avance sur son poursuivant. Mais il avait trop poussé ses chiens sur l'avant-dernière étape, et ces derniers avaient refusé de repartir. « Tu nous en as trop demandé », semblaient-ils dire. Le musher avait tout essayé pour les motiver à nouveau, mais il dut attendre une journée entière avant de pouvoir redémarrer. L'attelage avait alors parcouru dix kilomètres si lentement qu'il aurait fallu vingt heures pour effectuer le run jusqu'à la ligne d'arrivée. Résigné, le conducteur de ce traîneau était revenu au check-point pour scratcher. Encore un qui avait la course gagnée, croyait-on…

C'est ce qui fait toute la grandeur de cette aventure. Rester sur le fil du rasoir en maintenant sur mille six cents kilomètres le *will to go* des chiens. Réduire les temps de repos, augmenter les temps de run et les distances à parcourir, mais rester en permanence à l'écoute, les yeux et le cœur rivés sur ses chiens qui envoient de nombreux signaux qu'il faut savoir analyser pour prendre la bonne décision.

Mes chiens ont du *will to go*. Ils repartent bien, trait tendu, en forme pour un bon run qu'ils m'offrent et que je reçois comme un cadeau.

— C'est bien, ma petite Sidi. C'est bien, mon Kazan. Bien, ma Yuma.

N'oublier aucun chien. Ne pas privilégier les chiens de tête, respecter un équilibre de temps de parole, de câlins, de compliments.

— Mon gros Wolf, t'es formidable. Oui, mon Dark. Allez, ma belle Burka…

Dosage.

— Comment elle va, ma petite Olga, contente d'être devant avec le beau Miwook ? C'est bien, mon Dark. Mon aboyeur de chien !

Ils se retournent chacun leur tour lorsque je prononce leur nom, fiers d'être cités, comme de brillants élèves à qui l'on distribue de bonnes notes. Cette nuit, ils obtiennent tous la mention très bien. Et je continue de causer, de leur expliquer le run ou du moins ce qu'on m'en a dit, à savoir cette horrible zone de jumble ice que nous allons devoir traverser. Si mes chiens parlaient – mais leur regard en dit long –, ils me répondraient sûrement : « Mais t'inquiète pas. On va se le faire, ce run ! Jumble ice ou pas, ce n'est pas ça qui va nous arrêter ! »

J'ai confiance, tellement confiance en eux tous, maintenant.

Elle était annoncée, cette zone difficile. Elle est là, devant nous, assez effrayante dans le faisceau de la lampe frontale qui projette des ombres gigantesques sur ces blocs de glace dont certains morceaux atteignent plusieurs mètres. Est-ce possible qu'une piste passe dans ce dédale infernal de blocs et de murs de glace ? Ma première pensée en entrant dans ce labyrinthe va aux pisteurs qui ont réalisé là un travail colossal. Combien d'heures, combien de coups de pioche pour aménager un passage, arrondir les angles, combler les trous ont été nécessaires ? Je devine, aux multiples tentatives faites ici et là, qu'ils ont beaucoup hésité, cherché, effectué un nombre invraisemblable de demi-tours, allant se perdre dans des voies sans issue, se trouvant face à des obstacles infranchissables ou s'égarant dans des couloirs qui se révélèrent être des impasses comme dans un gigantesque piège de glace. Comment se plaindre, nous qui allons si difficilement, certes, mais à relativement bonne allure à travers ce cauchemar de glace où ces hommes se sont battus mètre par mètre pour nous tracer une piste ?

Bim ! Boum ! Bam ! Le traîneau tape, glisse, dérape, grince. Nous traversons un champ de ruines. L'hiver, trop long à s'installer, est responsable de ce chaos. Le fleuve a fabriqué dans ses parties calmes de la glace qui s'est mise à dériver parce qu'il ne faisait pas assez froid pour que l'embâcle fige l'ensemble. S'agglutinant dans certaines zones de hauts fonds, l'amoncellement de blocs aboutit à la rapide formation d'un barrage contre lequel viennent encore s'accumuler des milliers de tonnes de glace. Avec la force du courant, une véritable forteresse de plusieurs mètres s'édifie telle une pièce monumentale unique sculptée dans le froid. Les années où la température chute vite et reste stable, le fleuve gèle avant que ces zones ne s'étendent sur plusieurs kilomètres, mais cet hiver a longtemps tergiversé avant de s'installer durablement. Ces débuts de saison totalement atypiques, véritables anomalies du climat, se multiplient depuis une quinzaine d'années. Ils sont la conséquence directe du changement climatique, dont les bouleversements se révèlent particulièrement visibles dans le Grand Nord, un milieu éminemment fragile, donc particulièrement sensible à ces bouleversements aux conséquences souvent dramatiques. Ces dérèglements sont des coups de poing donnés à la nature, qu'elle a l'habitude de recevoir depuis des millénaires, à raison d'un événement observable tous les dix ou vingt ans : un brusque réchauffement ou refroidissement, une tempête particulièrement violente, une inondation, une sécheresse très sévère. La nature se relève de ces épisodes climatiques extraordinaires car ils ont toujours existé. Mais elle peut tomber K-O lorsque les coups de poing se succèdent. Je l'ai personnellement constaté, et souvent depuis quelques années. Ce fut le cas l'hiver dernier, en traversant un territoire de Sibérie orientale qui avait dû être absolument féerique. C'était une désolation. En automne, des inondations majeures avaient fait sortir de leur lit tous les fleuves et rivières d'un réseau hydrographique immense. La presse du monde entier s'était fait l'écho de ces inondations qui ont rayé de la carte des dizaines de villages, mobilisant une armée de pompiers, sauveteurs, médecins coordonnés par le ministère des Situations d'urgence russe. Puis l'hiver mit un temps fou à s'installer, avec des records absolument inimaginables de chaleur durant les mois d'octobre et de novembre, période d'embâcle habituelle des fleuves, des lacs et des rivières lors de laquelle le pays se couvre d'un blanc manteau. Dans le Grand Nord, l'essentiel des précipitations tombe pendant ces deux mois, or, cet hiver-là, ce n'est pas de la neige qui est tombée mais de l'eau. Puis soudainement au mois de décembre, avec six semaines de retard, le froid s'est installé. Un gigantesque anticyclone s'est établi au-dessus de la Sibérie orientale et le thermomètre s'est calé entre moins 40 °C et moins 50 °C, pendant sept semaines… N'oublions pas que la neige n'a pas été « inventée » pour permettre aux traîneaux à chiens de glisser sur elle, elle est avant tout la couverture protectrice sous laquelle certains animaux et surtout toute la végétation trouvent refuge pour échapper aux frimas de l'hiver. Sans cet abri protecteur, beaucoup de plantes meurent, les racines des grands arbres sont attaquées, ce qui fragilise leur assise dans le sol. Cet hiver-là, beaucoup de plantes endémiques ont disparu, à jamais. Les scientifiques ont déjà répertorié l'extinction probable de plus de cent quatre-vingt-cinq espèces dans cette zone. Un drame pour la biodiversité. Le plus prestigieux des monuments peut s'écrouler, nous pourrons le reconstruire, mais une espèce qui disparaît est perdue définitivement. Toute espèce a une durée de vie limitée de l'ordre de cinq à dix millions d'années. À partir de l'espérance de vie des espèces et de leur nombre, il est possible de calculer un taux d'extinction global. Au cours des soixante-cinq derniers millions d'années, ce taux moyen correspond à l'éradication d'une espèce par an sur un million. Or, aujourd'hui, ce taux de disparition est environ cent fois supérieur. Beaucoup d'études scientifiques s'avèrent très alarmistes. D'ici 2050, sous l'effet du réchauffement climatique, environ vingt-cinq pour cent des espèces auront disparu. Nous nous trouvons donc à l'aube d'une période d'extinction massive, ce que constatent d'ores et déjà les voyageurs avisés un peu partout dans le monde. Après cet hiver dramatique, le printemps est arrivé. Les plantes qui n'étaient pas grillées par le froid se sont réveillées, mais la sécheresse s'est installée avec des températures estivales incroyables. Le permafrost*, cette couche de sol gelée en permanence depuis des millénaires – on y retrouve des mammouths congelés en Sibérie –, a commencé à fondre, libérant dans l'atmosphère beaucoup de méthane piégé à l'état naturel sous la glace. À l'air libre, ce gaz à effet de serre a contribué à augmenter encore la montée des températures. Point de départ de l'infernale spirale qui se met ainsi en place et inquiète au plus haut point tous les scientifiques qui travaillent sur ce phénomène, considéré comme une bombe à retardement susceptible de rapidement nous exploser à la figure si nous n'arrivons pas à maîtriser l'augmentation de la température à la surface de la Terre. Cet été-là, faisant suite à l'automne et à l'hiver que je viens de décrire, beaucoup de rivières se sont asséchées, ce qui a tué les rares poissons qui n'étaient pas morts dans les inondations, poussé les oiseaux migrateurs à abandonner leurs petits pour aller survivre ailleurs ; d'autres plantes ont été décimées, des feux de forêt ont rayé de la carte des massifs de plusieurs dizaines de milliers d'hectares. Et l'automne est arrivé. Le 14 septembre, des vents de plus de cent quatre-vingts kilomètres à l'heure ont été enregistrés, arrachant les arbres qui n'avaient pas été brûlés, ceux que les inondations n'avait pas emportés, ceux que le froid n'avait pas tués.

J'ai traversé ce territoire, anéanti. J'ai vu cette nature K-O, étendue et agonisante sur le ring de notre inconscience et de notre inaction.

En décembre 2015, à Paris, se tiendra la COP21 (Conférence des parties de la convention-cadre des Nations unies sur les changements climatiques) : la conférence de la dernière chance. Ensuite, il sera trop tard[1].

« Il est minuit moins cinq », martèle le président du Geiec (Groupe d'experts international sur l'évolution du climat).

Après l'échec retentissant du sommet de Copenhague, cette conférence des Nations unies qui aura lieu en France doit absolument aboutir, avec un accord universel et contraignant qui entrera en vigueur en 2020 et dont l'objectif est de maintenir le réchauffement en deçà d'une augmentation de 2 °C.

Nous devons tous rompre avec ce sentiment d'impuissance et peser avec les moyens qui sont les nôtres pour qu'un accord sérieux soit signé.

Soyons tous un colibri, comme le dit Pierre Rabhi, fondateur du mouvement Colibri, quand il raconte cette légende :

« Un jour, il y eut un immense incendie de forêt. Tous

---

1. La première édition était antérieure à la COP21. *(N.d.E.)*

les animaux terrifiés, atterrés, observaient impuissants le désastre. Seul le petit colibri s'activait, allant chercher quelques gouttes avec son bec pour les jeter sur le feu. Après un moment, le tatou, agacé par cette agitation dérisoire, lui dit : "Colibri ! Tu n'es pas fou ? Ce n'est pas avec ces gouttes d'eau que tu vas éteindre le feu !"

« Et le colibri lui répondit : "Je le sais, mais je fais ma part." »

Si les conséquences de ces dérèglements climatiques sont dramatiques pour la flore et la faune, elles le sont tout autant pour les hommes qui utilisent (ou utilisaient) les fleuves comme routes naturelles pour se déplacer en hiver. Avec un embâcle de plus en plus tardif, le pack envahit le lit de certains fleuves qui devenaient autrefois de magnifiques routes de glace, et sont aujourd'hui totalement inutilisables. Des villages, hier reliés les uns aux autres grâce au lit gelé de ces rivières et de ces fleuves, se retrouvent à présent coupés du monde en hiver ou doivent faire face à des coûts exorbitants pour se déplacer en avion ou construire des routes. Et encore faut-il pouvoir le faire ! Car le ciment naturel sur lequel ils pouvaient s'appuyer pour les fondations des maisons ou des routes, le permafrost, est quant à lui en train de fondre…

Le fleuve Yukon sur lequel je chemine avec mes chiens aurait été impraticable sans le travail absolument titanesque réalisé ici par l'équipe de pisteurs.

Mes chiens ne savent pas que la zone est étendue et que ça va durer un bon moment, ou plutôt un « mauvais » moment. Et tant mieux, car c'est assez décourageant. Moi-même, je ne me souviens plus bien de la distance annoncée. Je sais seulement que c'est long.

Bim ! Bam ! Boum ! Le dos, les épaules et les jambes souffrent. Et surtout, je suis inquiet pour les chiens. Tant de pièges sont dissimulés sous la neige, de trous, de plaques instables, de blocs, d'angles contre lesquels ils peuvent, en glissant et en tombant, se blesser.

J'ôte ma veste car, dans la bataille que je livre, j'ai vite beaucoup trop chaud. Dans le faisceau de ma lampe, Je dois, comme dans un jeu vidéo, analyser à toute vitesse le décor qui rentre dans mon champ de vision. Tout aussi vite, il me faut choisir comment négocier le passage, quelle zone éviter, laquelle privilégier, quelle sorte de manœuvre faire pour dévier, orienter le traîneau afin qu'il ne se renverse pas ou n'aille pas s'écraser contre un bloc.

Une heure plus tard, nous y sommes encore. C'est épuisant. Certains passages sont particulièrement difficiles et les temps de répit très rares. Les chiens font preuve, une fois de plus, d'une grande vaillance. Aucun ne flanche, mais je souffre pour Burka dont le poignet fragile doit être soumis à rude épreuve. Mais pas le choix : elle doit rester attelée. Je ne peux pas la mettre dans le traîneau pour la préserver. Le traîneau chahuté est comme une petite barque ballottée dans une tempête trop grosse pour elle. Il penche, rebondit, saute, bute, verse sur un côté et, dans un équilibre précaire, se dandine d'un patin sur l'autre. Un chien ne peut pas être bringuebalé de la sorte ! Impossible, c'est pire que le cycle essorage rapide d'une machine à laver.

Alors nous continuons. Sommes-nous au tiers, à la

moitié ? Ça dure et ça me semble interminable. Quand allons-nous sortir de cet enfer ?

Parfois, de faux espoirs… Comme une rivière qui traverserait ce chaos, quelques dizaines de mètres sur une belle langue de glace me font espérer qu'on arrive au bout du cauchemar, mais la piste retourne dans cet imbroglio de blocs enchevêtrés.

Je nous accorde une pause, snacke et masse Burka.

— Ça va, ma fille ?

Elle me regarde, confiante, rassurante. Je vais d'un chien à l'autre, les caresse, leur parle.

— On y est bientôt les chiens. Courage.

Ils n'en manquent pas, de courage. Mais quand diable cela va-t-il finir ?

*

— Et merde ! Merde ! Merde !

Alors que nous sortions enfin de cet enfer, Burka se met à boiter. Le pack a eu raison de ce poignet fragile. Je stoppe aussitôt et la charge en espérant que nous n'allons pas retrouver de telles zones d'ici Circle.

Tout allait trop bien. Comment pouvais-je imaginer conserver Burka plus longtemps ? N'est-ce pas déjà formidable de l'avoir emmenée jusqu'ici ? Je tente de me rassurer comme je le peux. La perte de Burka m'affecte. C'est la mort dans l'âme, je le sais, que je repartirai sans elle de Circle. J'aime profondément cette chienne, qui me le rend bien… Rien qu'en me regardant, pleine d'amour et confiante en toutes circonstances, elle m'apporte un grand réconfort. Mais je ne dois pas céder au découragement, pas maintenant alors que nous sommes en train de boucler deux étapes décisives. Je vais atteindre Circle. De là, il ne restera « plus » que quatre cents kilomètres pour Fairbanks. Nous aurons couvert les trois quarts du parcours, et cela avec neuf chiens pendant plus de huit cents kilomètres.

Quelles sont nos forces ? Huit chiens en pleine forme. Un chien de tête exceptionnel, Miwook, sans oublier les maillons forts de notre attelage : Wolf, Unik et l'incroyable Dark, le capitaine de l'équipe, qui ne lâche rien, jamais, et encore aujourd'hui alors que je l'installe dans le traîneau, Burka continue à motiver « ses » troupes en aboyant, en leur disant : « Allez les gars, courage, on va au bout ! »

Je vais perdre Burka, mais je ne dois pas perdre l'essentiel, le moral. Celui sur lequel les chiens s'appuient.

13

16 février, vers midi,
arrivée au check-point de Circle

Mes huit chiens avancent à bonne vitesse malgré la surcharge que représente Burka, ravie de se trouver là, confortablement installée sur le tapis moelleux des neuf manteaux de chiens que j'ai enlevés ce matin à la suite d'une hausse de température. Elle se laisse caresser, cajoler. Nous profitons tous deux de ce moment privilégié.

— Tu vas tellement me manquer, ma Burka.

Mais elle aura courageusement effectué les trois quarts du parcours alors que je pensais la perdre bien plus tôt. J'ai hâte de retrouver Pierre et Fabien. En voiture, ils ont effectué plus de mille huit cents kilomètres depuis Dawson pour rejoindre Whitehorse, puis Fairbanks, puis Circle. Seul itinéraire possible, car l'unique route qui permet de couper est fermée en hiver. Fabien doit être fier de voir notre petit attelage avancer si bien. Pierre doit être tellement content de me voir réaliser quelque chose qui me tenait tant à cœur, sans doute bien plus encore que ce que je pouvais imaginer. J'en ai pris la mesure à l'aune de ma déception, lorsque tout allait mal et que je commençais à envisager l'abandon.

Nous sommes douzièmes alors que nous avions quitté Dawson en dix-septième position. Il y a de quoi être fier et je le suis de mes chiens qui réalisent un grand numéro depuis Eagle.

*

Et patatras, voilà mon rêve de bien finir cette course qui s'écroule.

Le drame.

Du moins est-ce comme cela que je perçois ce qui s'appelle tout de même une catastrophe. Dark s'est blessé. Sans doute une entorse due à un faux pas sur une plaque de glace de la petite zone de pack que nous venons de traverser, pas méchante mais suffisante.

Je stoppe immédiatement l'attelage. Avec la fatigue, cet accident prend des proportions énormes. Je suis tout simplement désespéré : tout à l'heure Burka et maintenant Dark.

C'est trop injuste ! Il nous restait vingt kilomètres pour atteindre Circle et voilà qu'il se blesse dans un passage de « rien du tout » alors que nous avons traversé bien pire sur des dizaines de kilomètres.

J'hésite. Puis-je charger les deux chiens ? Dark est un chien lourd, puissant et volumineux. Je n'ai pas le choix. Je ne peux pas remettre Burka, à froid, dans l'attelage. M'arrêter ne servirait à rien.

Je fais donc du ménage dans le traîneau pour

aménager deux places. En tassant bien, y compris les chiens, cela devrait tenir.

Si Burka ne bouge pas, Dark « rue dans les brancards » et j'ai toutes les peines du monde à le maintenir en place.

— Du calme, Dark ! Du calme.

Il ne veut rien entendre et je suis obligé de me fâcher pour le contraindre à rester immobile, maintenu par la bâche du traîneau que je referme sur lui, ne lui laissant qu'un maigre espace pour passer la tête. Chargés comme nous le sommes, les sept chiens vont-ils pouvoir rallier Circle alors que nous sommes en route depuis huit heures déjà ?

— Allez, les chiens…

Nous repartons. Je suis au plus bas, vidé, brisé.

Ce n'est vraiment pas juste. Pas Dark et Burka.

« On » m'ôte deux chiens tellement importants. Comment continuer ? Dois-je me satisfaire d'être allé jusque Circle ? Je ne peux m'y résoudre. Mais comment continuer avec sept chiens, affronter les redoutables ascensions d'Eagle et de Rosebud Summit avec un aussi petit attelage ?

Les sept chiens tirent très courageusement le lourd traîneau. Je patine tant que je peux pour les aider et nous allons ainsi jusqu'à Circle, ou m'attendent Pierre et Fabien.

— Bien joué, Nicolas ! Bravo !

Pierre est enjoué, admiratif, mais il déchante vite en voyant ma mine défaite. Je demande aussitôt qu'un vétérinaire vienne voir Dark. Je gare mes chiens et les installe dans la paille, puis je masse immédiatement Burka, plaçant son poignet au chaud dans un tube de néoprène. Deux vétérinaires que je connais bien, Hahn et Greta, arrivent aussitôt et auscultent Dark. Ils ne trouvent rien. Strictement rien.

— Qu'est-ce qu'il a alors puisqu'il boite ?

— Nous ne savons pas. Il ne réagit à aucune des manipulations censées nous fournir un diagnostic. Laissons-le se reposer et voyons comment cela évolue.

Ils me laissent entrevoir un petit espoir.

Nous passons à Burka. Hahn et Greta qui la connaissent bien et suivent l'évolution de son poignet depuis le début de la course ne remarquent pas de signes aggravants.

— Elle doit pouvoir continuer, m'assure Hahn.

Mes actions remontent et mon moral aussi. Je m'occupe longuement des chiens avant de rejoindre mes amis dans le check-point. J'ose un regard vers le tableau. Je suis bien douzième. Devant moi, Brian Wilmshurst avec trois heures d'avance, puis Dave Dalton qui, avec six heures, semble inaccessible. Ensuite Mike Ellis, encore un peu plus loin. Je ne tiens plus debout. Il me reste juste assez de forces pour manger un plat sans appétit tant je suis fatigué. Je réponds aux questions de Pierre et de Fabien dans une sorte de demi-sommeil comateux et ceux-ci n'insistent pas malgré l'envie qui les taraude de connaître les détails de la course. Mais comment raconter en quelques mots ces heures qui durent des jours, ces jours qui durent des semaines… Ces moments d'euphorie et de déprime exagérées, cet état d'inconscience éveillée, cette symbiose avec les chiens ?

Une grande tente chauffée a été installée comme dortoir. Le bonheur de s'endormir confine au sublime. En fermant les yeux, une seule pensée : mais comment vais-je faire pour me relever dans trois heures ?

Quand je ressors de l'abri – il me semble encore plus fatigué que lorsque j'y suis entré –, il fait nuit noire et la neige commence à tomber, fine puis très dense. Je fonce voir les officiels qui, sur leurs ordinateurs, suivent l'avancée des concurrents et prennent régulièrement la météo. Et ces derniers me rassurent, il ne peut s'agir que d'une averse passagère car aucune intempérie sérieuse n'est annoncée. Pourtant, ça « tombe des pizzas », comme le dit Fabien.

Je file voir Dark. Je suis nerveux et inquiet, retardant l'instant comme si cela pouvait changer quelque chose.

— Bonjour, mon Dark.

Les chiens dorment, confortablement installés sur une épaisse couche de paille. Certains lèvent la tête, d'autres ne daignent même pas bouger un cil, profitant le plus longtemps possible du repos qui leur est accordé. Dark se lève, marche plutôt normalement même si je le trouve un peu raide, un peu courbaturé. Je prépare mon run en triant dans les sacs expédiés ici tout ce dont j'ai besoin. C'est une longue étape de nuit qui m'attend. Un run de cent vingt kilomètres, que je vais couper par un arrêt de quelques heures. Si tout se déroule comme prévu, je devrais arriver là-bas avant que le jour ne se lève. Oui, c'est une longue nuit sans sommeil qui m'attend. À ce stade de fatigue, on se demande si une de plus ou de moins a de l'importance.

Je vais dire à Greta ce que je compte faire, recherchant son assentiment. Repartir avec mes neuf chiens et tester Burka et Dark sur quelques kilomètres. Si l'un ou (et) l'autre se remettaient à boiter, je reviendrais sur mes pas pour le(s) dropper ici.

— C'est exactement cela qu'il faut faire, Nicolas.

Les vétérinaires de la Quest sont aussi de fins psychologues. À ce stade de la course et dans l'état d'extrême épuisement qui nous accable tous, ils savent qu'il faut rassurer, et le font très bien. La piste est annoncée parfaite et je tempête, c'est le cas de le dire, contre cette neige qui tombe et va nous ralentir tout en gâchant notre plaisir…

Comme un signe, elle cesse de tomber lorsque nous repartons…

Plein d'appréhension et le cœur battant, j'entame ce run, les yeux rivés sur Dark qui ne se doute de rien et va, de son petit trot joyeux, comme si de rien n'était. Devant, Burka crève la nuit avec la même envie de courir. Je ne retiens pas longtemps cette joie immense qui est la mienne de retrouver mon attelage de neuf chiens, au complet, plein d'énergie. Comme neuf. Je laisse exploser ma joie en criant dans la nuit un long « Yahoooooooo ! » dont les chiens se régalent, eux qui aiment avant tout me sentir heureux et fort. Alors leurs traits se tendent et, bien en ligne, rapides comme des loups coursant leur proie dans la nuit, nous filons à la poursuite des attelages qui nous précèdent.

Après quelques kilomètres, la petite couche de neige qui recouvrait la piste commence à disparaître, prouvant que l'averse était bien localisée. Je suis très attentif car il y a de nombreuses routes, chemins qui se croisent et le marquage est confus. Plusieurs fois, nous nous arrêtons pour vérifier les traces, chercher des piquets. Ceux qui les ont placés ici les ont utilisés pour indiquer la piste, mais aussi pour barrer celles qu'il ne faut pas prendre. Dans la nuit, tous ces marqueurs fluorescents se confondent pour embrouiller le voyageur, mais Burka et Miwook devinent, sentent, ne se trompent pas. Je suis très fatigué mais tellement heureux que cette joie qui m'habite me tient éveillé. Le ciel s'ouvre, la couverture nuageuse se déchire, laissant apparaître des étoiles et une demi-lune qui donnent un peu de clarté alors que quelques aurores boréales se mettent à jouer pour nous dans le ciel.

— Quelle peur tu m'as faite, mon Dark ! Mais te rends-tu compte de l'état dans lequel tu m'as mis ?

Que s'est-il passé ? Une crampe passagère ? Un faux mouvement ? Peu importe, il va bien, très bien et je reçois cela comme un cadeau du ciel, inespéré. Hier, le voyant boiter, je ne lui donnais pas une chance sur cent de pouvoir continuer. Il est tellement important, mon capitaine.

Ma vitesse moyenne est bonne, très bonne. Elle est d'environ quatorze kilomètres à l'heure, ce qui est excellent. Cela me permet de prendre plus de repos que mes concurrents tout en allant aussi vite. Du pain bénit puisqu'en fin de course l'idée est de grappiller des places.

Mon objectif, annoncé, imprimé noir sur blanc, sur la brochure de la Yukon Quest, était, je cite, « si je le peux, d'entrer dans le *top ten* ». Cet objectif, complètement abandonné, est de nouveau d'actualité. Les deux concurrents qui se trouvent devant moi semblent accessibles. Même si Brian et Dave ont tous deux encore douze chiens et une longue expérience de la course, je suis plus rapide. Pourtant, cet avantage, certes souvent décisif, n'est pas le seul paramètre à prendre en compte. On a vu des attelages relativement lents gagner des courses parce qu'ils avaient la capacité de pouvoir effectuer de très long runs tout en se reposant peu. Rien ne m'autorise à dire que Brian ou Dave ne sont pas capables d'effectuer, par exemple, cette étape de cent vingt kilomètres d'une seule traite, alors que je vais la couper d'un arrêt de quelques heures en son milieu. Mais je suis décidé à ne pas me laisser influencer par les choix des concurrents. Rien n'est plus préjudiciable que de copier sa course sur celle des autres. On en vient à observer l'autre alors qu'il faut se concentrer sur ses chiens, leur rythme, leurs sensations, leurs humeurs et, comme un marin, n'avancer que lorsque le vent pousse, que le *will to go* est là. Depuis Pelly Crossing, personne ne m'a doublé. En revanche, je ne cesse de grignoter des places. Je dois continuer ainsi, en surveillant les autres mais en restant concentré sur mes chiens, et confiant sur ce qui fait notre force : une progression rapide et linéaire, avec des runs qui n'excèdent pas quatre-vingts ou quatre-vingt-dix kilomètres. Ils ont été entraînés pour cela et c'est une distance qu'ils maîtrisent parfaitement pour en avoir « mangé » beaucoup durant six mille kilomètres l'hiver dernier.

Ici, la taïga est une forêt clairsemée de pins rachitiques et de bouleaux avec de grands marais piqués de loin en loin par de très rares arbres que les ombres allongent sur la neige grise. Il m'a semblé apercevoir deux loups, deux ombres filiformes qui se sont évanouies dans la nuit. Les chiens les ont sentis, manifestant une sorte de crainte curieuse très caractéristique. Effectivement, quelques kilomètres plus loin, nous passons juste à côté de la carcasse d'un caribou fraîchement tué. Les chiens – cela m'étonne – ne montrent pas la moindre envie d'aller mordre dans la viande. Cela doit suffisamment sentir le loup, ce cousin dont ils ont peur, pour leur enlever toute velléité de le faire.

C'est au kilomètre 60, après quatre heures de run, que la fatigue me tombe dessus, comme on entre dans un mur. Un poids énorme fermant mes paupières, que je ne parviens à rouvrir qu'au prix d'un effort extrêmement douloureux. Je suis exténué. Ma tête tombe, mes épaules s'affaissent, ma vision se brouille, trouble comme au travers d'un voile. Mes chiens courent-ils encore ou suis-je en train de dormir, de rêver ? J'aperçois une route et une station-service, à l'intérieur de laquelle beaucoup de gens attablés mangent d'énormes pancakes. À la bonne heure, cet endroit tombe à pic. Je vais y faire une pause en espérant qu'ils ont prévu de la paille. Le parking où sont garées plusieurs voitures est immense et verglacé, mon traîneau dérape et je tombe lorsqu'il bute contre une congère de neige.

Le temps de reprendre connaissance, de me relever et les chiens sont déjà loin, s'enfonçant dans la nuit noire.

Je hurle en me mettant à courir :

— Hooooooo !

Les chiens ralentissent. À grandes enjambées, je rattrape le traîneau alors qu'il s'immobilise, Miwook et Burka s'étant arrêtés, obligeant l'attelage à faire de même. Essoufflé, je tente de reprendre mes esprits tout en mettant l'ancre. Cette hallucination prouve que je suis dans le rouge, que le manque de sommeil a atteint un seuil critique, pour les chiens comme pour moi. À tout moment, je suis susceptible de lâcher prise, de tomber dans un des multiples pièges que ces mirages mettent en travers de la route de ceux qui veulent aller au-delà de leurs forces. Lors de l'édition de 1997, je me souviens de ces arbres que je voyais tomber derrière moi dans l'étroit petit goulet de la rivière Fortymile. J'avais exhorté les chiens à accélérer, mais telle une vague prête à nous submerger, les arbres continuaient à tomber juste après notre passage, menaçant de nous écraser. Un peu plus tard, j'avais aperçu, dans l'encadrement de la fenêtre éclairée d'une petite cabane, un homme qui m'invitait à rentrer et à venir me réchauffer. Bien évidemment, il n'y avait pas plus de cabane que d'arbres fous, seulement un musher exténué.

La privation de sommeil engendre plusieurs réactions parfaitement connues dont la réduction sensible des capacités intellectuelles, l'apparition de troubles visuels avec des distorsions et une grave diminution de détection des images périphériques. Un allongement des temps de réaction, le cerveau réagissant nettement plus lentement aux stimulations extérieures.

Sur les courses longue distance, tous les mushers connaissent cet état semi-comateux où le moindre effort à fournir pour prendre une décision devient pénible, parfois insurmontable. Dès lors, tout doit être organisé pour solliciter le moins possible l'intellect afin de préserver sa capacité de prise de décision lorsque cela est vraiment une nécessité. Pour cette raison, la routine de l'arrêt doit être parfaitement rodée, huilée, afin qu'elle puisse être réalisée en pilotage automatique, davantage par réflexe que par réflexion. Dépenser le moins possible de « cerveau » pour le réserver aux situations d'urgence. Au fur et à mesure de l'avancement de la course, la fatigue s'intensifie jusqu'à atteindre des sommets à quelques jours de l'arrivée, ensuite l'adrénaline prend le relais, mais la conduite s'avère de plus en plus périlleuse. Les temps de réaction s'allongent et se traduisent par un retard dans les prises de quart sur les skis, dans le freinage, dans le positionnement du corps pour contrebalancer le tangage du traîneau, provoquant des chutes, des dérapages et des chocs fréquents dans des obstacles que l'on ne parvient plus à éviter. La dépense d'énergie nécessaire pour s'extraire de ces faux pas va encore accroître la fatigue. Un vrai cercle vicieux dans lequel il ne faut pas sombrer.

Cette nuit, je sens que j'entre dans la zone dangereuse. Au kilomètre 85, je stoppe l'attelage là où un musher a laissé de la paille. Plus d'une heure et demie m'est nécessaire, éreinté comme je suis, pour effectuer toutes les tâches que l'on sait : bottines, eau à fabriquer, repas à distribuer, massage… Je bois deux litres d'eau pour ne pas risquer de m'endormir dix heures, règle mes deux réveils à cinq minutes d'intervalle (mon GPS a une alarme intégrée) ainsi que ma montre, que je place dans mon bonnet, et m'installe à côté de Miwook et Burka pour un « long » sommeil réparateur de… 45 minutes.

Le froid et l'envie de pisser me réveillent avant les deux sonneries. Dès lors, je n'ai plus qu'une envie, repartir pour vite arriver au check-point de Central où j'ai prévu de m'arrêter sept heures avant de m'attaquer à l'étape tant redoutée d'Eagle Summit. Là, je pourrai dormir trois heures et demie. Une éternité.

Je bottine lentement, mon dos souffrant de cette position courbée et forcée. Les chiens se réveillent un à un, Dark et Miwook, déjà prêts, sont debout et regardent la piste comme font les sportifs avant de s'élancer sur le terrain de leurs exploits.

— Bien, mon Miwook, bien, mon Dark, ça va, ma belle Burka ? Et Unik, comment va-t-il ?

Caresses, massage pour détendre les muscles.

— Bonjour, ma courageuse petite Sidi, bonjour, Yuma.

Bisous sur le museau.

— Comment va mon gros Wolf ?

Il me saute dessus pour que je le flatte, ce que je fais bien volontiers.

— Mais oui, mon Kazan, bien sûr que je ne t'ai pas oublié. Comment oublier mon Kazan ? Et ma courageuse petite Olga, prête ?

Ils sont prêts, mes neuf chiens. Une sacrée équipe. Je mets deux sandwichs dans mes poches de poitrine afin qu'ils dégèlent et nous repartons. Comme à chaque départ, je suis subjugué par cette belle mécanique qui tourne comme une horloge, celle de mes chiens, qui se remettent en route à vive allure, de leur petit trot, fluide et bien rythmé.

14

17 février, 5 heures,
à l'approche du check-point de Central

Est-ce encore une hallucination, cette lumière rouge dont le clignotement, tout là-bas, à l'horizon, irise la cime des petits conifères ? Les chiens l'ont eux aussi aperçue, ils allongent le pas car ils savent que la civilisation est synonyme de check-point, donc de paille, de viande, de repos. Mais Central est encore loin. Cette lumière rouge, je m'en souviens, est celle d'un très haut pylône de retransmission, érigé non loin de la minuscule bourgade de Central : quelques cabanes au milieu de rien.

Confortablement installée dans le traîneau depuis trente kilomètres, Sidi dort profondément sur une piste sans encombre. Comme l'étape est facile, sans relief, huit chiens suffisent amplement. Dès lors, j'ai souhaité préserver ma meilleure grimpeuse afin qu'elle puisse donner son maximum lors de l'étape décisive qui nous attend : Eagle Summit. Avec quatre heures dans le traîneau et six heures de stop dans le check-point, elle aura totalisé dix heures de repos. Elle transmettra ainsi aux autres cette énergie qui la caractérise dès qu'il s'agit de grimper. Une vraie montagnarde ! Cette petite chienne incroyable ne cesse de m'étonner, dire que je ne la voyais pas *finisher* (ou plutôt « finisheuse ») au début de la course, la jugeant trop fragile. J'avais bien tort !

La piste bifurque maintenant dans une sorte de petit vallon où de l'overflow a gelé. J'aperçois, ici et là, dans le faisceau de ma lampe, quelques zones où l'eau sourd de la glace, que les chiens savent éviter en slalomant intelligemment. À un endroit, l'eau qui a recouvert toute la glace d'une fine pellicule s'étend sur une grande largeur. Miwook avise une partie paraissant plus saine, sur la gauche. Sans intervention de ma part, je le sens indécis, hésitant à prendre seul l'initiative de s'y rendre. Alors, je lui signifie mon accord et commande « Yap ». Aussitôt, Miwook et Burka contournent la partie mauvaise lorsque soudain la fine pellicule de glace sur laquelle nous nous trouvons cède. Le traîneau et les quatre chiens placés à l'arrière de l'attelage sombrent dans l'eau où ils pataugent. Ne progressant pas sur une rivière, je ne panique pas. Nous ne risquons rien. Il faut seulement vite nous sortir de ce mauvais pas et nous sécher. Si j'ai de l'eau jusqu'à la ceinture, les chiens, eux, n'ont même pas pied.

Je hurle pour que les cinq chiens qui sont restés sur le dur, et ont donc été épargnés par le bain gelé, m'apportent leur aide. Le traîneau est lui coincé et je dois me porter à l'avant pour en dégager la proue, que je soulève tout en tirant. Le fond de glace sur lequel je marche, un mètre sous l'eau, a l'air solide. Je ne pense pas que nous risquions de descendre encore d'un étage, mais attention tout de même. Dans ce type de fosse, de fond de vallon que la piste traverse et qu'un petit ruisseau alimente, la glace et l'eau peuvent s'accumuler à la façon d'un mille-feuille sur plusieurs mètres d'épaisseur, les couches augmentant tout l'hiver. Il faut se méfier de ce genre d'endroit où Hans Gatt, je l'ai raconté, avait été sauvé *in extremis* par un autre musher venu à sa rescousse.

En balayant la zone avec le faisceau de ma lampe frontale, j'aperçois la piste qui reprend sur une zone saine à cinquante mètres de nous. Pour l'atteindre, nous devons avancer en espérant que la profondeur n'augmente pas. En tirant de toutes mes forces, je parviens à relever le traîneau, duquel Sidi a sauté, et nous avançons. Dark et Wolf nagent devant moi, juste devant eux Kazan et Yuma cassent la glace trop fine en tentant de remonter dessus. Les chiens qui se trouvent sur la surface gelée tirent de toutes leurs forces pour échapper au piège, mais ils dérapent, glissent, tombent, s'emmêlant dans les traits dans lesquels ils sont saucissonnés, qui les entraînent à droite quand ils tentent d'aller à gauche et inversement. Enfin, Kazan et Yuma atteignent une zone plus solide et parviennent à remonter sur la glace. Aussitôt, ils unissent leurs efforts à ceux de leurs copains pour s'éloigner au plus vite de l'eau qu'ils détestent. Je laisse le traîneau me dépasser en continuant de le maintenir le plus possible hors de l'eau, puis je me repositionne derrière lui et pousse avec toute l'énergie que je parviens encore à mobiliser. La glace fine continue de céder, empêchant l'avant du traîneau de remonter au fur et à mesure que nous avançons, puis brusquement se bloque à nouveau.

Je hurle pour que les chiens donnent un sérieux coup de collier, ce qu'ils font sans même que j'aie besoin d'en donner l'ordre. Mais rien à faire, c'est coincé. Sans doute la ligne de trait qui s'est prise dans la glace. Je me porte en avant. Toute la proue du traîneau est remontée sur une zone solide où Wolf est en train de s'ébrouer.

Qu'est-ce qui bloque ?

— Dark ! Mais où est Dark ?

Un jet d'adrénaline est propulsé dans mes veines.

Dark est sous la glace ! Prisonnier et en train d'asphyxier !

Tiré par les autres alors qu'il nageait, entravé par les traits qui ont scié la glace, le pauvre Dark s'est retrouvé piégé. Il est là sous mes pieds, dans l'eau, en train de se noyer. Dans quelques dizaines de secondes, il sera mort.

Ma première réaction est aussi instinctive qu'inappropriée. J'essaie de reculer, de décoincer le trait qui a fendu la glace comme un fil à couper le beurre, mais c'est impossible car les chiens, eux, continuent de tirer et leur traction est bien trop puissante pour lui opposer la mienne.

— La hache !

Je me rue sur le traîneau dont l'arrière est toujours immergé et parviens à l'attraper en haletant. En regagnant trop vite l'avant, je m'affale dans l'eau, glissant sur la surface instable. Qu'importe. Vite ! Vite…

Je commence à frapper la glace doucement puis de plus en plus fort avec le plat de la hache. En levant le coude trop en arrière, le tranchant frôle mon dos. Je l'ai senti mordre ma veste. Du calme. Il me reste quelques secondes. Chacune d'entre elles compte. Aucune erreur n'est permise. Je cogne avec des « Haaaaan ! » qui scandent le rythme. La glace se brise mais les chiens, ignorant tout du drame qui est en train de se jouer, continuent toujours de tirer, annulant mes efforts et condamnant le sauvetage. Vite ! Vite ! Je parviens à sectionner la neck-line au ras de la glace, puis la tug-line. Aussitôt, les chiens arrachent le traîneau, qui me passe dessus après m'avoir violemment heurté les côtes. J'ai lâché la hache, que je rattrape aussitôt. Vite !

— Han ! Han !

Je tape de toutes mes forces sur une grande largeur. La glace cède dans un bruit de verre brisé et l'eau jaillit. Tant pis si je blesse Dark en frappant sur lui. Mais le sortir de là.

La glace casse et je me retrouve dans l'eau, au milieu des morceaux qui gisent tout autour de moi et que j'écarte précipitamment pour saisir mon chien.

— Dark !

Une masse noire pleine de poils, comme une grosse serpillière que je prends dans mes bras et remonte sur la partie solide. Je ne sais pas bien à quel moment je m'aperçois qu'il est encore vivant, sans doute lorsque j'entreprends un massage cardiaque et qu'il se met à recracher de l'eau. Tout cela s'est passé vite, très vite. Une minute, pas plus.

Aussitôt, Dark se met debout en chancelant et se secoue pour enlever immédiatement l'eau de ses poils qui commencent à geler. Il retombe sur son arrière-train, sonné, tremblant. Je le prends dans mes bras et marche jusqu'au traîneau, immobilisé dans la neige fraîche où les chiens se sont aussitôt arrêtés pour se sécher en se roulant dedans. La neige absorbe l'humidité que les chiens évacuent en s'ébrouant.

— Mon Dark ! Mon Dark !

Je suis obligé de ralentir tant j'ai le cœur qui bat la chamade. Le sang cogne dans mes tempes et j'ai l'impression que mon crâne va exploser. Je repose Dark dans la neige et entreprends de le frotter avec les manteaux qui, entreposés sur le dessus du traîneau, sont restés au sec. Le frictionner vigoureusement stimule la circulation du sang et le réchauffe. Puis je les pose en tas sur la neige et y couche Dark, mais ce dernier cherche tout de suite à se relever même s'il tangue comme un bateau ivre.

Je grelotte et risque moi aussi l'hypothermie. Mes doigts sont gourds, je dois faire vite. Par chance, il y a quelques conifères auxquels j'arrache les branches mortes qui se trouvent toujours dans la partie basse de l'arbre.

Je tremble de plus en plus, et l'exercice consistant à gratter une allumette afin d'allumer la mèche de la bougie avec des doigts gelés et une insensibilité croissante est loin d'être aisé, mais j'y parviens. Aussitôt, je nourris le feu avec des branches de plus en plus grosses. Dark s'approche et s'assoit près du feu, profitant de la chaleur qui fait fumer son poil.

— C'est bien, mon Dark !

Je dois, pour rapidement ôter mes bottes, sectionner à la hache les lacets pris dans des glaçons puis je remplace immédiatement mes chaussons de feutre par ceux que je conserve dans un sac étanche à l'intérieur du traîneau. J'enlève ensuite mon surpantalon et toutes les couches de sous-vêtements gorgés d'eau pour enfiler le seul sous-vêtement de rechange dont je dispose. Je mets aussitôt le reste à sécher. J'avise un pin mort sur pied, attrape ma scie et, autant pour me réchauffer que pour nourrir le feu, j'attaque l'arbre en y allant le plus vigoureusement possible. J'obtiens ainsi quatre grosses et longues bûches que le feu dévore, produisant de grandes flammes et diffusant une chaleur bienfaitrice.

Dark se remet doucement. Les battements de son cœur restent rapides, mais je vois bien qu'il se calme progressivement. Les autres chiens, déjà secs, se reposent, arrachant leurs bottines qui, imprégnées d'eau, commencent à geler et emprisonnent leurs pattes. Je les libère tout en continuant à recharger le feu avec tout ce que je trouve aux alentours pour l'alimenter. Mes vêtements, que j'ai soigneusement essorés et que je retourne toutes les dix minutes, fument à tout-va. Je snacke, rassure les chiens, passe un long moment avec Dark, qui mange de bon appétit ce que je lui propose. Si l'appétit va…

Une heure plus tard, même si mon surpantalon n'est pas complètement sec, je me prépare à repartir. Sidi, que j'avais oubliée dans la bataille, est à sa place, libre, à côté de Kazan. Pour un peu, j'aurais oublié de la rattacher avant le départ. C'est Dark que je veux mettre dans le traîneau pour lui donner le temps de récupérer, mais ce dernier gesticule en tous sens, et gémit tant que je cède et consens à le replacer à côté de Wolf, Sidi reprenant sa place dans le traîneau. On verra bien…

— Allez, les chiens !

Dark arrache le traîneau comme il a l'habitude de le faire à chaque départ et se met à trotter et à tirer comme si rien ne s'était passé. Je serais presque tenté de regarder en arrière, pour revoir le trou que nous avons laissé et me persuader que ce que nous venons de vivre n'était pas encore le fruit d'une hallucination. Mais non, l'humidité encore présente dans mes vêtements, la glace prise dans toute la partie basse du traîneau et jusque dans les fibres de la bâche qui sert à envelopper la charge me prouvent que je n'ai pas rêvé.

Deux heures plus tard, nous arrivons à Central. Il est 7 heures du matin et notre accident n'est plus qu'un mauvais souvenir, dont Dark ne garde aucune séquelle. Qu'a-t-il fait tout ce temps qu'il a passé sous l'eau ? Sans doute une minute, voir un peu plus. A-t-il réussi à bloquer sa respiration comme le font certains labradors ? Je ne pense pas car il a recraché pas mal d'eau, prouvant qu'il était plus que temps que je le sorte de là. Pauvre Dark… Mais je me demande finalement qui de lui ou de moi a eu le plus peur. En tout cas, c'est derrière nous et nous nous en sommes plutôt bien sortis. Est-ce que moins fatigué j'aurais évité cela, aurais-je apprécié avec plus de discernement la situation ? Je ne crois pas. Dans la nuit, rien ne permettait de deviner l'épaisseur de la glace à cet endroit-là, ni la profondeur de cette poche d'eau dans laquelle nous sommes tombés par malchance.

Les chiens vont bien, très bien même. Pourtant, le coussinet de Sidi, fragile depuis qu'une petite engelure a fait tomber une partie de la corne, m'inquiète. Protégée en permanence par une double épaisseur de bottine, une nouvelle peau était en train de se refaire, mais elle s'est de nouveau arrachée. La vétérinaire, dont je demande l'avis, me propose de coller, comme on le fait en course aux marathoniens qui arrachent leurs ampoules, une peau artificielle. Bien posée, celle-ci soulage le coussinet qui cicatrise vite sous cette petite peau protectrice.

Le jour se lève lorsque mes paupières se ferment, alors qu'un bon soleil vient caresser le dos des chiens confortablement installés dans une grosse épaisseur de paille. Parfait. Ils vont profiter à plein de ces quelques heures de repos avant que nous nous attaquions au mythe de la Yukon Quest : Eagle Summit.

15

**17 février, 13 heures,
départ du check-point de Central**

Annoncée violente il y a trois jours, la tempête se lève, en avance mais nettement moins intense que prévu. Les concurrents qui ont franchi le sommet dans la nuit ont finalement été peu gênés. Je prépare les chiens lorsque la vétérinaire qui a posé le pansement sur le coussinet de Sidi m'apprend ce qui s'est passé en tête de la course. Brent Sass disposait de dix heures d'avance sur son poursuivant, Allen Moore, au départ de Circle. Une marge considérable qui laissait croire que les dés étaient jetés, d'autant que Brent disposait encore de douze chiens en pleine forme. Mais une fois de plus, la fatigue lui a joué un tour diabolique. En bord de piste, lors d'un arrêt qu'il avait programmé de deux ou trois heures tout au plus afin de conserver l'avantage, Brent s'est enveloppé un peu trop confortablement dans son sac de couchage, se fiant – une erreur – à la sonnerie de sa montre pour le réveiller. Victime d'un cruel manque de sommeil et épuisé physiquement, Brent a sombré dans un profond sommeil, si lourd qu'il n'en est ressorti que… neuf heures plus tard. On imagine – il le racontera plus tard – sa panique lorsque, rouvrant un œil, celui qui avait pour ainsi dire course gagnée (cela fait tant d'années qu'il en rêve), réalise que son avance a fondu comme neige au soleil. Brent a quasiment arraché le zip de son sac de couchage pour se ruer sur la piste et tenter de déceler des traces fraîches de chiens. Allen était-il passé devant ou était-il encore derrière lui ?

À ce moment-là, Allen, sans se douter de rien, campait à quelques kilomètres derrière lui et s'apprêtait à repartir. À ce stade-là de la course, Allen avait abandonné ses espoirs de gagner, ce qu'il avait fait les deux années précédentes, et se contentait de gérer l'écart confortable qui le séparait de Hugh Neff pour s'assurer une seconde place. Quelle ne fut pas sa surprise de voir que Brent n'avait plus qu'une heure d'avance sur lui au check-point suivant. Dès lors, une autre course commençait. Il pouvait tenter la gagne même si Brent disposait d'un atout de taille puisque ses chiens s'étaient reposés neuf heures. Brent allait donc pouvoir réduire les temps de pause suivants, ce qu'Allen ne pourrait pas faire sans perdre de la vitesse. Éternel dilemme. En tout cas, la course était relancée, et une fois de plus la Quest, fidèle à sa réputation, avait fait valser les certitudes.

Alors que la bataille est bien engagée en tête, elle n'en est pas moins serrée pour la deuxième place, la troisième et ainsi de suite jusqu'à la quinzième place, tant qu'on est dans la « money », car les primes vont décroissant de la première à la quinzième place, avec chaque fois un écart de plusieurs milliers de dollars US. Si l'argent n'est pas la seule motivation, loin de là, il reste que préparer une course comme celle-ci coûte cher. Les mushers qui peuvent prétendre se classer comptent donc sur ces primes et ne lâchent une place qu'au prix d'une belle bagarre, d'autant que nombre de sponsors potentiels scrutent les résultats pour déterminer celui ou celle en qui investir la saison suivante.

Je n'ai pas de poursuivants dangereux. J'ai creusé l'écart avec Ryne Olson, Lance Mackey et Kristin Knight Pace, qui se trouvent maintenant à plus de onze heures derrière moi. En revanche, je me suis considérablement rapproché de Brian Wilmshurst, de Mike Ellis et de Dave Dalton, qui ne se trouvent plus qu'à quelques heures devant moi, conséquence mathématique de ma vitesse de progression supérieure à la leur et des temps de repos que je prends, inférieurs aux leurs.

Brian commence à se préparer lorsque je termine de bottiner. Je vais donc repartir avant lui mais avec trois heures de repos en moins, ce qui pour une étape aussi difficile que celle d'Eagle Summit pourrait être un handicap. Peu de concurrents ont pris aussi peu de repos, six heures, mais je suis confiant. Mes chiens montent en puissance.

Je me revois quittant Pelly Crossing avec neuf chiens. Comment aurais-je pu imaginer que j'allais gravir Eagle Summit, plus de mille kilomètres plus loin, avec ce même nombre de chiens ? Que j'irais si bien, si vite ?

Nous sommes onzièmes.

À une place du *top ten*.

*

En quittant Central, je pense à tous ces rêves de victoire qu'Eagle Summit a brisés. Ils sont nombreux, ceux qui sont arrivés jusqu'ici, parfois même en tête, et qui n'ont finalement pas terminé la course, obligés de revenir sur leurs pas et de scratcher à Central. « Personne n'a jamais réussi à franchir ce passage avec des chiens fatigués », prévient le champion Sebastian Schnuelle, et d'ajouter : « Sauf peut-être Bruce Lee en 1998. » Cette année-là, un Franco-Canadien, André Nadeau, a surpris tout le monde en se hissant, dès le départ, devant les leaders. Il nourrissait ses chiens avec des poulets entiers congelés et même pas plumés, conduisait un traîneau rustique et surtout il avançait lentement avec son attelage, mais en enchaînant des runs de douze heures et plus. Dès le premier checkpoint, il était en tête, mais personne ne misait sur lui tant il semblait forcer ses chiens. À faire d'aussi longs runs (pour compenser son manque de vitesse) tout en reposant si peu son attelage, il ne tiendrait pas longtemps, voilà ce que tout le monde pensait. Mais voilà qu'à Dawson, il était encore en tête et commençait à être pris au sérieux, notamment par Bruce Lee qui, cette année-là, désirait ardemment la victoire. Bruce le prit donc en chasse et le rattrapa avant Central pour s'attaquer à Eagle Summit en tant que leader. Mais pour ce faire, Bruce avait dû écourter quelque peu les temps de repos et les chiens n'étaient plus aussi vaillants. Il s'en rendit vite compte au pied de la pente lorsque les chiens s'arrêtèrent pour dire « non, on ne monte pas ça ». Ça, c'est un mur impressionnant, qui se dresse devant vous et que vous n'imaginez pas pouvoir grimper. Combien se sont dit « je n'y arriverai pas » en apercevant pour la première fois cette pente ?

Bruce Lee essaya tout, mais il n'y avait rien à faire. Revenir à Central et scratcher ? Il ne pouvait s'y résoudre. Alors il a déchargé tout son traîneau et a commencé à effectuer des allers-retours, constituant une grosse pile environ cent mètres plus loin. Avec le traîneau vide, et cette pile en ligne de mire, Bruce a réussi à remettre ses chiens en marche pour aller jusque-là. Pas plus loin.

Il a donc réitéré l'opération épuisante consistant à tout porter cent mètres plus loin, puis encore une fois et ainsi de suite. Souvent, il regardait en arrière, s'attendant à tout moment à voir surgir André Nadeau. Mais il parvint en haut avant que celui-ci ne pointe le bout de son nez ou plutôt celui de ses chiens. Et Bruce, épuisé mais victorieux, franchit enfin le sommet pour redescendre vers le check-point de Mile 101. Et il a gagné la course, au courage. En 2006, six concurrents ont été évacués par hélicoptère après s'être fait prendre dans une terrible tempête qui aurait pu coûter la vie à deux d'entre eux, récupérés *in extremis* alors qu'ils souffraient d'une hypothermie sérieuse. Une autre année, l'un des concurrents a dû hisser un à un tous ses chiens pendant onze heures pour parvenir jusqu'au sommet avant de tomber d'épuisement et d'être récupéré par une motoneige.

En 1997, c'est mon ami Frank Turner (vainqueur de l'édition 1995 en un temps record) qui a eu très peur. Ils étaient quatre leaders, dont Frank, à gravir la redoutable montagne ensemble. Soudain, les chiens de Mark May se sont emmêlés dans le trépied d'une équipe de cinéma allemande qui s'était fait déposer par hélicoptère en haut de la montagne pour filmer l'ascension. On ne fait pas un film sur la Quest sans une séquence sur cette ascension mythique. Les chiens, emmêlés, ont pris peur et la panique a gagné ceux de Frank, placé derrière lui, qui ont brusquement fait demi-tour. La pente était verglacée et Frank était incapable de stopper ni de freiner le traîneau en train de redescendre ce qu'il avait eu tant de mal à gravir. Mais le pire était à venir. Sans doute parce que le traîneau était incontrôlable et que les chiens avaient pris peur, ceux-ci sortirent de la trace et se dirigèrent droit vers une pente un peu plus douce, certes, mais qui conduisait vers un ravin. « C'était absolument horrible d'assister à ça », avouera un peu plus tard le vainqueur de l'édition Rick Mackey (le frère de Lance), « mais nous ne pouvions rien faire ». Heureusement, à force de peser de toutes ses forces sur le frein puis en couchant le traîneau sur le côté et en se servant de l'ancre comme frein, Frank a réussi à stopper le traîneau au bord du précipice. Il s'en est fallu de peu, de quelques dizaines de mètres…

Il y aurait de quoi écrire un livre sur Eagle Summit, les drames qui s'y sont déroulés, les espoirs qu'il a fait naître et les désespoirs qu'il a suscités. Que va-t-il me réserver ? Pour le moment, mes chiens ne se doutent de rien, ils avalent les kilomètres de bon appétit, se jouant des nombreuses difficultés qui jalonnent la piste : glace vive, overflow, rivières ouvertes, virages serrés. Miwook excelle dans ce dédale de difficultés, où il semble heureux et fier d'exprimer son talent.

— C'est bien, mon Miwook !

Je suis sidéré de constater à quel point il a su affiner

son esprit d'analyse et développer son sens de l'initiative. D'emblée, il quitte la piste pour éviter une zone de mauvaise glace ou contourner un overflow, ralentit pour évaluer la dangerosité d'un passage avant de décider s'il s'y engage ou renonce, parfois encore hésitant. Je l'aide autant que je peux, essayant d'anticiper, de décider à sa place pour le préserver et le soulager au maximum du poids de cette lourde responsabilité. Le chien de tête est sollicité en permanence. Rien à voir avec ses compagnons « d'attelage » qui n'ont qu'à suivre, chez qui aucun effort « intellectuel » ou de concentration intense n'est requis. Rares sont ceux qui font la course en tête de bout en bout, tant la tâche est difficile. Miwook, j'en suis certain, franchira la ligne d'arrivée sans jamais avoir été ailleurs qu'à cette place exigeante et délicate.

— Bien, ma Burka…

Elle a beau être placée en binôme avec Miwook, elle se contente de suivre, prenant maintenant rarement l'initiative. Pour relayer au second plan une meneuse de cette qualité-là, il faut que Miwook soit vraiment à la hauteur… Au cours de ma « vie de chien », j'ai eu plusieurs « grands » chiens de tête : Otchum, Voulk, Cheap, Gao. Lorsqu'il parle de moi, Frank Turner évoque souvent la qualité de mes chiens de tête. Ce que Voulk était capable de faire l'avait sidéré et le compliment est prestigieux lorsqu'il vient d'un tel musher. Si bon nombre de mes leaders étaient et sont encore largement au-dessus de la moyenne, cela est dû aux conditions auxquelles ils sont soumis dans les multiples aventures que nous traversons ensemble. Sollicités en permanence, devant faire face à toutes sortes de situations insolites, compliquées, inattendues, voire rocambolesques, les chiens développent une capacité d'adaptation et une réactivité hors normes. Ceux qui s'entraînent pour les courses le font dans quatre-vingt-dix-neuf pour cent des cas sur des parcours que les chiens finissent par connaître par cœur. Un chien a une mémoire des pistes sidérante. Dès lors, il n'a, la plupart du temps, qu'à tourner à droite ou à gauche dans les fourches qui se présentent. Mes chiens, eux, font des milliers de kilomètres en terre inconnue, sur des fleuves gelés, à travers des déserts de neige et de glace. Ils traversent des montagnes, des forêts, des vallées, des pays entiers sans suivre de piste mais en traçant la leur. Ils doivent éviter bien des pièges, négocier tant et tant de difficultés que l'on ne rencontre pas dans l'environnement où s'entraînent régulièrement les mushers professionnels. Conduire un attelage mené par deux chiens comme Miwook et Burka, c'est piloter une formule 1. Et aujourd'hui je sais que la mienne est l'une des plus rapides du « paddock ».

— Allez, mes petits chiens.

Nous slalomons dans le fond d'une petite vallée qui s'ouvre davantage au fur et à mesure que nous montons. Partout de la glace, de la slutch et de l'overflow. Contrairement à ce que j'aurais pu imaginer, les chiens, y compris le pauvre Dark, ne semblent pas avoir gardé un souvenir trop sombre de notre mésaventure et gèrent ces zones avec la même sérénité : celle de chiens qui ont traversé le lac Baïkal comme sur un miroir de glace, emprunté le lit imparfaitement gelé de rivières mongoles et chinoises sur plusieurs milliers de kilomètres.

La petite rustine de peau artificielle protégée par deux bottines semble remplir son office. Sidi trotte joyeusement, sans le moindre signe d'une quelconque gêne. C'est vrai que nous commençons à monter et qu'elle adore ça. Elle va être servie !

De ma glacière, j'extrais un mélange très liquide de viande hachée et de croquettes préparé au check-point de Central que je distribue aux chiens alors que la forêt clairsemée laisse peu à peu la place à la montagne, seulement piquée de loin en loin par quelques pins rachitiques épars. Les chiens boivent goulûment cette pâte odorante alors que je vide l'un de mes deux thermos remplis d'un litre et demi d'eau tiède chacun. Je taille un bâton dans un buisson d'aulnes, me déshabille et, après avoir être allé voir un à un tous les chiens pour les féliciter et les encourager, je vérifie le coussinet de Sidi. En avant !

Nous levons plusieurs compagnies de perdrix blanches et un peu plus loin un magnifique renard roux qui doit s'en nourrir. La pente s'incline de plus en plus. Le vent a tellement balayé la piste que seules quelques lignes laissées par les quarts des skis témoignent du passage des traîneaux précédents. Heureusement, les pisteurs ont ici très généreusement balisé la piste afin que même de nuit et en pleine tempête de neige on puisse la suivre. En 2006, plusieurs mushers ont failli perdre la vie ici et des leçons en ont été tirées. D'ailleurs, certains d'entre eux ainsi qu'un groupe d'officiels s'opposent aujourd'hui à ce que la Yukon Quest continue de passer par Eagle Summit, prétextant que le passage est trop difficile, et surtout trop dangereux. D'autres disent qu'enlever Eagle Summit à la Quest reviendrait à démonter la tour Eiffel à Paris. En attendant, Eagle est là, devant nous, balayé par un vent froid d'une trentaine de kilomètres à l'heure qui n'est pas vraiment gênant, sinon qu'il pique un peu les yeux. J'irai même jusqu'à prétendre qu'il m'arrange car dans l'effort j'ai tendance à produire beaucoup de chaleur que ce vent froid vient tempérer, me permettant de trotter, de patiner, de pousser pour aider les chiens qui grimpent courageusement, vaillamment, prodigieusement bien.

Nous montons le premier tiers de la pente sans même nous arrêter. C'est moi qui ordonne aux chiens de faire une pause pour me permettre, à moi, de reprendre mon souffle, donner un peu de répit à mes pauvres cuisses. Dark et Sidi aboient, geignent pour repartir. Tous sont debout, n'attendant qu'une seule chose : que je donne l'ordre du départ. Ils veulent se battre, rentrer dans la mêlée comme des joueurs de rugby, ambitieux et déterminés. Ils me disent : « Tu vas voir comment on va le bouffer, ton Eagle Summit ! »

Ils me sidèrent. Je sais quelles difficultés d'autres concurrents ont eues ici – j'ai consulté quelques-uns des temps –, progressant par à-coups, presque mètre par mètre, haranguant leurs chiens pour qu'ils continuent, acceptent le défi, montent en haut de ce « cap Horn » des mushers.

La pente s'accentue encore. Les chiens redoublent d'efforts, s'arc-boutant avec rage, recherchant la meilleure assise dans les irrégularités de la piste pour bien tirer. Je pousse, j'encourage, je transpire mais je suis heureux car je sais que nous sommes en train de réaliser un sacré numéro. Dommage qu'aucun spectateur avisé ne nous voie monter. J'ose le dire : quelle excellence !

Un musher qui n'a jamais participé à la Yukon Quest dira que le degré d'inclinaison de la pente permettant d'accéder au dernier tronçon de cette ascension est le maximum que l'on puisse gravir avec des chiens et un traîneau. Et pourtant ce dernier mur, car c'en est un, est pire encore : totalement hors catégorie. C'est lui le raidillon mythique de la Quest où tant de mushers ont pleuré de rage, de découragement, de colère… Celui en haut duquel aussi beaucoup d'entre eux ont ressenti une fierté inégalable et incomparable à aucun autre moment d'aucune autre course, tant ce passage, à l'image du cap Horn pour les marins, est redouté.

Nous y voilà. Pause.

Je vais auprès de chaque chien, les félicite chaudement, avec effusion et sincérité. Ils sont à deux doigts de hausser les épaules pour me dire : « Pfft ! facile ! »

Il ne nous reste plus que ces trois cents mètres. La pente est tellement forte qu'on se demande comment les chiens de tête ne vont pas tomber à la renverse sur le traîneau !

Mais à mon commandement, aucun n'hésite, et sûrement pas Miwook qui emmène tout ce monde bien droit, bien en ligne, face à la pente, sans chercher à prendre le dévers comme le font ici tant de chiens pour réduire l'angle de la montée. Mais il n'y a qu'un moyen d'accéder au col. Tout droit.

— Les chiens ! Alleeeeeeeeeez !

Ils s'élancent. Dark grogne comme un joueur de tennis combatif lorsqu'il renvoie avec hargne la balle à son adversaire. Sidi s'arc-boute, Yuma fait de même à côté de Kazan, qui s'est un peu déporté, plus à l'aise ainsi pour tracter. Unik a un peu fléchi ses membres comme pour mieux s'ancrer dans le sol, qu'il laboure de ses griffes en grimpant.

Nous montons de vingt mètres. Pause pour reprendre

notre souffle. Les chiens en profitent pour aménager comme des encoches dans lesquelles se caler et prendre appui pour repartir.

Encore vingt mètres. Pause.

Chaque fois, il me faut bloquer le traîneau pour éviter qu'il n'aille en arrière et nous entraîne tous dans le vide. Pour repartir, il me faut pousser de toutes mes forces pour le décoller, donner un peu de mouvement à ce fardeau qu'il faut hisser au sommet.

Nous voilà à mi-pente. Les chiens aperçoivent le col et veulent en finir. Ils refusent la pause que je leur propose et continuent de monter ! Incroyable. Je n'ai qu'à suivre, éreinté, épuisé, le souffle court. À cent mètres du sommet, incapable de suivre le rythme qu'ils m'imposent, je crie grâce. Je n'en peux plus, mon cœur va exploser. Si incroyable que cela puisse paraître, je dois monter sur les patins et peser de mon poids pour qu'ils s'arrêtent enfin, et pourtant ils parviennent à le tirer encore sur quelques mètres.

Ils sont fous, ces chiens !

Je souffle en riant, en me moquant de ce vieux musher qui n'a pas la même condition, incapable de suivre la fougue de ses chiens. Dark s'est mis à aboyer, furieux. « Me stopper en plein effort ! » Sidi fait de même ainsi que Kazan. Imperturbables, Miwook et Burka, là-haut (et non pas devant), attendent mon ordre.

— Bon, allons-y… et tant pis pour mon cœur… Il en a vu d'autres. Il devrait tenir.

J'ai l'impression – mais ce n'est qu'une impression – que la pente s'infléchit un peu avant d'atteindre le col. Non, bien au contraire, le raidillon est encore plus pentu et les chiens, enragés, grimpent comme des chamois (ou plutôt des mouflons car de chamois, il n'y en a point en Alaska).

La pente s'arrondit, je monte sur les patins pour les derniers mètres, pour apercevoir toute l'étendue absolument féerique du paysage qui s'offre alors à nous dans un éblouissant coucher de soleil mauve et rose.

— Yahooooooooou !

Les chiens se retournent, heureux de me voir si euphorique, rayonnant. « Si le patron est si radieux, nous le sommes aussi. » Ils regardent la descente avec gourmandise. Je bloque le traîneau avec une ancre solidement plantée dans la neige gelée, car je les crois capables de m'arracher le traîneau et de partir sans moi, ce qui serait catastrophique car la descente est presque aussi raide que la montée, ce qui n'est pas peu dire. Emporté dans la pente vertigineuse, le traîneau passerait sur les chiens, les entraînerait. Je ramasserais au bas de la pente un tas de chiens étranglés par les traits, les os brisés par la descente.

Aussitôt immobilisé, je vais vers les chiens et les félicite un à un avec effusion, les embrassant tous sur la truffe, riant de la mine réjouie qu'ils affichent tous comme de brillants élèves qui, davantage que de bonnes notes, se délectent des compliments du professeur venu récompenser leurs efforts.

Aujourd'hui, mon attelage mériterait un 22 sur 20.

Nous avons atteint des sommets, dans tous les sens du terme.

16

**17 février, aux alentours de 17 heures,
passage d'Eagle Summit,
en direction de Mile 101**

Nous restons une bonne dizaine de minutes au sommet à profiter de l'instant, magique. Un vrai cadeau que ce coucher de soleil au moment même où nous touchions au but. Si j'avais su, à ce moment-là, que nous étions capables de battre le record historique de l'étape entre Central et Mile 101, aurais-je pris (perdu) ce temps pour jouir du spectacle, m'enivrer avec les chiens de cette victoire ? Assurément, car nous ne sommes pas ici pour battre des records, ni pour gagner la course, mais pour atteindre notre objectif : faire avec cette équipe de jeune chiens inexpérimentés à la course une belle Quest – et c'est ce que nous sommes en train de réaliser.

Pour freiner le traîneau dans une pareille descente, le musher dispose de deux freins. Le premier, c'est un tapis muni de petits crampons qui, lorsque l'on pèse dessus, accroche aussi bien la neige fraîche que la neige dure ; le second, équipé de dents très pointues et extrêmement solides, en carbure de tungstène, peut pénétrer dans la glace la plus dure. Dans une pente comme celle-ci, le musher place ses deux pieds de façon à peser sur les deux freins en même temps. Il ajoute à son poids toute la force qu'il parvient à mobiliser en tirant vers le haut le guidon du traîneau. Reste à contrôler l'équilibre, ce qui ne peut se faire qu'en relâchant la pression sur les freins, par intermittence. Dilemme. C'est pour cette raison qu'il est préférable de s'engager droit dans la descente, même si la pente est très raide. Tant que les chiens sentent que vous contrôlez la vitesse de la charge qui les talonne, ils suivront le rythme lent que vous imposez. Mais il n'y a rien de pire qu'une descente pour blesser des chiens, si habitués soient-ils, alors, si ces derniers sentent que le traîneau s'emballe, ils accéléreront, notamment ceux placés juste devant, par peur de se faire rentrer dedans. Par émulation, le reste de l'attelage prendra lui aussi peur, galopant encore plus vite. Tous risqueront de se mettre à dévaler la pente à une vitesse devenant très vite incontrôlable. Il est donc primordial, autant que faire se peut, de maîtriser sa vitesse pour éviter une dégringolade généralisée et un dramatique accident… C'est ici possible car il y a suffisamment de neige dans la descente pour que les deux freins agissent avec assez d'efficacité.

La vue porte loin. Le soleil couchant allume les nuages filiformes qui se sont accumulés au-dessus de l'horizon constitué d'un immense panorama de montagnes enneigées roses et mauves. Je me délecte de ce moment. Voilà pourquoi la Quest, si difficile soit-elle, mérite d'être vécue. À cette communion entre les chiens et le musher évoluant dans un milieu vierge s'ajoute la fatigue, qui parfois agit comme une drogue euphorisante, plongeant le corps et l'esprit dans un état second, plutôt agréable par moments, totalement déprimant un instant plus tard. J'ai reculé Burka et l'ai remplacée par Yuma, car les poignets des chiens placés à l'avant doivent souvent freiner et sont donc plus sollicités que ceux du reste de l'attelage, qui se contente de suivre. J'ai pris soin de longtemps la féliciter et la rassurer avant de la « rétrograder » à cette place.

— Ma Burka, tu as été formidable. Je vais t'emmener à cette place-là, jusqu'au check-point de Mile 101 pour préserver ton fragile petit poignet…

Et de longuement le masser avec l'onguent que je porte toujours sur moi au chaud, dans la poche intérieure de ma grosse veste afin de pouvoir m'en servir à chaque pause. Nous repartons après une petite distribution de snacks et de caresses. La piste traverse des zones sans neige, soufflées par le vent dont la vitesse atteint ici des records car nous sommes dans un véritable goulet d'étranglement où il n'est pas bon de s'éterniser. Les skis du traîneau grincent sur les pierres, le gravier, retrouvant un peu de glisse sur les parties herbeuses. J'ai heureusement un jeu de lisses de rechange dans le traîneau dont je pourrais me servir au cas où celles-ci viendraient à trop s'user.

Je n'en reviens pas d'être ici avec mes neuf chiens, d'aller aussi vite, aussi bien. Dans une heure, nous serons au petit check-point de Mile 101, trois cabanes perdues dans les montagnes. Je nous octroierai alors quatre heures de repos et nous repartirons pour la dernière étape difficile : deux montées pour atteindre Rosebud Summit, dans la chaîne des White Mountains que nous traverserons alors jusqu'à Two

Rivers. De ce dernier check-point, il ne restera plus que cent vingt kilomètres à effectuer d'une seule traite jusqu'à Fairbanks. Une fois passé la double ascension de Rosebud, très abrupte même si la pente est plus progressive qu'à Eagle Summit, la partie est, pour ainsi dire, gagnée, sauf accident inattendu. Mais la tragique aventure de Brent Sass, tombé d'épuisement de son traîneau l'année dernière à quelques heures de l'arrivée, rappelle à chacun qu'il faut rester totalement concentré jusqu'au dernier kilomètre.

Brent Sass va-t-il gagner cette année ? Après s'être endormi pendant plus de neuf heures, Brent a donc été rattrapé par Allen Moore mais, bénéficiant de ce long repos, ses chiens allaient plus vite. Pour coller à Brent, Allen a donc dû réduire ses périodes de repos, notamment à Central ; il ne s'est pas arrêté à Mile 101. Ayant consulté les temps, Brent savait qu'Allen était moins rapide que lui. Il a donc adopté la stratégie suivante : le suivre plutôt que de le doubler et attendre le dernier moment, le dernier run. C'est ainsi qu'ils se sont retrouvés à deux minutes d'intervalle, Allen devant Brent, au départ du dernier check-point, celui de Two Rivers, où chaque attelage doit stopper très exactement huit heures.

Ces huit heures de repos obligatoire seront-elles suffisantes pour que les chiens d'Allen Moore reprennent un peu de vitesse ? Brent, partant très légèrement derrière Allen, parviendra-t-il à le rattraper ? Tous les observateurs de la course retiennent leur souffle. Ils savent que tout est encore possible dans cette course qui a réservé tant et tant de bonnes et mauvaises surprises aux supporters des uns et des autres.

Le jour décline mais pas les forces de mes chiens, qui trottent à bonne allure vers le check-point. J'ai hâte d'arriver. Pour me reposer bien sûr, mais surtout pour connaître mon retard sur Dave Dalton, qui se trouve en dixième position. Mike Ellis, qui avait encore plus de cinq heures d'avance sur moi à Central, me semble, lui, irrattrapable.

Le petit check-point de Mile 101 apparaît au moment même où, ne le voyant pas, je m'apprêtais à stopper pour me mettre en « mode nuit ». Fabien est là, à côté des juges de course et des volontaires qui tiennent le check-point.

— Comment tu fais pour aller aussi vite ?

— Ils sont enragés, alors, avec ma vieille carcasse, j'essaie de les suivre !

Mon regard balaie le check-point. Deux attelages se reposent dans la paille.

— C'est qui ?

— Dave Dalton et Mike Ellis. Ils dorment dans la cabane là-bas.

Qu'il me montre.

Pendant quelques secondes, j'hésite tant la tentation est grande. Les doubler ici. Ne pas prendre de repos et enchaîner cette étape de plus de cinquante kilomètres. J'arracherais alors une neuvième place, inespérée ! J'entrerais dans ce *top ten* dont je rêvais. Mes chiens sont en pleine forme, mais est-ce bien raisonnable ? J'hésite… mais une petite voix me souffle la raison. Depuis Circle, nous n'avons pas fait d'erreur parce que nous sommes allés à notre rythme, sans nous laisser jamais influencer par les temps de repos des autres, que ce soit pour les écourter ou les rallonger. Cette

« technique » a payé au-delà de mes espérances les plus ambitieuses car aujourd'hui je suis l'un des plus rapides. Alors, je dois appliquer ce que Frank m'a tant et tant répété : « Fais confiance à tes chiens. » Ceux-ci ne vont pas lâcher maintenant, bien au contraire. Ils ne cessent de monter en puissance. En cassant le rythme qui est le nôtre, je risque de briser leur *will to go*. Je dois réprimer cette envie de doubler, rester concentré, à l'écoute de mes chiens qui, après cette magnifique ascension, doivent reprendre des forces pour rester aussi performants sur la seconde de la journée.

— Alors, qu'est-ce que tu décides ? demande Fabien.

— Ils sont arrivés quand ?

— Dave, il y a un peu moins de deux heures et Mike, il y a trois heures.

L'avance est conséquente mais un calcul rapide me laisse songeur. Comment ai-je pu reprendre autant de temps ? Plus de deux heures sur Dave et une sur Mike. La réponse est pourtant évidente. Nous avons été bien plus rapides qu'eux.

Je parque les chiens, nourris, masse et vais me restaurer dans le check-point où je consulte le tableau des départs et des arrivées. J'ai la confirmation écrite de ce que mon esprit fatigué avait rapidement calculé. Nous avons littéralement survolé cette étape en réalisant un temps record d'un tout petit peu plus de quatre heures lorsque des concurrents sérieux comme Dave ont mis cinq heures quarante-neuf. Les deux premiers, Brent Sass et Allen Moore, ont respectivement mis cinq heures dix-sept et presque six heures (cinq heures cinquante-six). Si nous réitérons le même exploit sur la prochaine étape, assez identique, quoique un peu plus longue mais avec une ascension d'un dénivelé équivalent, nous pouvons prétendre reprendre une à deux heures encore à Dave et à Mike. Il restera ensuite une très longue étape, la dernière, de plus de cent vingt kilomètres pour doubler. Si j'hésitais encore à accorder du repos à mes fonceurs de chiens, je ne doute plus. Je me sens fort, confiant. Je n'aimerais pas avoir un attelage comme le notre derrière moi… Dave et peut-être même Mike ont du mouron à se faire !

Les chiens dorment profondément dans la paille que j'ai pris soin de repousser tout autour de chacun d'entre eux, les gratifiant au passage d'un petit « Bonne nuit, les chiens ». Quoi qu'il arrive et quelle que soit l'heure de départ de Dave, je suis décidé à tenir bon, à ne pas céder à l'excitation de la situation. J'accorderai au moins trois heures de repos aux chiens. Lorsque j'entre dans la petite cabane pour m'allonger, Dave et Mike ouvrent un œil.

— *Nicolas, you are flying !* (Nicolas, tu voles !)

Un compliment teinté d'inquiétude.

Aussitôt, ceux-ci se lèvent pour se préparer et filer, tentés de mettre le maximum de kilomètres entre eux et moi avant que je ne reparte à mon tour. C'est avec un soulagement certain qu'ils me voient me préparer à dormir et mettre mes chaussons à sécher. Je suis certain qu'aussitôt sortis, ils vont se renseigner sur l'heure exacte de mon arrivée, sur celle probable de mon départ, compte tenu de l'heure du repas de mes chiens et du temps de digestion nécessaire (au moins deux heures). Nous faisons une course, et une place de plus ou de moins compte énormément.

C'est à ce stade de la course que le jeu du chat et de la souris bat son plein entre certains concurrents.

Dès lors, ce n'est plus simplement la vitesse des chiens et la capacité de ceux-ci et du musher à courir plus longtemps qui vont compter, mais aussi la stratégie, la ruse.

En 2008, Jeff King, encore lui, devait gagner la course. Depuis des jours, c'était le *mano a mano* entre lui et Lance Mackey. Lance menait la danse à un rythme d'enfer ; Jeff suivait celui-ci sans jamais le laisser prendre trop d'avance. Il était en position de force avec des chiens plus rapides. S'il parvenait à le suivre jusqu'au dernier check-point, il le doublerait sur la dernière étape. Lance savait cela, évidemment. À l'avant-dernier check-point, tous deux étaient épuisés. Ils n'avaient pas fermé l'œil depuis deux jours, enchaînant plusieurs longues étapes difficiles dans le froid et le vent. Jeff suivait Lance, calquant son rythme sur le sien, mais demeurant toujours derrière. Connaissant sa vitesse et celle de son rival, Jeff repartait chaque fois avec un peu de retard sur Lance. Et il le rattrapait.

À l'avant-dernier check-point, donc, Lance fait mine, enfin, de vouloir s'arrêter quelques heures, il déballe son traîneau, enlève les bottines, donne à manger largement, du moins c'est ce qu'il laisse croire en préparant une grosse gamelle, qu'il ne distribue pas complètement. Il va donc prendre au moins quatre heures de repos, le temps de digestion nécessaire. Effectivement, Lance déballe son sac de couchage et s'y couche, souhaitant à Jeff, qui s'installe à côté de lui à l'intérieur du check-point, un bon repos. Jeff, mort de fatigue, s'endort immédiatement. Pas Lance, qui se relève silencieusement vingt minutes plus tard et s'en va, quasiment en courant, rejoindre ses chiens. Il fourre tout en vrac dans son traîneau, ne bottine même pas et lève l'ancre. Lui aussi connaît la vitesse de ses chiens et celle de ceux de Jeff. Il sait que s'il arrive au dernier check-point avec plus de quarante minutes d'avance, ce dernier ne le rattrapera pas.

Lance a déjà couvert plus de dix kilomètres lorsque Jeff ouvre un œil et, horrifié, s'aperçoit que Lance n'est plus là. Il se lève d'un bond, alpague un journaliste à qui il demande où est Lance.

— Il est parti

— Depuis combien de temps ?

— Une vingtaine de minutes.

— L'enfoiré !

Jeff se précipite dehors, bottine à toute vitesse (il regrettera ensuite de l'avoir fait) et s'en va, mais il a presque une heure de retard sur Lance. Les chiens de ce dernier dont le repos a été écourté conserveront-ils leur *will to go* ? C'est ce que Jeff se demande comme tous les spectateurs de la course qui suivent celle-ci sur Internet grâce au suivi GPS. Mais l'avance de Lance est régulière, même si elle est lente. Il arrive au dernier check-point où six heures de repos obligatoire sont imposées à tous avec l'avance nécessaire. Il gagnera la course.

Un autre *finish* est resté célèbre. Celui de Susan Butcher, cette musheuse légendaire. Elle faisait partie d'un quatuor de leaders qui avaient largement distancé ses poursuivants. Il ne faisait aucun doute que le vainqueur allait être l'un de ces quatre-là. Ceux-ci se surveillaient donc étroitement, ne laissant aucun d'entre eux prendre les commandes. Mais à une centaine de kilomètres de l'arrivée, voilà qu'ils sont brusquement stoppés par une tempête, ce qui rend l'étape sur la banquise particulièrement dangereuse. Il ne fait aucun doute qu'ils doivent patienter, laisser les chiens se reposer et attendre que la tempête se calme, ce qui est annoncé pour dans quelques heures. De toute façon, leur avance est suffisamment grande pour qu'aucun poursuivant ne les rejoigne. Ils installent donc tous leurs chiens dans la paille, nourrissent et vont dans le check-point se sustenter et se reposer. Aucun n'a remarqué, et comment le faire dans cette tempête qui fait rage – on n'y voit pas à dix mètres –, que Susan Butcher a laissé sa veste sur son traîneau. Elle commande un gros hamburger à celui qui tient le check-point, s'assoit et commence à manger. Lorsqu'elle se lève en feignant de se rendre aux toilettes, personne ne fait vraiment attention à elle. Aucun des trois autres mushers, épuisés et qui n'aspirent qu'à une seule chose, s'allonger quelque temps et se reposer, ne trouve cela étrange

Susan sort, rejoint son traîneau et s'habille rapidement. Cinq minutes plus tard, elle rentre dans la tempête et dans la légende.

Lorsque les autres concurrents s'inquiètent de ne pas la voir revenir, il est trop tard. Elle est déjà partie dans la nuit et le vent a effacé ses traces. Ils n'en reviennent pas, mais décident de ne pas la prendre en chasse. Elle va se griller sur la banquise. Le vent est trop fort. Elle va se perdre. Elle ne passera pas ce bras de mer. Voilà ce qu'ils pensent, ce dont ils sont convaincus.

Elle passera et gagnera la course, devenant la légende que l'on sait.

À ce jeu-là, certains stratèges sont plus vicieux que d'autres, mais encore faut-il avoir des chiens qui soient à la hauteur. Susan Butcher avait un couple de leaders exceptionnels et elle savait mener des chiens mieux que quiconque. Quant à Lance, ses chiens, d'une endurance aussi grande que la sienne – c'est dire –, étaient capables d'enchaîner de longues étapes avec un minimum de repos.

*

Sur notre Quest, Brent et Allen sont en train de se battre pour la victoire. Derrière eux, chacun tente de manger celui qui se trouve devant lui. Il n'y a que ceux qui sont au-delà de la quinzième place, qui ne sont plus dans la « money », qui s'entraident plus qu'ils ne se livrent bataille pour remonter vers le peloton de tête. En effet, les primes, plus de 200 000 dollars, sont partagées entre les quinze premiers selon un calcul compliqué et dégressif. À ces gains s'ajoutent les primes des sponsors, parfois importantes, qui récompensent leurs champions. Toute une économie nécessaire à ces mushers qui pour rester professionnels doivent vivre de leur passion, ce qui se révèle souvent bien difficile.

Je m'allonge, mais je suis incapable de dormir. Je suis trop heureux de ce que nous venons de réaliser : une étape plus que parfaite. Trop excité par la bagarre qui s'annonce.

Une demi-heure plus tard, je me relève pour constater que Mike Ellis est déjà parti alors que Dave s'apprête à le faire, terminant de bottiner ses chiens. Je retourne voir Sidi, dont le pansement s'est enlevé, et lui mets une bottine après avoir pommadé son coussinet écorché. Puis je distribue une nouvelle gamelle d'eau à tous les chiens, proposant quelques snacks à ceux qui semblent les plus alertes : Dark évidemment, mais aussi Miwook, ainsi que Yuma et Unik.

Je retourne m'allonger une demi-heure et reviens vers les chiens. À peine ai-je commencé à bottiner que Miwook, Unik et Dark sont debout, se secouent, s'étirent, grattent la neige à la recherche de quelques miettes de repas pour tromper l'attente, montrant qu'ils sont fin prêts à reprendre la route. Je suis béat d'admiration. Mais qu'est-ce qui les motive ainsi alors qu'ils sont si bien dans la paille, qu'ils ont tant et tant couru avec si peu de repos ? Ressentent-ils mon propre désir au point de l'assimiler, d'y répondre ? Ressentent-ils, comme moi, un immense plaisir à être ensemble, embarqués dans cette aventure à part qui nous pousse à aller si loin dans la perception de nos envies, de nos faiblesses, de nos forces ? Jamais je n'ai atteint une telle communion avec des chiens, ressenti une telle harmonie. Leurs souffles font écho au mien. Leur fatigue est la mienne. Je suis une sorte d'archer qui fait vibrer les cordes d'un bel instrument, en osmose avec son orchestre, et dont aucune fausse note ne vient troubler la mélodieuse partition qu'ensemble nous écrivons sur le pupitre de cette course.

— Ça va, ma Sidi ?

Une partie de son coussinet est encore à vif, écorchée. Pourtant, elle ne manifeste aucune sorte de gêne. Je la crème généreusement et lui pose une petite bottine fourrée de laine polaire qui protège efficacement la zone sensible. Quelle courageuse petite chienne ! Je l'embrasse sur le museau. Baiser qu'elle me rend en me léchant le menton. Plus loin, Burka, jalouse, réclame des caresses. Ah, celle-là !

— Mais oui, ma Burka, je ne t'oublie pas !

Je n'en oublie aucun.

Nous levons l'ancre à 21 h 04 après avoir pris trois heures vingt-six de repos. Sur la feuille de départ que je signe, je prends le temps de lire : Dave a quitté le check-point à 20 h 11 après quatre heures vingt-deux de repos. Mike Elis s'en est allé à 19 h 35 après quatre heures cinquante-trois d'arrêt.

J'ai donc moins d'une heure de retard sur Dave et une heure et demie sur Mike.

— Les chiens, allez !

— Vas-y, Nico !

Pierre, au côté de Fabien, a crié cet encouragement avec, dans la voix, une émotion mal contenue. Je le connais assez bien pour savoir qu'il vibre de me voir remonter comme nous le faisons depuis quelques jours. Cette fin de course, il la vit à cent pour cent, fébrile, passionné, enthousiaste.

17

17 février, 21 h 04, départ du check-point de Mile 101

Les premiers kilomètres se font dans le creux d'une large vallée où se succèdent des passages de glace et d'overflow, que Miwook et Burka négocient merveilleusement bien. Je n'ai pas dormi depuis plus de quarante-huit heures et cette nuit blanche additionnelle promet d'être longue. Mais le plus dur est passé. Dans un marathon, c'est ce qu'on appelle le fameux « mur ». Il intervient généralement entre le trentième et le trente-cinquième kilomètre de cette course d'endurance de quarante-deux kilomètres. Les réserves de glycogène musculaire s'épuisent en effet autour de cette distance. Ne disposant plus de suffisamment de carburant directement assimilable et transformable pour nourrir l'effort, l'organisme doit aller puiser dans les acides gras qui peinent, à eux seuls, à répondre à la demande énergétique… Ainsi, quand les réserves musculaires sont vides, c'est la panne sèche, exactement comme une voiture privée d'essence. Le coureur, qui ne peut alors plus compter ni sur ses réserves en glycogène ni sur son gasoil lipidique, doit ralentir, voire s'arrêter. On dit couramment qu'il a « heurté le mur ». Celui de la Quest intervient entre le millième et le mille trois centième kilomètre, quand cinq à sept jours sont passés mais qu'il en reste encore deux ou trois. Le manque de sommeil, en moyenne deux à trois heures par vingt-quatre, l'énorme dépense énergétique due au froid et à l'effort physique sont responsables de cette baisse de régime que certains traversent mieux que d'autres. À l'approche de l'arrivée, la tête prend heureusement le relais sur le physique. On n'insistera jamais assez sur la force de ce mental, sur ce qu'il est capable de faire ou de défaire chez un sportif. Pour ma part, ayant assez souvent eu la sensation réelle ou tronquée d'atteindre, voire de dépasser mes propres limites, je suis toujours surpris par ce que j'appelle « la programmation du mental » : l'impression (mais n'est-ce qu'une impression ?) de ne pas pouvoir faire un mètre de plus lorsque j'arrive au terme d'une épuisante étape. Au cours de l'étape, lorsque je suis exténué et à bout de forces, mon corps met, l'une après l'autre, toutes ses fonctions périphériques en veille pour que le peu d'énergie qui subsiste converge vers un même et unique objectif, avancer jusqu'à toucher au but. Celui-ci atteint, les secteurs, jusque-là plongés dans le noir de mon cerveau, se rallument, consommant mes toutes dernières réserves d'énergie. Mes batteries sont alors à plat et mon corps marque l'arrêt, total. Impossible de repartir sans avoir refait le plein.

La plupart des mushers subissent ce même sort. Les handlers qui suivent la Yukon Quest sont prévenus. Lorsqu'ils les retrouvent, et malgré leur envie de tout connaître de la course, ils savent que, dans un premier temps, ils n'auront droit qu'à des réponses monosyllabiques, et encore ne seront-elles proférées que si elles revêtent un caractère d'urgence... Représentant une dépense d'énergie inutile, la zone consacrée à la parole et à la communication est en général éteinte, hors circuit. On ne la rallume pas dans un check-point, même si l'on y retrouve un ami, ou alors très succinctement. La cohérence du récit s'en ressent car les propos sont souvent décousus et même parfois totalement incompréhensibles. Toute l'énergie reste focalisée sur les chiens, leur condition physique et leur *will to go*, ainsi que sur la progression avec pour seul cap la ligne d'arrivée. Tout le reste doit être mis de côté. Ce serait sinon prendre le risque de se retrouver le réservoir vide avant la fin. Mes chiens, qui font cette course pour la première fois, n'en connaissent pas l'objectif. C'est un handicap, car ceux qui savent que l'issue est proche – leur mémoire de la piste est phénoménale – accélèrent tout en tolérant une certaine fatigue.

Une bonne technique pour rester éveillé, pour booster son moral, est de libérer des endorphines en riant, ce que je fais fréquemment avec les chiens. D'aucuns me jugeraient complètement fada en m'entendant leur raconter des niaiseries, rire de mes propres imbécillités, seul, dans la nuit, debout sur mon traîneau. Mais ce dialogue solitaire et positif évite à mon esprit de buter sur des pensées négatives comme ici : il reste plus de cent cinquante kilomètres. Je suis très, très fatigué. Les muscles de mes jambes me font souffrir et je vais devoir encore escalader deux montagnes. Sidi a un coussinet abîmé. La dernière étape est très longue. Mais qu'est-ce que je fous ici, en pleine nuit, dans ce froid, avec cette fatigue qui pèse deux tonnes sur mes épaules alors que je pourrais être bien au chaud chez moi ?

Non, je ne pense à rien de tout cela. Je refuse.

Je suis heureux. Avec mes chiens dans ce Grand Nord que j'aime. Dans ces montagnes que je vais escalader. Dans ce froid qui est devenu un ami. Avec cette fatigue que j'ai apprivoisée. Et tant pis si je suis complètement fou, mais la vie ne mérite pas d'être vécue si l'on s'astreint à ne faire que des choses raisonnables.

— Hein, mes petits chiens, que nous sommes complètement fous et heureux de l'être ?

Plusieurs fois, nous passons à l'eau. La technique consiste d'ailleurs à y tremper ses bottes quelques secondes, puis à détourner les effets du froid extrême à son avantage. Au contact de l'air, l'humidité gèle instantanément et se transforme en une mince pellicule de glace qui, en recouvrant la chaussure, va la rendre imperméable. Les chiens n'aiment pas particulièrement passer dans l'eau. Yuma et Olga détestent ça d'ailleurs, mais, entraînées par les autres, elles sont bien obligées de suivre. Devant, Miwook et Burka me font confiance et n'hésitent pas à traverser pour peu que je les y encourage avec assurance. « Si le patron dit que ça passe, c'est que ça passe ! » À moi de ne pas les décevoir et d'apprécier chaque passage pour ne pas engager l'attelage là où la profondeur de l'eau sur la glace excéderait une quarantaine de centimètres. Lorsque c'est le cas, que j'ai un doute, je dois m'abstenir, ne surtout pas risquer de perdre cette confiance qu'ils m'accordent, ce qui pourrait remettre en cause le dévouement dont ils me gratifient à chaque instant. C'est à ce prix qu'ils se jettent à l'eau aveuglément. Ce que l'on peut obtenir d'un chien de tête est proprement incroyable et a ému aux larmes ceux qui ont participé au tournage de cette scène dangereuse dans mon film *Le Dernier Trappeur*. Il s'agissait d'un très grand leader, Voulk, avec lequel j'ai, entre autres, parcouru tout le Canada d'un océan à l'autre, mais aussi terminé ma première édition de la Yukon Quest ou encore traversé la Laponie. C'est avec lui encore et son père, Otchum, que j'ai traversé les montagnes Rocheuses avec ma femme et ma petite fille. Ensemble, nous avons vécu tant d'aventures, rencontré tant d'épreuves, surmonté tant de difficultés que la connaissance que nous avions l'un de l'autre était totale et notre complicité, sans limites. Pour preuve : j'envisageais de faire chuter le traîneau dans une sorte de ravin. Les chiens et le trappeur, Norman, parvenaient *in extremis* à se tirer d'affaire. Du moins est-ce ce que le spectateur devait voir et comprendre. Le chef machiniste, un spécialiste de la haute montagne et un ami (Sylvain Bardoux), avait imaginé tout un système permettant d'assurer le traîneau et de l'empêcher de s'abîmer dans le vide. Pour les besoins de la prise de vues, il fallait donc que l'attelage frôle le précipice jusqu'à que le traîneau dérape dans la pente et tombe. Ensuite, Sylvain et son équipe prenaient le relais, freinaient le traîneau et le contrôlaient suffisamment pour le retenir tout en laissant une certaine traction pour que les chiens tentent, avec l'aide de Norman, de l'empêcher de sombrer. S'engageait alors une bataille entre le poids du traîneau l'aspirant vers le fond du ravin et les chiens qui, toujours attachés et reliés à cette lourde charge par la ligne de trait, essayaient de sauver leur peau en tirant de toutes leurs forces.

À l'écran, on imagine que c'est Norman, le trappeur, qui donne les ordres aux chiens. En réalité, et dès que la situation l'imposait, c'est moi qui parlais à Voulk. Ici, il s'agissait de lui faire comprendre où je voulais qu'il aille. De toute évidence, il n'allait pas frôler le vide suffisamment pour tomber dedans. C'est pourtant ce que je voulais qu'il fasse. Au premier passage, il resta bien trop à droite. Au second, comme j'insistais : « Oui, Voulk, yap, yap, encore yap » et qu'il comprenait parfaitement, il s'aventura à la limite de ce qu'il est raisonnable de faire sans glisser. Alors j'allai lui parler, le rassurer et le replaçai au départ. Tout le monde retenait son souffle. Voulk me fixait droit dans les yeux, l'air de dire : « Tu es vraiment sûr de toi ? »

Je l'étais et, lorsqu'il s'élança, je le lui répétai : « Oui, Voulk, yap. Oui. »

Alors Voulk m'a regardé une dernière fois et il a embarqué tout l'attelage dans la pente. Le traîneau a dérapé et tout s'est passé comme prévu. La séquence, montée dans le film, est formidable. Quant à Voulk, il fut époustouflant. Une preuve d'amour et de confiance qui m'émeut encore aux larmes lorsque je repense à lui, ce cher, ce grand et incroyable Voulk.

Miwook est de cette trempe, tout comme Burka, aussi dévouée, voire davantage en certaines circonstances, mais moins téméraire.

Avec cette paire, le bout du monde est à portée de traîneau.

*

Nous arrivons au pied de la montagne que nous devons escalader : Rosebud Summit, à peine une heure après avoir quitté le check-point. Et que vois-je ?

Une petite lumière là-haut dans la montagne.

Dave Dalton. Le numéro 10.

Je stoppe l'attelage, distribue des snacks et donne à boire le mélange tiède que j'ai préparé au check-point, puis j'explique aux chiens :

— Vous voyez cette petite lumière là-haut, c'est le traîneau qui se trouve en dixième position et vous savez ce qu'on va faire les chiens ? Le bouffer !...

Je connais assez mes chiens pour savoir qu'ils saisissent parfaitement toute la détermination qu'il y a dans ma voix. Cela leur insuffle de l'énergie, leur donne la hargne. Dark se met à aboyer, suivi de cette incroyable petite Sidi, ma reine de la montagne. J'ôte ma veste et mon surpantalon, et en avant ! Je ne suis pas motivé. Je suis surboosté.

Je patine, je pousse, je cours. Les chiens montent sans faillir à une vitesse assez impressionnante compte tenu de la pente et du poids du traîneau. La lumière là-haut grossit déjà.

— Nous n'allons en faire qu'une bouchée, les chiens !

Me voit-il fondre sur lui ? Dave monte par paliers. Cent mètres par cent mètres, alors que nous grimpons d'une seule traite. Un quart d'heure plus tard, nous le doublons. La différence de rythme entre mes chiens et les siens est impressionnante. J'adresse un petit signe amical à Dave au passage, qu'il me rend de bonne grâce. Il savait déjà depuis un moment que j'allais inévitablement le doubler.

Quelques minutes plus tard, je me retourne pour apercevoir la petite lumière de sa lampe frontale qui disparaît dans la nuit.

Nous voilà là où je rêvais d'être : dans le *top ten*. Une place que nous devrions conserver car aucun de mes poursuivants immédiats n'est en mesure de nous rattraper.

Est-ce que les chiens ont plaisir à doubler un autre attelage ? On jurerait que oui. Sans doute perçoivent-ils, comme toujours, le bonheur de celui qui les mène et, visiblement, s'en font joyeusement l'écho.

Nous montons, montons. Quelques aurores boréales, timides puis plus lumineuses, traversent le ciel à l'horizontale en scintillant silencieusement. Au loin, deux loups conversent comme pour mêler leur voix au son et lumière de cette nuit magnifique.

À mi-pente, je nous accorde une petite pause de quelques minutes. Et nous repartons alors que la pente s'accentue. Quelle folie, cette course dont l'itinéraire franchit tant de reliefs !

— Allez, les chiens !

Dans la nuit, la déclivité est impressionnante. Les piquets aux extrémités fluorescentes ne sont pas devant nous mais au-dessus de nous, comme accrochés dans le ciel. Est-ce possible que la piste passe là ? Par quel miracle ces piquets tiennent-ils ainsi, suspendus dans les airs ? Les chiens s'accrochent, plantent leurs griffes dans la neige, s'arc-boutent, montent mètre par mètre alors que, derrière le traîneau, je pousse autant que je le peux. Je suis en nage, malgré la température et le vent qui, même faible, accroît considérablement la sensation de froid. Devant moi, j'entends le halètement des chiens rythmant l'effort, comme le tempo d'une belle musique qui nous emporte vers le sommet et me transcende. Mes pulsations et les leurs sont au diapason et nous allons ainsi pendant une longue demi-heure sous les aurores boréales qui répandent une lumière un peu irréelle sur le paysage.

Je sais que le sommet est double. Un premier puis une descente, un long replat et un second sommet avant de rejoindre dans une franche puis longue pente le check-point de Two Rivers, à quarante kilomètres d'ici. Il faut donc ne pas épuiser toutes ses forces dans la première ascension, mais en mettre une petite réserve de côté pour la seconde. À propos, où en sont-elles, mes batteries ? N'ai-je pas déjà tout pompé ? Difficile de savoir tant mon esprit est brouillé par la fatigue, celle résultant du manque de sommeil et celle résultant de la dépense physique. L'une s'ajoutant à l'autre forme un cocktail qui assommerait un élan…

Au sommet, je nous accorde une pause durant laquelle, un à un, je félicite chaudement les chiens. Aussi loin que porte le regard dans cette pente sans arbres, je n'aperçois pas le moindre signe d'une source lumineuse. Notre fulgurante ascension a relégué Dave loin derrière, à plus d'une heure.

— À nous le second pic !

Je me félicite de ne pas avoir cédé à la tentation d'enchaîner les deux étapes sans m'arrêter au check-point de Mile 101. Celle-ci est sacrément solide et j'aurais pu payer cher la lourde erreur de sauter le repos bref mais salutaire que j'ai accordé aux chiens et aussi un peu à l'homme.

Les étapes de nuit sont éreintantes car s'ajoute à la

fatigue due aux difficultés de la piste celle générée par le manque de discernement des obstacles, demandant un effort de concentration supplémentaire et une réactivité accrue, donc plus épuisante encore.

J'ai les muscles des jambes comme tordus par des pinces, la tête comme une citrouille et une sorte de sifflement qui me traverse le cerveau, aussi épuisant que la sonnerie interminable d'une alarme que l'on ne parvient pas à interrompre.

Le passage entre les deux sommets n'en finit pas, légère côte, descente, plat, remontée. J'ai hâte de grimper franchement tout en haut de cette foutue montagne. Qu'on en finisse !

La lune monte et éclaire d'une lumière diffuse le paysage alpin que nous traversons, sans un arbre, pelé, balayé par les vents qui ont chassé totalement la neige de la crête sur laquelle nous cheminons. Les aurores boréales continuent de danser dans le ciel et toujours les mêmes loups qui chantent au loin. Nous avançons sur une carte postale, de celles qui, enfant, me faisaient rêver. J'imagine le spectacle que nous offrons à la nuit, celui de notre attelage se découpant sur la crête dans le gris étoilé du ciel parcouru d'aurores boréales. Une image au parfum de *Croc-Blanc* et de *L'Appel de la forêt.* Enfant, j'ai longtemps rêvé de ma vie. Aujourd'hui, je vis mes rêves, fidèle au principe qui m'a toujours guidé : « Mieux vaut vivre ses rêves que rêver sa vie. »

Enfin la voilà cette montée, franche, directe, impressionnante. La dernière.

Au-delà, une belle descente, puis le plat des grandes plaines de forêts boréales et de lacs jusqu'à Fairbanks.

Je fais une pause et explique aux chiens le programme : cette montée, une grande descente, le checkpoint de Two Rivers où les attendent huit heures de paille. Et ensuite, ce sera le run final.

Mais nous en sommes encore loin.

Déjà, il nous faut atteindre ce sommet suprême.

La côte est raide.

Pourtant, ce n'est pas ce raidillon qui nous pose un problème. Les chiens gravissent cette pente avec la même rage que moi, comme s'ils savaient que c'est la dernière.

Le problème surgit juste après.

En haut, j'arrête les chiens et profite de l'instant. Nous avons franchi Rosebud, l'ultime difficulté de la Quest. Je félicite mes compagnons, joue un peu avec eux, distribuant caresses et compliments et nous repartons.

Nous basculons dans la pente, dans le vide.

Immédiatement, je saute à pieds joints sur le frein, mais les neuf attelages qui me précèdent ont fait de même et ont enlevé toute la neige qui permettait de garder un minimum de contrôle. Il ne reste qu'un mélange de terre gelée et de cailloux sur lequel nous prenons de la vitesse. Les chiens s'aperçoivent aussitôt que je ne maîtrise pas notre élan et accélèrent. C'est l'emballement, terriblement angoissant. Une spirale infernale que rien ne peut freiner. Il faut juste arriver en bas, mais ce bas… n'arrive pas ! La descente n'en finit pas. Le traîneau saute, rebondit, dérape dans les cailloux, certains font la taille d'un ballon, et plusieurs fois je manque d'être éjecté, retrouvant de justesse un équilibre précaire. Mes pauvres chiens sont maintenant au triple galop dans la descente sans plus aucune possibilité de choisir où poser leurs pattes, risquant de se blesser sur les pierres, de tomber, de glisser. J'en suis malade.

Et voilà les premiers arbres, sans que la pente s'infléchisse pour autant. Cela devient carrément dangereux, et pas seulement pour les chiens. J'hésite. Ne devrais-je pas coucher le traîneau d'un gros coup de reins, rouler-bouler dans la descente, afin de contenir la prise de vitesse et enrayer la dégringolade ? Couché, le traîneau offrira davantage de résistance et glissera moins que sur ses skis, puisque les freins sont alors quasiment inefficaces. Mais la chute risque d'être sévère, le traîneau pouvant, sur les premiers mètres, percuter les chiens, qui pourraient eux-mêmes s'emmêler dans les traits. Autant essayer de rester sur le traîneau fou et de tenir jusqu'en bas. Ce que je tente de faire… mais quelle dégringolade !

Mon pied manque de passer entre le frein et le traîneau, ce qui serait dramatique car il serait immédiatement emporté dans l'étroite ouverture métallique entre les deux montants, puis broyé avec la jambe dans la descente. Le traîneau rebondit sur une pierre au moment où je repositionne mon pied et manque de m'éjecter. Tout le temps de cette « chute », qui n'en finit pas, je hurle aux chiens l'ordre de ralentir, « Hoooooooo ! », mais en pure perte, je le sais. Je hurle pour me donner plus de force et peser sur ce frein qui ne pénètre pas dans la terre gelée, dure comme du béton. Je hurle pour rester debout. Je hurle car j'ai peur pour les chiens, pour moi. Je hurle parce que je ne comprends pas pourquoi la piste passe par là alors que c'est si casse-gueule ! Je ne peux pas m'empêcher de me demander comment les autres ont fait. En fait – je l'apprendrai plus tard –, la plupart, connaissant le passage ou prévenus par les pisteurs (sans doute n'ai-je pas noté l'avertissement lors du briefing), ont enlevé les tug-lines au sommet, ce qui permet de mieux maîtriser la descente. Les chiens, seulement retenus par leur collier, ne peuvent plus tirer.

Et cette satanée descente dure, dure. J'ai les jambes en compote, les épaules défoncées et les bras en loque lorsque nous arrivons enfin en bas et que nous retrouvons un peu de neige. Je pèse de tout mon poids sur le frein et parviens enfin à immobiliser le traîneau.

— Mes pauvres p'tits chiens ! Mes pauvres chiens.

Je vais de l'un à l'autre, passe en revue toute ma troupe sans remarquer quoi que ce soit d'inquiétant. Burka, dont le poignet est fragile, ne semble pas outre mesure affectée par la violence de la descente.

— Ma belle Burka…

Unik et Kazan se sont couchés dans la neige pour souffler et prendre un peu le frais. Je les caresse en les rassurant.

— C'est fini : on va rouler tranquilles jusqu'à Two Rivers où paille, viande et repos vous attendent.

Yuma me regarde, comme toujours, farouche et un peu craintive.

— Tout va bien, ma Yuma… tout va bien.

À côté d'elle, Olga a l'air très en forme, presque guillerette. Je la détache et vais la positionner en tête, à côté de Miwook.

— Ma Burka, ça va descendre encore pendant un bon moment, alors je te préserve, tu comprends ?

Le ton avec lequel je m'adresse à elle la rassure. Elle sait qu'il ne s'agit pas d'une punition, bien au contraire. Je la caresse longuement en la plaçant à côté de Kazan, dont le moral d'acier m'impressionne.

Kazan n'était pas le meilleur élément de ma meute l'hiver dernier. Tant s'en faut. Avec les chiens, il faut savoir être patient pour se laisser surprendre.

Kazan est métamorphosé. C'est un autre chien. Un grand.

Sidi est la seule à avoir souffert de la descente, son coussinet sur lequel une fragile peau cicatrisait s'est rouvert, ne résistant pas aux cailloux. Rien de grave, mais elle a besoin de quelques jours de repos pour qu'une nouvelle corne se reforme.

— Ma petite Sidi chérie. Tu as été exemplaire, courageuse, opiniâtre et plus encore. Je vais t'installer confortablement sur les manteaux dans le traîneau et tu vas voyager auprès de moi. Tes huit copains sont bien assez nombreux pour nous emmener sur cette piste tout en descente jusqu'à Two Rivers.

Et ainsi fait.

Elle se laisse faire, ravie je crois d'être près de moi, qui la câline et lui dis des mots doux.

*

La piste est belle, large et dure, mais je n'ai jamais vu un tape-cul pareil. Une bosse. Un creux. Une bosse. Un creux. Nous sommes sur le versant ouest d'une grande vallée marécageuse dont le sol est constitué de mottes d'herbe reposant sur le permafrost. Pas une seule section de quelques mètres sans l'une de ces bosses (qu'on appelle des têtes de chiens !). Si nous avancions moins vite, le traîneau glisserait en épousant ces bosses et ces creux, comme je le constate en ralentissant de un ou deux kilomètres à l'heure. Alors qu'à notre vitesse il saute, saute, saute… et chaque fois qu'il saute, je saute aussi… J'exagère à peine en disant que j'entends mes vertèbres se tasser et claquer les unes contre les autres.

Nous allons vite, je le sais. Bien qu'il me paraisse impossible de rattraper Mike Ellis, parti de Mile 101 avec plus d'une heure et demie d'avance, je me surprends à chercher la lueur de sa lampe frontale aussitôt que le paysage s'ouvre assez pour y voir loin. L'étape de soixante-dix kilomètres n'est pas assez longue, si rapide que soit mon attelage, pour que je puisse l'atteindre. Mais qui sait ?

À 2 heures du matin, après quelques dizaines de milliers de bosses, j'arrive au minuscule et inconfortable check-point de Two Rivers. Une cabane et une tente chauffée servant de dortoir aux mushers. Il y a ici un temps d'arrêt obligatoire de huit heures. Tous les mushers dorment donc environ quatre heures après s'être occupés de leurs chiens et avant de se préparer pour cette longue et dernière étape de cent vingt kilomètres. Ces quatre heures de sommeil – une éternité –, j'en rêve…

Aussitôt sur place je m'enquiers de savoir quand Mike est arrivé. Je consulte le tableau des check-in/check-out :

En huitième position, Torsten Kohnert est arrivé à 21 h 56

En neuvième, Mike Ellis, à 2 h 08

En dixième, Nicolas Vanier, à 2 h 33 !

Parti avec une heure et demie de retard, je ne suis plus qu'à vingt-cinq minutes de Mike. Vingt-cinq petites minutes.

— *You catch me, Nicolas !* (Tu m'as chopé, Nicolas !)

Mike me tape dans le dos, me félicite, m'avouant qu'il n'en revient pas de la vitesse de mon attelage. « *You are flying !* » répète-t-il. De fait, Dave Dalton, que j'ai doublé au milieu de l'étape, arrive à 4 h 07, une heure et demie après moi !

Notre temps pour cette étape, cinq heures vingt-neuf, est excellent. À titre de comparaison, le leader, Brent Sass, a mis six heures quarante-trois, les deux anciens vainqueurs, Allen Moore et Hugh Neff, ont mis respectivement sept heures dix et huit heures trente-cinq. Les chiffres parlent d'eux-mêmes.

Aujourd'hui, je ne regrette qu'une seule chose : que mes chiens ne soient pas arrivés avec une expérience de course derrière eux, ce qui aurait évité le stress et les déboires des quarante-huit premières heures car – personne ne le conteste aujourd'hui – j'avais des chiens capables de rivaliser. Je n'aurais pas gagné cette course – il faut pour cela une expérience que je n'ai pas encore acquise –, mais je pouvais prétendre être sur le podium.

En attendant, essayons de nous hisser à la neuvième place.

18

18 février, 2 h 33,
arrivée au check-point de Two Rivers

Dans la petite cabane qui tient lieu de check-point à Two Rivers, les deux juges de course me félicitent chaudement pour la remontée assez spectaculaire que j'ai effectuée depuis deux jours et que tout le monde commente. « Dis donc, le Français, il carbure à quoi ? » Ils s'en réjouissent car je pense qu'ils m'apprécient, mais surtout parce que l'un d'eux connaît mon « histoire » avec la Quest.

Une histoire rocambolesque.

En 1997, nous étions deux mushers débutants, des *rookies,* à nous entraîner chez Frank Turner : Trevor et moi-même. Nous avions préparé nos sacs de nourriture ensemble, les avions empaquetés et étiquetés de la même façon et avec le même matériel. À un check-point, les bénévoles qui apportent leurs paquets aux mushers se sont trompés pour l'un des deux sacs qu'ils m'ont donnés. Ils avaient pris le sosie du premier sans vérifier l'étiquette du second. Je n'ai pas contrôlé non plus. Pourquoi l'aurais-je fait ? J'ai puisé dans le stock de mon copain, m'inquiétant juste de quelques sachets manquants que j'étais pourtant certain d'avoir distribué dans chacun de mes sacs. Mais je n'ai pas fait le rapprochement. À ce stade de la course, à environ deux tiers du parcours et fatigué comme je l'étais, je ne me rappelais même plus que Trevor avait les mêmes sacs que moi. À raison de deux heures de sommeil par vingt-quatre heures, on n'a plus toute sa capacité de raisonnement.

Trevor était derrière moi. En arrivant au checkpoint, il n'a pas trouvé son sac, évidemment. Il a porté plainte sans s'apercevoir que mon sac était là, plein à craquer, encore ficelé, alors même que j'étais déjà passé. Il est reparti aussitôt et les juges ont fait leur enquête.

Ce ne fut pas très long de retrouver le « voleur ». Ils en informèrent aussitôt le *race marshall*, qui, la veille de l'arrivée, vint me réveiller durant le court repos que je m'accordais dans l'avant-dernier checkpoint. Il restait cent soixante kilomètres pour Fairbanks que je m'apprêtais à couvrir d'une seule traite. Sans m'expliquer précisément de quoi il s'agissait, l'officiel m'informa que j'écopais d'une amende de deux heures de pénalité pour avoir « volé » le sac d'un concurrent. Il me dit que tout serait expliqué, argumenté et prouvé à l'arrivée. Sous le choc, je ne trouvai rien à dire et protestai mollement. Je ne comprenais évidemment rien puisque je n'avais rien volé !

Lorsque je me réveillai tout à fait, le *race marshall* était déjà reparti à Fairbanks, où arrivaient les premiers – dont Frank Turner, deuxième cette année-là.

Je ne voulais plus continuer. Je voulais abandonner,

mais Jérôme, qui avait préparé les chiens avec moi, notamment en les entraînant tout un hiver au Québec, me demanda de terminer, ne serait-ce que pour lui. Ce que je fis, fulminant de colère. Le peu d'informations que j'avais réussi à collecter avant de quitter le check-point me permettait pourtant de reconstituer l'affaire. Lors d'un contrôle à mi-parcours, je demandai à m'entretenir au téléphone avec le *race marshall*. On le trouva et on me le passa. Je lui expliquai alors le malentendu et il me répondit que l'affaire serait étudiée après l'arrivée. Je lui rétorquai qu'il était hors de question de terminer la course avec cette étiquette de voleur. Je m'emportai plus que de raison car j'étais mort de fatigue. Je hurlai dans le téléphone, je menaçai et… il raccrocha.

Je repartis et arrivai à Fairbanks, fier de ce que mon attelage de nordiques avait réalisé mais furieux. Je ne passai pas la ligne d'arrivée, immobilisant mon traîneau deux mètres avant de la franchir, exigeant qu'on m'enlève la pénalité et prétendant mériter des excuses.

Le *race marshall* refusa :

— Le règlement impose des règles qu'il faut respecter. En l'occurrence, cette pénalité, si elle est contestée, doit l'être selon la procédure habituelle. Il faut demander un recours sur le document prévu à cet effet, une fois l'arrivée du concurrent enregistrée.

Les juges s'impatientaient. Il était 4 heures du matin et eux aussi avaient peu dormi depuis deux semaines. Ils me sommèrent une dernière fois de franchir la ligne. Ironique, je répondis que le règlement n'interdisait pas de prendre du repos à deux mètres de la ligne, et que j'allais en prendre !

Ils se consultèrent. Le *race marshall* revint dix minutes plus tard avec un petit sourire en coin satisfait.

— Passe la ligne quand tu veux, ce n'est plus notre affaire.

Le lendemain, j'appris qu'il m'avait disqualifié.

Un an plus tard, nous nous sommes retrouvés, le *race marshall* et moi, au bar d'un des restaurants de Whitehorse. Nous nous sommes expliqués. On a rigolé en se rappelant nos colères respectives. Je lui ai payé une bière et il m'en a offert une à son tour. Puis nous nous sommes retrouvés au départ de la Quest 300, un an plus tard, en 2002.

— Tiens, voilà le voleur de sac ! plaisantait-on.

Le plus drôle, c'est que Trevor, contrit, se trouvait lui aussi au départ de cette épreuve.

Elle a été ma plus belle course. Nous étions treize à partir quelques heures après le départ de la « grande » Yukon Quest, que je préférais refaire l'année suivante seulement car mes chiens étaient encore trop jeunes.

Plus léger que mon précédent attelage, celui-ci avait gagné en vitesse. Je n'étais plus très loin de pouvoir rivaliser avec les meilleurs. Je disposais en prime d'une chienne de tête exceptionnelle pour la course car elle relançait tout le temps et incitait le reste de l'attelage à maintenir un rythme très soutenu. À cela s'ajoutait le fait qu'elle était très sûre. Elle avait été confrontée à tous types de situations pendant les huit mille kilomètres de l'Odyssée blanche : la traversée d'ouest en est, d'un océan à l'autre, de tout le Canada. Elle avait 8 ans. Elle était donc pour un ou deux ans encore au sommet de sa forme.

Je pris un départ en trombe. Pendant cinquante

kilomètres, sans faiblir, les chiens avaient tenu le galop, à près de vingt kilomètres-heure de moyenne, puis ils avaient adopté leur trot, rapide et allongé, qui me permit d'effectuer la première étape de plus de cent soixante kilomètres d'une seule traite. J'arrivai au check-point avant quelques-uns des mushers de la grande Quest qui s'étaient arrêtés au milieu de l'étape.

Je repartis de l'endroit sept heures plus tard, déjà en sixième position. Cette année-là, nous allions dans le sens Fairbanks-Whitehorse. Au lieu d'une terrible montée pour accéder au fameux col d'Eagle Summit, nous allions donc devoir négocier une fichue descente, à pic. Les conditions de progression sur la piste n'arrangeaient rien. La neige manquait cruellement et la roche n'était pas loin. Derrière les trente attelages de la Yukon Quest, les mushers de la Quest 300 en bavaient, car le passage de plus de quatre cents chiens et de trente traîneaux n'avait fait que dénuder encore davantage la pierre. Nous avancions sur les cailloux, surtout dans les descentes où les freins des traîneaux avaient enlevé le peu de neige qui subsistait.

Les dégâts étaient importants. Dès la première étape, plusieurs mushers avaient scratché, que ce soit à cause d'un traîneau cassé ou d'une blessure des chiens, voire d'eux-mêmes.

Frank, le recordman de l'épreuve, faisait partie de ceux-là. Son chien de tête s'était amoché durant ce premier run et il ne pensait pas pouvoir se passer de lui. Il n'en avait que deux et son remplaçant ne pouvait pas, selon lui, conduire l'attelage quatorze heures par jour, dix jours durant. Le pauvre était consterné car il était parfaitement préparé et plein d'ambition.

Lorsque j'arrivai en haut d'Eagle Summit, vers 3 heures du matin, ce que je vis dans le faisceau de ma lampe frontale avait de quoi glacer le sang. La descente n'était plus que de la roche sur les cinquante premiers mètres. On voyait ensuite les couloirs que les traîneaux avaient tracés dans la neige avant de rattraper les chiens qui, cul par-dessus tête, avaient fait de gros trous, ici et là. Au fond de l'un d'eux, je vis un musher et ses chiens emmêlés, son traîneau retourné et des affaires éparpillées sur toute la descente.

Je n'hésitai pas, jugeant que tergiverser depuis les hauteurs ne ferait qu'augmenter tension et appréhension. Sans espoir de trouver une échappatoire, il allait falloir se lancer et se jeter dans la gueule de la pente. Advienne que pourra.

— Allez, Cheap !

Courageuse, elle s'engagea dans la descente et, derrière elle, tout l'attelage suivit. Je freinais du mieux que je pouvais dans les cailloux en commandant aux chiens de ne pas céder à la panique et d'y aller mollo ! Puis j'ordonnais aux chiens d'aller à droite pour viser la neige où, en mettant le traîneau sur la tranche, je parvenais à freiner sa course et ainsi à éviter de bousculer les chiens. Cheap entraîna l'attelage dans cette neige fraîche et difficile en exécutant un virage en dévers compliqué. Nous avons excellé. Toute modestie mise à part, nous n'étions pas loin de la perfection absolue. Si je ne devais me rappeler qu'une seule des centaines de pentes abruptes et tortueuses que nous avons négociées, je choisirais celle-ci.

— Bravo, les chiens ! Bravo, Cheap !

Nous étions fiers de nous. Pas un seul chien ne

s'était emmêlé, pas un seul n'avait glissé, et nous étions déjà au pied de ce maudit versant. J'indiquai la piste à Cheap qu'elle récupéra d'un coup de collier à droite.

— Et hop ! En avant !

En arrivant au check-point suivant, je pus mesurer les dégâts qu'Eagle Summit avait faits, une fois de plus : quatre autres mushers avaient abandonné.

Je ne droppai aucun chien et j'étais le seul de toute la course à disposer encore ici du même nombre qu'au départ.

L'étape suivante de la Quest 300 reste l'une de celles que je préfère. Un long tronçon durant lequel on suit une rivière sinueuse, pleine de boucles qui font faire aux attelages le double de kilomètres…

À ce stade de la course, j'avais rattrapé une grande partie des coureurs de la grande Quest, du moins les huit mushers composant le peloton central, car bien évidemment les leaders étaient loin devant.

J'avais donc rejoint le deuxième groupe, qui voyageait en formation assez serrée. C'était une nuit lumineuse, éclairée d'une belle lune presque pleine dont la laiteuse blancheur se réfléchissant sur la neige permettait d'y voir sans frontale. La température, moins 35 °C, était idéale. Parfaite pour les hommes, qui, bien équipés et actifs, ne souffrent pas du froid, comme pour les chiens, qui, appréciant cette relative fraîcheur, donnent ainsi le meilleur d'eux-mêmes. Nous glissions silencieusement, tel un serpent souple et délié ondulant sans effort apparent et déroulant ses orbes sur ce ruban de glace et de neige qui s'ouvrait dans la forêt. Quand j'étais en dernière position, je voyais huit attelages devant moi, dont les premiers restaient floutés dans cette brume de froid qui nimbe toute chose. Il régnait un calme absolu, un sentiment de paix. Seul un léger cliquetis provenant de quelques mousquetons jouant dans les boucles d'acier était audible. Les traîneaux filaient sans bruit sur la piste de neige. Nous admirions les aurores boréales, qui déroulaient dans le ciel de magnifiques écharpes vertes, bleues et mauves. Mes chiens allaient bien en ligne, traits tendus, en bon ordre, sans relâchement. On voyait à leur foulée, à la façon qu'ils avaient de relancer le rythme qu'ils aimaient cette course. Je regrettais une seule chose : les avoir un peu sous-estimés en les inscrivant à cette petite Quest alors qu'ils étaient déjà parfaitement capables de courir la grande.

Nous avions bivouaqué ensemble dans l'une des anses de cette rivière qui semait quantité de boucles inachevées et de bras morts. J'étais reparti seul après quatre heures d'arrêt, laissant là le groupe qui s'octroyait davantage de repos. « Qui veut aller loin ménage sa monture » : ils avaient encore plus de mille kilomètres de course alors que l'arrivée de la petite Quest était à moins de cent kilomètres de là où nous avions bivouaqué. J'arrivai en quatrième position de cette course sans forcer les chiens et sans en dropper un seul.

L'année suivante, en 2003, j'étais au départ de la « grande » Quest.

Le départ avait lieu, cette année-là, dans la ville de Whitehorse, où mes enfants étaient scolarisés puisque nous avions décidé de vivre là-haut, en famille. Chaque week-end, nous partions dans les montagnes. Montaine, 10 ans, et Loup, à peine 7 ans, conduisaient maintenant leur propre traîneau. Côme grandissait dans le ventre de sa mère, qui s'arrondissait sans que cela nous empêche de nous promener. Nous partions donc en famille avec quatre traîneaux. C'était merveilleux. Certains dimanches, j'inscrivais Montaine et Loup à de petites courses que la ville organisait pour les enfants. Nous habitions avec nos chiens à une trentaine de kilomètres de la ville, en pleine forêt, dans une cabane que nous avions louée.

Mon attelage était au top. Sa seule faiblesse était que je disposais d'un seul véritable chien de tête, du moins une seule chienne, mais quelle chienne ! Cheap était au sommet. Cette course allait être sa consécration. Parmi les quatre grands leaders que j'ai eus, Otchum, Voulk, Gao et donc Cheap, la femelle était assurément la plus remarquable pour une course car elle donnait de la vitesse, relançant sans cesse la cadence.

Pour ma seconde participation à la Yukon Quest, j'étais fin prêt. Je connaissais le parcours. Plusieurs amis, dont Frank Turner, étaient là. Les organisateurs et moi-même étions ravis d'effacer le malentendu de ma première édition, et surtout j'avais d'excellents chiens, rapides, endurants, parfaitement entraînés. Ils avaient de l'expérience car, outre la « petite Quest », ils avaient participé à quelques belles courses, dont la Percy de Wolf, près de Dawson City.

J'étais donc confiant, gonflé à bloc jusqu'au jour où la catastrophe arriva…

Une nuit, échappant à la vigilance de mes deux amis qui les entraînaient alors que j'étais parti dans l'Arctique pour le tournage du film *Le Dernier Trappeur*, Cheap, en chaleur, se fit prendre par l'un des mâles de l'attelage. Au lieu de réagir immédiatement et de la conduire séance tenante chez le vétérinaire, ils attendirent de pouvoir me joindre ! Si bien que le traitement qu'on lui donna alors, avec retard, n'avait plus qu'une chance sur deux de fonctionner au lieu de neuf sur dix. J'étais furieux à double titre car, connaissant la situation j'avais demandé à mes deux amis de rester très vigilants. Ensuite, ils avaient manqué de réactivité. Au lieu de réparer leur erreur, ils l'avaient amplifiée.

La chance n'était pas de mon côté. Quelques semaines plus tard, l'échographie confirmait ce que je pressentais aux entraînements : Cheap attendait bien des petits. Elle ne participerait donc pas à la Yukon Quest. Pour un coup dur, c'en était un ! On n'imagine pas ce que la préparation d'une telle course exige comme sacrifices, comme entraînement, comme dépenses. Surtout pour un Européen.

Gao était déjà un bon chien de tête, mais en devenir, trop jeune. Rien à voir avec Cheap. Il était en formation, sans expérience véritable sinon celle qu'il avait acquise en couple avec Cheap. Et serait-il capable de tenir sur plus de mille six cents kilomètres ?

Je pris un excellent départ. Les chiens allaient vite. Lors de la première étape de plus de cent soixante kilomètres, ils firent un sans-faute qui me rassura. Je repartis du premier check-point en dixième position sur près de vingt-cinq concurrents en ayant accordé beaucoup de repos à mes chiens. Puis ils bouclèrent une étape grandiose entre Carmacks et Pelly Crossing. Ils ne trottaient pas, ils volaient. Pourtant, cette partie était particulièrement difficile cette année-là, très technique, très physique, notamment sur le fleuve plein de pack. Je doublai tout le monde et me retrouvai en tête de la course pendant quelques heures. Puis les quatre champions dont le triple vainqueur, Hans Gatt, me redoublèrent. Je les attendais au bord d'un feu avec pour objectif de me coller derrière eux et de tenter de les suivre, ce que je fis jusqu'au check-point. Avec cet attelage, je pouvais prétendre faire la course dans le peloton de tête. Non pas pour briguer les premières places, hors de ma portée, mais en visant un *top five*. Il faut être ambitieux et je pouvais l'être avec ces chiens.

En quittant Pelly Crossing en quatrième position derrière trois grands champions, c'était cela que je visais : la cinquième place à mi-parcours, en arrivant à Dawson. Ensuite, on verrait bien pour éventuellement grappiller une place ou deux, si la chance voulait sourire… Les vétérinaires me dirent à Pelly Crossing que j'avais l'attelage le plus en forme de la course.

En quittant le check-point, tout alla bien sur les premiers kilomètres, puis on arriva de nouveau dans le pack. Il n'y avait plus de piste, le vent l'avait effacée sur de grandes portions. Il fallait donc slalomer entre les blocs en visant les piquets que les ouvreurs avaient eu l'intelligence de planter assez proches les uns des autres dans cette zone tourmentée. De nouveau, le chien de tête était très sollicité.

— Djee, yap ! Djee, oui ! Yap !

Gao commença à commettre quelques erreurs. Je le remis plusieurs fois sur la piste sans jamais élever la voix. Le pauvre, il avait durant toute la nuit précédente réalisé une étape formidable mais très stressante pour un chien de tête et il n'aspirait maintenant qu'au repos. Il voulait bien courir, mais pas devant. Il voulait bien travailler physiquement, mais pas intellectuellement. C'était manifeste. Pourtant j'insistais car je n'avais pas le choix, espérant vite rejoindre une zone où la piste serait de nouveau visible et plus aisée à suivre. Ce ne fut pas le cas et soudainement Gao fit grève. Il se mit sur le côté et refusa de continuer. J'eus beau tout essayer. Rien n'y fit. Alors j'essayai Québec, Taran, Kurvik. Ils étaient pleins de bonne volonté mais incapables de mener l'attelage. Tous les chiens aboyaient derrière ces leaders improvisés car nous étions à l'arrêt depuis une heure et qu'ils voulaient tous partir, courir ! Mais personne ne voulait aller devant.

Je regardais mes quatorze chiens pleins d'énergie, prêts à en découdre et à tirer sans faiblir, mais j'étais dans un bateau sans gouvernail. Il fallait se rendre à l'évidence. On ne fait pas la Yukon Quest sans un vrai meneur.

Je me souvenais de Frank Turner, que j'avais doublé l'année précédente. Il avait dû abandonner parce que son principal chien de tête s'était blessé dès la première étape.

Je n'avais pas d'alternative : il me fallait suivre son exemple. Je ne pouvais pas forcer mes chiens à courir à l'aveugle et je n'en avais pas envie…

Je retournai à Pelly Crossing, la mort dans l'âme. Gao, comprenant qu'on revenait, avait accepté de reprendre la tête de l'attelage. Je le félicitai énormément, m'arrêtai et tentai de repartir en sens inverse. Comme je m'y attendais, il refusa. Il ne fallait pas le prendre pour un idiot.

Je fis faire demi-tour à l'attelage une dernière fois et nous rentrâmes. Pour nous, cette course était finie. Cette histoire, celle de Cheap ensuite trop vieille pour que je puisse l'aligner une nouvelle fois au départ de la Quest, reste une grosse déception, un gâchis que je vais enfin pouvoir digérer, tout comme cette disqualification injuste que je vais également reléguer aux oubliettes…

Pour ce faire, il nous reste une dernière épreuve : cent vingt kilomètres.

19

18 février, 10 h 33,
départ du check-point de Two Rivers :
l'ultime étape avant Fairbanks

Brent Sass a gagné la course.

Parti avec deux minutes de retard sur le vainqueur de l'édition précédente, Allen Moore, il l'a vite rattrapé, doublé, pour arriver à Fairbanks avec plus d'une heure d'avance. Une belle victoire, amplement méritée pour ce grand champion, qui signe ici la plus belle performance de sa carrière. Entre ces deux champions et moi s'intercalent six concurrents dont un seul est accessible : Mike Ellis, qui se trouve une demi-heure devant moi. Quant à Torsten Kohnert, même si j'ai réduit l'écart entre nous, il dispose encore de plus de cinq heures d'avance sur moi et reste donc, sauf surprise majeure, totalement inaccessible. Pour le rattraper, ce ne sont pas des chiens qu'il me faudrait mais une motoneige, et encore…

Au check-point de Two Rivers j'ai fait livrer une botte de paille supplémentaire et c'est avec un réel plaisir que je l'étale dessous, dessus et autour des chiens qui disparaissent chacun sous un petit édredon d'où seule la tête dépasse. Ils ont mangé une énorme gamelle de poisson, de viande et de gras de poulet mélangés avec des croquettes. Ils ont été massés, bichonnés et dorment maintenant à poings, ou plutôt à pattes fermées. Sidi a reçu les soins nécessaires pour aider à la cicatrisation de son coussinet et rejoindra tout à l'heure Fabien, car elle ne participera pas à la dernière étape. Huit chiens en pleine forme suffisent amplement pour mener le traîneau ultraléger, délesté de tout le matériel non obligatoire dont tous les concurrents se séparent avant de boucler cette dernière étape d'une seule traite. De fait, autant laisser Sidi se reposer et commencer à se soigner, même si je la sais parfaitement capable de courir l'étape.

Je m'endors serein, vers 5 heures du matin, pour quelques heures de repos, sachant que mon départ est autorisé à 10 h 33, soit très exactement huit heures après mon arrivée. J'ai demandé un réveil à 8 h 30 afin d'avoir le temps de manger et de me préparer tranquillement. Je ne dors pas d'un profond sommeil, tant s'en faut. Je suis excité, repassant en revue tous les détails de ce run à venir, de ce que je dois préparer afin qu'il soit le plus réussi possible. Je programme mes arrêts snack, réfléchis à la meilleure position dans laquelle placer les chiens : un attelage avec Olga et Miwook en tête, Burka et Unik en seconde position, puis Yuma et Kazan et enfin l'indécrottable couple Wolf et Dark. Quelle belle équipe !

Vers 8 h 15, je me lève et, après un solide petit déjeuner, commence tranquillement à me préparer. Je demande à un vétérinaire de venir effectuer les formalités nécessaires au drop de Sidi. Nous signons le document et alors, à partir de ce moment-là seulement, Fabien est autorisé à la prendre.

— À bientôt, ma petite Sidi… Repose-toi bien.

Pour ce dernier run, je veux que tout soit impeccable. Je commence par changer mes lisses, ces dernières ayant terriblement souffert dans la descente et sur la crête caillouteuse. Les enlever ne pose aucun problème puisqu'il suffit d'arracher la lisse du rail dans lequel elle se glisse. En revanche, tout se complique lorsque je tente d'introduire la nouvelle pièce dans le rail où elle est censée coulisser. Comme c'est un matériau souple, il faut la rentrer progressivement et en douceur, sinon elle se tord dès qu'on force. Deux, trois, quatre fois, je l'enlève, la réintroduis mais ne gagne guère plus de cinq centimètres à chaque essai. J'y suis depuis déjà un bon moment et je commence à paniquer. Et si je n'y arrivais pas ? Impossible de repartir. Or je n'ai pas le droit de demander de l'aide sous peine d'être disqualifié. Aucune assistance extérieure n'est autorisée. Rentrer le traîneau à l'intérieur de la tente chauffée pour le faire dégeler ? Je ne sais pas si cela serait accordé, et de toute façon l'opération prendrait trop de temps. Je n'aurais plus aucune chance de partir à l'heure et donc de rattraper Mike. Quel con ! J'aurais dû changer ces lisses avant d'aller me coucher. J'aurais alors bénéficié de plusieurs heures devant moi pour résoudre le problème, quitte à ne pas dormir. Je suis furieux contre moi. Les jurons que je lance vont jusqu'à Pierre qui, hors du parc réservé aux mushers, m'observe et s'inquiète. Je fais encore quelques tentatives. Rien à faire.

Du calme.

Je fais l'inventaire des outils dont je dispose. Un Leatherman, une hache, une scie, du fil de fer. Puis j'entreprends un nettoyage complet du rail en tapant fort sur le patin avec le dos de la hache afin d'en ôter toute la glace. Avec la pointe de mon Leatherman, je termine le travail puis, en soufflant dans les interstices, finis d'éliminer les fines particules de glace restantes. Une fois le rail nettoyé, je tente de réintroduire la lisse. Au troisième essai, en insistant un peu, celle-ci se met enfin en place. Cela m'a pris trois quarts d'heure. Si ça ne se passe pas mieux avec la seconde, je suis marron pour partir à l'heure. Je m'applique à désobstruer soigneusement et, méthodiquement le rail du deuxième patin et, miracle, la lisse entre sans un accroc. À la bonne heure !

Il me reste quarante minutes pour bottiner, charger mon traîneau, et finir de me préparer : snacks, eau, batteries, etc. C'est juste. Très juste. Heureusement, j'avais prévu large. Maintenant, il s'agit de ne pas s'emmêler les pinceaux, alors je me concentre. C'est dans la fébrilité que l'on fait des bêtises.

Mon départ est à 10 h 33.

À 10 h 25, j'ai terminé de bottiner les chiens et, à 10 h 32, je suis prêt, un peu stressé et essoufflé mais prêt. Fin prêt.

Entre deux bottines, j'ai regardé Mike partir. Son attelage de dix chiens avait fière allure et je me suis mis à douter. Allons-nous vraiment pouvoir le rattraper ? Après ce repos de huit heures, ses chiens, bien reposés, ne vont-ils pas retrouver un rythme plus rapide ? Ils connaissent cette course, la fin, Fairbanks.

Ne vont-ils pas accélérer ? Il dispose déjà de vingt-cinq minutes d'avance sur moi.

Je ne devrais pas douter de mes chiens. Les temps qu'ils ont réalisés ces derniers jours sont excellents. Avec, en plus, peu de repos, il n'y a aucune raison pour qu'ils ne repartent pas au même rythme, trop rapide pour que Mike puisse se maintenir longtemps hors de notre portée.

*

À 10 h 33 pétantes, je lève l'ancre. Mes huit chiens me rassurent aussitôt. Ils ont une patate d'enfer, sont joyeux, pleins d'entrain comme s'ils savaient que c'était la fin, la dernière ligne droite. Ma bonne humeur est communicative et les galvanise, alors ils donnent le meilleur d'eux-mêmes. Pierre et Fabien me regardent partir avec des paillettes de joie dans les yeux. Comment pouvaient-ils imaginer que nous allions finir aussi fort ?

Cent vingt kilomètres d'une seule traite, c'est un long run. À ce rythme-là, j'ai peur qu'ils se « grillent » et dois user du frein pour tempérer leur vitesse. Un comble ! La piste est excellente, même si quelques virages en dévers sont difficiles à négocier. À plusieurs endroits, la piste coupe et recoupe la route où des photographes et caméramans se sont postés pour faire des images. Il n'y a aucun média français. Pour cette course, j'ai refusé en bloc toutes les propositions qui m'ont été faites. Je ne voulais pas m'encombrer des médias qui m'ont tellement déçu lorsque certains d'entre eux ont colporté des mensonges odieux à mon encontre, rapportant que j'avais abandonné mes chiens, récupérés dans un état lamentable par la SPA ! Un délire. Il eût été si facile de vérifier auprès de la SPA et/ou de moi-même que cette information, née sur les réseaux sociaux et aussitôt relayée, était totalement fausse. Aucun de mes chiens, évidemment, n'a jamais été abandonné. Quant à leur état, le vétérinaire qui les suit depuis plusieurs années a personnellement envoyé un communiqué – que personne ou presque n'a ni repris ni diffusé – certifiant qu'il était excellent. Comment pouvait-il en être autrement pour des chiens que l'on aime et que l'on mène à ce niveau ? Drôle d'époque, qui laisse des anonymes, sous couvert de pseudonymes, balancer n'importe quelle « information » assortie de commentaires calomnieux, que s'empressent de faire circuler des personnes malveillantes de même que certains médias peu scrupuleux, qui font leurs choux gras de toutes ces ignominies livrées à la vindicte populaire. Des scoops infondés, ni même vérifiés mais peu importe, du moment que « ça fait vendre ». Je nourris depuis cet épisode traumatisant une certaine amertume et une grande méfiance à l'égard de ces médias qui se prennent pour les rois du monde. Bien sûr, j'ai usé de ces supports pour rendre possibles certains de mes projets, pour communiquer autour de mes films, de mes livres, pour porter certaines de mes idées aussi, mais je supporte de moins en moins ce monde superficiel. S'en tenir à l'écart, ne pas s'y brûler les ailes est ma ligne de conduite. Aujourd'hui, j'ai décidé de m'en tenir à de brèves apparitions, opportunes et choisies, de manière sporadique et pour des besoins spécifiques, reconnaissant à certains médias qui me font l'amitié de me suivre une certaine déontologie que beaucoup n'ont pas ou plus.

À cet égard, la Yukon Quest n'est pas de son temps. Elle ne recherche pas la médiatisation. Elle l'accepte, ne l'entrave pas, mais que les journalistes se débrouillent. Ces derniers n'ont pas ici le statut dont les organisateurs de la plupart des événements, avides de ces fameuses retombées presse promises aux sponsors, les honorent. Cette façon de faire, en décalage total avec notre conception du journaliste-roi, fait que cette communauté travaille pour le bien de la course, pour rendre compte, pour vivre une aventure, non pas pour profiter d'un système et de petits-fours. Les journalistes qui suivent la Quest n'ont aucun traitement de faveur, ils font partie d'un groupe de volontaires, de handlers, de vétérinaires et de juges qui sont tout simplement les garants du bon déroulement de la compétition. Ils sont là pour servir cette course à part, d'une autre époque, qu'ils aiment et défendent.

Étant parti avec une demi-heure de retard, j'ai effectué quelques calculs mentaux pour déterminer l'heure à laquelle je devrais rattraper Mike. Deux ou trois heures si la différence de vitesse entre nos deux attelages reste la même que lors de la précédente étape. Je suis confiant, mais tant que je n'aurai pas aperçu le cul de son traîneau je ne serai pas tranquille !

La piste longe une grande route, celle qui mène de Whitehorse à Fairbanks, et nombreux sont les véhicules qui ralentissent pour se caler à notre hauteur, faire des photos, nous encourager. Souvent, ils connaissent mon nom car la radio et la télévision locales suivent la course en direct et donnent les positions des différents concurrents.

— Allez, le Français !

— *Well done,* Nicolas !

Les chiens tournent la tête comme pour remercier et accélèrent, dopés par ces encouragements qui donnent un air de fête à ce run pas comme les autres. Depuis mille cinq cents kilomètres, nous étions seuls, si loin de tout, dans un autre monde. Pour me rassurer, j'énumère mentalement les raisons et événements qui pourraient compromettre mes chances d'arriver au bout. Il n'y en a plus beaucoup.

Olga, en tête avec Miwook, mène la danse brillamment et avec entrain. Derrière elle, Burka semble très à l'aise, ravie de suivre, de profiter de cette piste sans que pèse sur ses épaules la pression induite par la fonction de chien de tête. Unik, véritable métronome, ne consent à relever la tête que sporadiquement. Appliqué, consciencieux, le trait tendu, il n'aura pas faibli de toute la course. Quel chien !

Je n'aurais pas misé un kopeck sur Yuma, cette petite chienne aux articulations fragiles, et pourtant elle est là, vaillante, courageuse, aux côtés de Kazan, qui depuis deux ans ne fait que progresser.

Enfin, Wolf et Dark, le couple inséparable. L'incroyable Dark aura tant apporté à cette équipe en lui communiquant son inépuisable énergie ! Quant à Wolf, il a été énorme de régularité, puissant et toujours de bonne humeur ; jamais un coup de mou, il a été de toutes les batailles et sur tous les fronts. Wolf a un trot absolument parfait, excessivement rapide puisqu'il est capable de le tenir encore lorsque tous sont au galop, à plus de vingt-deux kilomètres à l'heure.

— C'est bien, mes p'tits chiens.

Depuis quelques jours, je me suis réconcilié avec mon GPS, qui m'annonce des vitesses moyennes que je n'aurais pas imaginé pouvoir tenir en fin de course. Nous allons vite ! À ce train-là, impossible que je ne rattrape pas Mike, à moins qu'il n'installe un moteur sur son traîneau. J'imagine la joie, la fierté de mon ami Fabien, qui a entraîné les chiens avec et sans moi, qui a tant donné pour ce projet ! Dans quelques heures, sous le portique d'arrivée à Fairbanks, j'imagine quelle va être son émotion, d'autant plus forte après les angoisses de notre début de course assez catastrophique. Et je suis tellement heureux que Pierre, ce compagnon de voyage indéfectible, soit à nos côtés pour fêter ça…

Je ne suis pas dans la tête de mes chiens, quoique… je jurerais qu'ils savent, qu'ils sentent que nous arrivons. Après cette « grosse » nuit intermittente de trois heures, je ne suis pas ou plus fatigué. Trop heureux d'arriver, excité et assez fier à l'idée de finir à cette place de dixième, voire neuvième ?…

*

Nous avançons depuis deux heures à un bon rythme lorsque j'aperçois Mike. Je n'en reviens pas de l'avoir si vite rattrapé. Il stoppe son attelage et me regarde venir.

— Je savais que j'allais te voir arriver, mais je ne pensais pas que ce serait si rapide !

J'observe de plus près son attelage, très homogène, constitué de chiens à la robe dorée : magnifique. Je le lui dis et il me remercie.

— Je vais essayer de me coller un peu à toi, ça me fera gagner quelques kilomètres.

— Bien sûr. Tu veux faire une pause ou partir maintenant ?

— Maintenant.

— OK.

Les chiens réagissent souvent en accélérant, en forçant un peu leur rythme pour coller au traîneau qui se trouve devant eux, à la façon d'un cycliste qui se met dans l'aspiration de l'autre. C'est ce que nous tentons de faire, Mike se serrant juste derrière moi. Comme mes chiens veulent repartir trop vite pour que les siens puissent suivre, je freine pour ne pas les distancer, puis relâche la pression en douceur afin d'accélérer progressivement. Rapidement, ses chiens lâchent. Je ralentis à nouveau, mais rien n'y fait. Nous allons trop vite. Mike me fait un signe un peu désabusé, m'indiquant qu'il abandonne l'idée de faire un bout de chemin avec moi. Quelques minutes plus tard, nous sommes déjà loin devant.

Nous sommes neuvièmes ! J'exulte.

Qu'aurais-je pensé de celui qui m'aurait promis cette place à Pelly Crossing ou même à Dawson ? J'en viens à regretter que cette course ne soit pas une course de trois mille kilomètres. À quelle place aurions-nous pu alors prétendre ?

Il reste quatre-vingts kilomètres de bonheur pur. Une belle glisse emmenée par un attelage joyeux, au top de sa forme. Pour autant, il ne faut pas se relâcher. Ici, un grand champion, sinon le plus grand, Lance Mackey, s'est perdu alors qu'il était en tête de la course avec plus de cinq heures d'avance. Mais voilà que dans un moment d'inattention, il a raté une balise et s'est fourvoyé sur une mauvaise piste. Il s'en est fallu de peu pour que le second ne le rattrape et ne le double sans le savoir – il ne l'aurait même pas vu –, car Lance a mis plus de trois heures à retrouver la piste !

Donc, ne jamais baisser la garde…

20

18 février, arrivée à Fairbanks

Plus nous approchons de Fairbanks, plus nombreuses sont les pistes qui partent en tous sens, nécessitant, pour ne pas se perdre, un gros effort de concentration. Nous ne pouvons pas nous fier aux chiens qui, instinctivement, suivent la piste que d'autres attelages ont empruntée avant eux et cette région est l'un des territoires qui concentrent le plus grand nombre de chiens de traîneau au monde. En effet, la majeure partie des mushers professionnels de longue distance se sont installés ici, parfaitement placés à l'intersection des deux pistes de la Yukon Quest et de l'Iditarod. Ils bénéficient pour s'entraîner de tout un écheveau de pistes que nous coupons ou empruntons. C'est ici que je compte venir passer l'hiver 2016-2017 pour préparer l'Iditarod. Ainsi, je bénéficierais de l'aide de quelques amis mushers qui connaissent à fond cette course dont j'ignore à peu près tout. Ma motivation n'en est que plus grande. J'aime découvrir de nouvelles pistes, de nouveaux territoires, et ceux que traverse cette course sont magnifiques. Disposant de plus de check-points, la course est réputée plus facile que la Yukon Quest. En revanche, le niveau est très élevé. La plupart des meilleurs mushers du monde sont au départ de l'Iditarod, qui compte une centaine de concurrents chaque année. Se hisser dans le *top ten* lors d'une première participation relève de l'exploit que peu de musher ont réalisé. C'est mon objectif car mes chiens sont capables de rivaliser avec les meilleurs. Ils le prouvent ici.

La course de l'Iditarod est un hommage à un exploit réalisé en 1925 par vingt équipes de chiens de traîneau. À l'époque, une épidémie de diphtérie menaçait la ville de Nome en Alaska. Le blizzard et la température empêchant tout envoi de médicaments par avion ou par bateau, ce sont des équipages de chiens de traîneau qui se sont relayés pour apporter « le sérum » guérisseur d'Anchorage à Nome, et ainsi sauver la population malade. Le dernier musher du relais s'appelait Gunnar Kaasen, et dirigeait une meute dont le chien de tête se prénommait Balto, devenu célèbre grâce, entre autres reconnaissances, au dessin animé du même nom.

Mais Balto et son maître ont volé la vedette à Togo, le chien de tête du très grand musher Leonhard Seppala, qui avait bravé la tempête et le froid extrême pour réaliser la plus longue et la plus périlleuse jonction incluant la traversée de la redoutable baie de Norton Sound. Même si chacun des mushers qui se sont relayés d'Anchorage à Nome ont joué un rôle majeur dans cette incroyable odyssée, ce qu'ont réalisé Seppala et son chien Togo fut héroïque. Lorsqu'ils ont traversé le bras de mer balayé par la tempête, les conditions étaient dantesques. La glace se fissurait, l'eau libre menaçait partout d'engloutir l'attelage qui tenait à peine debout, giflé par des bourrasques de vent à plus de cent kilomètres-heure. D'ailleurs, quelques heures après son passage, toute la baie s'ouvrait. Comme une grande plaque de verre se brisant en mille morceaux, les blocs de glace se séparèrent, s'entrechoquant dans la mer en furie. Seppala n'ignorait pas le risque, mais il avait bravé le danger imminent, sachant qu'à Nome, chaque heure de retard pour la livraison du sérum ficelé sur son traîneau condamnait des personnes, dont plusieurs enfants. Lorsqu'il donna la caisse à Gunnar Kaasen, ce dernier n'avait plus qu'à rejoindre Nome sur une bonne piste de 120 kilomètres. Ce fut lui qui fut célébré car, à l'époque déjà, l'image était plus forte que la vérité et c'est lui qu'on photographia à Nome, Seppala et ses chiens se remettant de leur périple dans une cabane perdue de l'Alaska. Ce n'est que bien plus tard que Seppala reçut enfin les honneurs qu'il méritait et dont il profita jusqu'à sa mort.

La piste de l'Iditarod, l'événement sportif le plus célèbre d'Alaska, rend hommage chaque année à cette belle histoire de solidarité dans laquelle les chiens ont joué un rôle majeur.

D'ailleurs, nous croisons quelques-uns de ces attelages qui s'entraînent pour l'Iditarod, et vont et viennent, avec ou sans touristes, sur ces multiples traces constituant une véritable toile d'araignée dans laquelle je n'ai pas envie de me faire prendre. Heureusement, les pisteurs ont généreusement balisé notre route. Il faut juste rester très vigilant, ce que je suis.

Soudain, sur le parcours, une silhouette d'ours hirsute que je reconnais aussitôt.

— Sebastian !

Ce grand champion, Sebastian Schnuelle, m'attend

au milieu de la piste avec un verre de vin et deux croissants. Je stoppe mes chiens et nous tombons dans les bras l'un de l'autre.

— *Well done Nicolas ! Well done.*

Sebastian est une figure dans le monde du *mushing*, dans tous les sens du terme. Éternellement jovial, plutôt original et déjanté mais parfaitement bien dans sa tête comme dans ses jambes, Sebastian s'est hissé au sommet en remportant la Yukon Quest en 2009, quatre petites minutes devant Hugh Neff, et en arrivant second quelques semaines plus tard à l'Iditarod, derrière le très grand Lance Mackey. Je me suis entraîné chez lui, logeant dans une petite cabane à cinquante kilomètres de Whitehorse, dans le camp qu'il a abandonné depuis. Je me suis autorisé plusieurs fois à lui demander des conseils, qu'il m'a généreusement prodigués, comme l'a fait avant lui un autre grand champion et ami, Frank Turner. Ce genre de personnages vous réconcilient avec le monde du mushing alors qu'en France règne la discorde (plusieurs fédérations), la malveillance et la jalousie, exception faite de quelques mushers qui heureusement relèvent un peu le niveau bien bas dans lequel se cantonnent plusieurs groupes ne trouvant rien de mieux à faire que de se tirer dans les pattes.

— Il te reste soixante-deux kilomètres, mon ami, annonce Sebastian. Bonne route !...

Ce stop m'a fait plaisir.

Lorsque Sebastian est passé ici même, en tête de la course, en 2009, je n'ose imaginer dans quel état il devait être : à la fois euphorique et totalement stressé. Un odieux cocktail. Euphorique à l'idée de peut-être remporter une victoire totalement improbable, dont j'ai raconté l'histoire, et le stress d'être rattrapé par le redoutable Hugh Neff, parti seulement trente-cinq minutes après lui. Cette année-là, la distance à effectuer depuis Two Rivers jusque Fairbanks n'était, par une trajectoire plus directe, que de soixante-cinq kilomètres contre cent vingt aujourd'hui. Hugh, plus rapide, avait repris trente et une minutes à Sebastian ! Il aurait suffi de quelques kilomètres de plus pour que Hugh mange Sebastian. Ce dernier le savait et durant les vingt derniers kilomètres il passa son temps à se tordre le cou à force de regarder en arrière. Ce n'est qu'en apercevant enfin la banderole *finish* qu'il se détendit pour profiter des cinq cents mètres les plus jouissifs de sa longue aventure avec les chiens. Il fut, de l'avis de tous les spectateurs, le plus heureux vainqueur de toute l'histoire de la Quest.

Je ne suis pas le vainqueur de l'édition 2015, loin de là, mais je suis heureux. Mes chiens le savent et partagent ce sentiment avec moi.

Dans la boucle d'une magnifique petite rivière dont nous suivons le lit gelé, en plein soleil et à l'abri du vent, protégé par de grands pins, je nous accorde une pause de dix minutes. J'ai préparé pour les chiens, au chaud dans ma glacière, une pâte très liquide constituée d'un mélange de viande hachée et de croquettes. Ils en raffolent. Je profite de la pause pour changer quelques bottines, en rajuster d'autres, pour caresser mes petits loups et m'allonger quelques minutes au soleil entre Miwook et Olga, Burka à portée de main, qui pose la tête sur ma cuisse et ronronne de plaisir comme une chatte. Je m'endormirais bien ici quelques heures, attendant que le soleil décline pour ne reprendre la route qu'à la nuit, mais nous sommes en course et

Mike, compte tenu de nos vitesses respectives, ne doit pas être à plus de quarante kilomètres derrière. Quelques chiens se sont couchés mais Unik, Dark évidemment, ainsi que Kazan et Wolf restent debout, prêts à repartir, prouvant si besoin est combien ils sont en forme. Je les trouve bluffants.

La rivière Chena serpente en semant d'infinies et amples boucles, mais il suffit maintenant d'onduler avec elle sur son lit gelé pour atteindre Fairbanks. Le jour décline mais pas la forme des chiens, qui continuent de trotter à un très bon rythme. De loin en loin, nous dépassons quelques maisons construites le long des rives. Souvent, les habitants, qui suivent la course grâce aux pastilles GPS qui nous localisent, sortent de leur maison lorsqu'ils visualisent le passage imminent d'un concurrent.

— Bravo ! Bravo !

Les encouragements sont fort appréciés des mushers et des chiens. N'ayant plus le stress de me perdre, je commence à me détendre complètement, à laisser entrer en moi ce bonheur immense qui me gagne et grandit. Je le confie aux chiens, qui apprécient le flot de mes paroles telle une ritournelle entraînante à leurs oreilles.

Il ne reste plus que vingt kilomètres.

— Mes p'tits chiens… nous y sommes !

Au loin, nous apercevons quelques fumées qui montent de la ville alors que les maisons, de moins en moins espacées sur les rives, font maintenant une haie d'honneur à la rivière gelée. Partout des familles, des groupes d'amis attendent au bord de la piste pour nous féliciter. Certains ont fait un feu et patientent en faisant griller des saucisses ou en buvant des bières. On m'en propose quelques-unes au passage, mais c'est avec Pierre et Fabien que je veux absolument partager la première de la soirée.

Cet accueil est émouvant. Il y a de nombreux enfants que leurs parents ou leurs professeurs ont amenés ici, au bord du fleuve, pour qu'ils participent à l'arrivée d'un ou plusieurs attelages. Quelques-uns, marqués à jamais, conduiront peut-être un jour des chiens…

Plus que dix kilomètres.

Ces instants de plénitude, teintés déjà d'un petit parfum de nostalgie, je les connais. Depuis plus de trente ans, combien d'arrivées, d'aventures longuement rêvées qui s'achèvent trop soudainement pour en savourer vraiment l'instant, aussi longtemps et profondément qu'on le souhaiterait ?

Il est 18 heures. C'est ce que les Québécois appellent la « brunante », cet entre-deux, entre le jour et la nuit, où ce n'est plus tout à fait l'un ni encore totalement l'autre… Nous glissons très silencieusement alors qu'au loin déjà me parviennent les sons de la ville, des sirènes parfois, une rumeur toujours, qui grandit.

Les étoiles s'allument dans le ciel en même temps que s'éclaire la ville.

J'aimerais retenir ce moment-là, mais le temps, ce fichu temps, ne ralentit jamais, file, insaisissable.

Voilà au loin plein de lumières et de gens : la *finish line.*

— Ohoooo, les chiens.

Tout à l'heure, là-bas, nous ne serons plus seuls et je ne veux pas de témoins car sans doute suis-je un peu ridicule en train de pleurer dans les « bras » de mes chiens, que j'enlace un à un pour les remercier et leur dire combien je les aime.

Puis nous y allons. Il ne reste que cinq cents mètres. Ceux que j'ai eu tant de plaisir à côtoyer durant cette course, vétérinaires, juges et officiels, sont là et applaudissent. Sur le pont, une ribambelle de spectateurs sifflent, crient. Fabien et Pierre, silencieux, attendent, les larmes aux yeux.

Je franchis la ligne, stoppe les chiens et entre dans le brouillard de l'arrivée.

Annexes

Résultats de la Yukon Quest 2015

Classement	Musher	Dossard	Date et heure d'arrivée	Nombre de chiens à l'arrivée
1	Brent Sass	2	16 février 22:52	12
2	Allen Moore	1	17 février 0:06	11
3	Ed Hopkins	20	17 février 20:02	8
4	Damon Alexander Tedford	7	18 février 1:32	12
5	Hugh Neff	26	18 février 3:11	7
6	Normand Casavant	3	18 février 7:25	8
7	Jason Campeau	24	18 février 13:43	9
8	Torsten Kohnert	14	18 février 15:42	11
9	Nicolas Vanier	5	18 février 18:44	8

10	Mike Ellis	22	18 février 19:40	10
11	Dave Dalton	11	18 février 23:43	10
12	Brian Wilmshurst	17	19 février 2:24	11
13	Ryne Olson	16	19 février 12:56	9
14	Lance Mackey	8	19 février 17:23	9
15	Kristin Knight Pace	12	19 février 21:33	12
16	Rob Cooke	21	20 février 11:13	10
17	Scott Smith	15	Scratché à Carmacks	
18	Tony Angelo	10	Scratché à Carmacks	
19	Tamra Reynolds	06	Scratché à Carmacks	
20	Jeff King	09	Scratché à Pelly Crossing	
21	Matt Hall	25	Scratché à Pelly Crossing	
22	Rolland Trowbridge	13	Scratché à Pelly Crossing	
23	Ray Redington Jr.	19	Scratché à Dawson	
24	Magnus Feren Kaltenborn	23	Scratché à Dawson	
25	Joar Leiftseth Ulsom	18	Scratché à Eagle	
26	Cody Strathe	04	Scratché à Eagle	

Liste des principaux mushers cités dans le texte

Susan Butcher (1954-2006) : cette Américaine est la deuxième femme à avoir remporté l'Iditarod. La première fois en 1986, et à trois autres reprises les années qui ont suivi. Elle aura en tout participé dix-sept fois à cette course.

Jason Campeau*[1] : 40 ans, canadien, vit à Rocky Mountain House au Canada. Il a participé deux fois à la Yukon Quest, en 2014 puis en 2015.

Normand Casavant* : 51 ans, canadien, vit à Whitehorse au Canada. Il a participé quatre fois à la Yukon Quest depuis 2009, terminant trois fois dans le *top ten*.

Dave Dalton* : 57 ans, américain, vit à Healy en Alaska. Il a participé vingt-quatre fois à la Yukon

1. Les noms suivis d'un astérisque indiquent les mushers qui ont participé à la Yukon Quest 2015.

Quest, depuis 1988, terminant neuf fois dans le *top ten*, dont une fois en troisième position en 2008.

Mike Ellis* : 44 ans, américain, vit à Fairbanks en Alaska. Il a participé six fois depuis 2008 à la Yukon Quest, terminant une fois dans le *top ten*.

Hans Gatt : 55 ans, autrichien, vit à Whitehorse au Canada. Il a participé huit fois à la Yukon Quest, terminant six fois dans le *top ten*, dont quatre où il a terminé finaliste.

Matt Hall* : 23 ans, américain, vit à Eagle en Alaska. Il a participé pour la première fois à la Yukon Quest en 2014, terminant troisième. Il est le benjamin de la course cette année.

Jeff King* : 59 ans, américain, vit à Denali Park en Alaska. Il a participé sept fois depuis 1984 à la Yukon Quest, terminant six fois dans le *top five*. Il a remporté la course en 1989. Il a gagné quatre fois l'Iditarod et est arrivé de nombreuses fois dans le *top five*.

William Kleedehn : 55 ans, allemand, vit à Carcross au Yukon. Il totalise un nombre impressionnant de *top five* et deux places de second, en 2003 et 2005.

Kristin Knight Pace* : 31 ans, américaine, vit à Denali Part en Alaska. Elle participe pour la première fois à la Yukon Quest en 2015.

Bruce Lee : vainqueur de la Yukon Quest en 1998.

Lance Mackey* : 44 ans, américain, vit à Fairbanks en Alaska. Il a participé sept fois à la Yukon Quest depuis 2005, a fini vainqueur quatre fois de suite entre 2005 et 2008, deuxième en 2010 et troisième en 2012. En 2007, Mackey fut le premier musher à remporter à la fois la Yukon Quest et l'Iditarod, un exploit qu'il répéta l'année suivante.

Allen Moore* : 57 ans, américain, vit à Two Rivers en Alaska. Il a participé quatre fois à la Yukon Quest dont deux où il a terminé finaliste, en 2013 et 2014. Il a couru l'Iditarod en 2014 et a terminé en vingt-septième position.

Hugh Neff* : 47 ans, américain, vit à Tok en Alaska. Il a participé quatorze fois à la Yukon Quest depuis 2000, terminant six fois sur le podium, dont une fois en première position en 2012.

Ryne Olson* : 25 ans, américaine, vit à Two Rivers en Alaska. Elle a participé pour la première fois à la Yukon Quest en 2014 et a couru la même année la Yukon Quest 300 qu'elle a terminé dans le *top five*.

Ray Redington Jr.* : 39 ans, américain, vit à Knik en Alaska. Il a participé pour la première fois à la Yukon Quest en 2014. Il a également couru l'Iditarod en 2013 et 2014, où il a terminé dans le *top ten*.

Brent Sass* : 35 ans, américain, vit à Eureka en Alaska. Vétéran de la Yukon Quest, il a participé huit fois depuis 2007, terminant sept fois dans le *top ten*.

Sebastian Schnuelle : 45 ans, canadien d'origine allemande, vit à Whitehorse au Canada. Il a terminé la Yukon Quest premier en 2009.

Dallas Seavey : 28 ans, américain, vit à Willow aux États-Unis. À 25 ans, en 2012, il devient le plus jeune musher à avoir remporté l'Iditarod. Exploit qu'il a réitéré en 2014 et 2015. Il est également le vainqueur de la Yukon Quest en 2011.

Frank Turner : 67 ans, canadien, vit à Whitehorse au Canada. Il a participé vingt-quatre fois à la Yukon Quest entre 1984 et 2008, terminant sept fois dans le *top five*, dont une fois en première position en 1995.

Brian Wilmshurst* : 32 ans, canadien, vit à Dawson City au Canada. Vétéran de la Yukon Quest, il a participé trois fois depuis 2012, terminant dixième en 2014.

Glossaire

Check-in : procédure d'enregistrement du coureur à l'arrivée dans les check-points.

Check-out : procédure d'enregistrement du coureur au départ des check-points.

Check-point : lieu où le musher récupère les sacs contenant tout ce dont il a besoin : nourriture, matériel, etc. Ces sacs ont été préparés à l'avance et envoyés dans les différents check-points par l'organisation. À ces endroits, au nombre de neuf sur la Quest, le musher peut se restaurer et recueillir auprès de son handler les informations nécessaires à la poursuite de la course. Les chiens sont systématiquement contrôlés par l'équipe vétérinaire.

Cooker : grande gamelle s'enfilant dans un réceptacle en acier en dessous de laquelle une sorte de brûloir reçoit le carburant, du méthanol, dont on se sert pour faire fondre de la neige et faire chauffer l'eau ainsi obtenue.

Djee : ordre de direction : « à droite ».

Dog drop : lieu où il est possible d'avoir l'assistance

d'un vétérinaire, de laisser les chiens se reposer et/ou de les « dropper » si nécessaire.

Dropper : fait de laisser un chien lors d'un arrêt, soit parce que celui-ci est blessé, soit parce qu'il est trop fatigué pour poursuivre.

Food drop : sacs étiquetés au nom des mushers, qui sont envoyés et entreposés dans les différents check-points. Absolument rien ne peut y être ajouté après la date de dépôt (quinze jours avant le départ de la course), ni par le musher ni par qui que ce soit d'autre.

Handler : le handler est au musher ce que le palefrenier est au cavalier. Il lui apporte son aide dans l'entraînement et le soin des chiens.

Jumble ice : zone constituée par un ensemble de blocs de glace empilés les uns sur les autres dans certaines zones de hauts fonds ou dans les rapides d'un fleuve.

Ligne de trait : dans un attelage en tandem double, les chiens sont attachés deux par deux, de chaque côté d'un trait (corde) central unique.

Musher : conducteur du traîneau. Ce terme est dérivé de « mush ! », ordre lancé par les mushers, proche du mot « marche ».

Neck-line : cordelette rattachant par son collier le chien à son binôme, en tête, et à la ligne de trait pour les autres.

Overflow : eau mélangée à de la neige formant une sorte de boue liquide au-dessus de la couche de glace. Elle ne gèle pas car elle est protégée par une couche de neige.

Permafrost : couche souterraine de terre et de roc, gelée en permanence, dont l'épaisseur varie selon les régions.

Run : temps de course entre deux arrêts, généralement compris entre cinq et dix heures sur une course de longue distance, soit en moyenne de 60 à 120 kilomètres.

Scratcher : fait d'abandonner la course.

Snacker : donner à manger aux chiens des barres de nourriture énergétique appelées « snacks » et que l'on distribue deux ou trois fois au cours d'un run, soit environ toutes les deux ou trois heures.

Slutch : couche d'eau mélangée à de la neige, formant une pâte grise. Protégée par la neige qui la recouvre, cette boue ne gèle pas, mais se fige au contact de l'air, formant un piège redoutable pour tout voyageur qui viendrait à tomber dans de la slutch.

Tracking : ensemble des moyens mis en œuvre pour suivre l'avancée des coureurs en temps réel. Ces derniers sont notamment reliés par une balise GPS qui marque leur position.

Tug-lines : lignes qui relient le harnais au trait central.

Yap : ordre de direction : « à gauche ».

L'ATTELAGE DES CHIENS

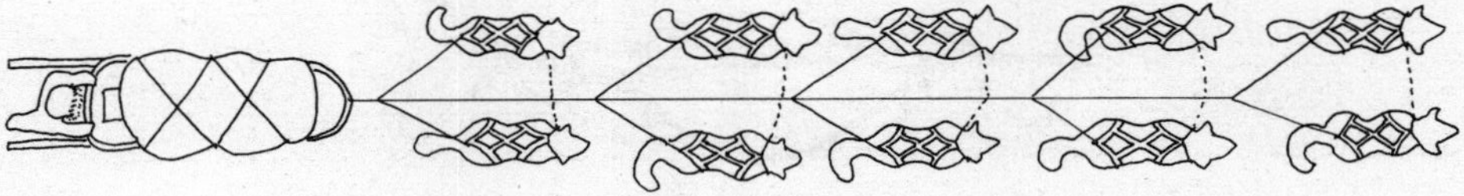

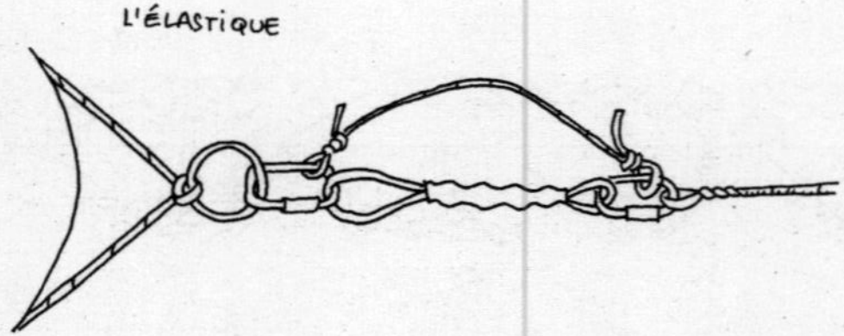
L'ÉLASTIQUE

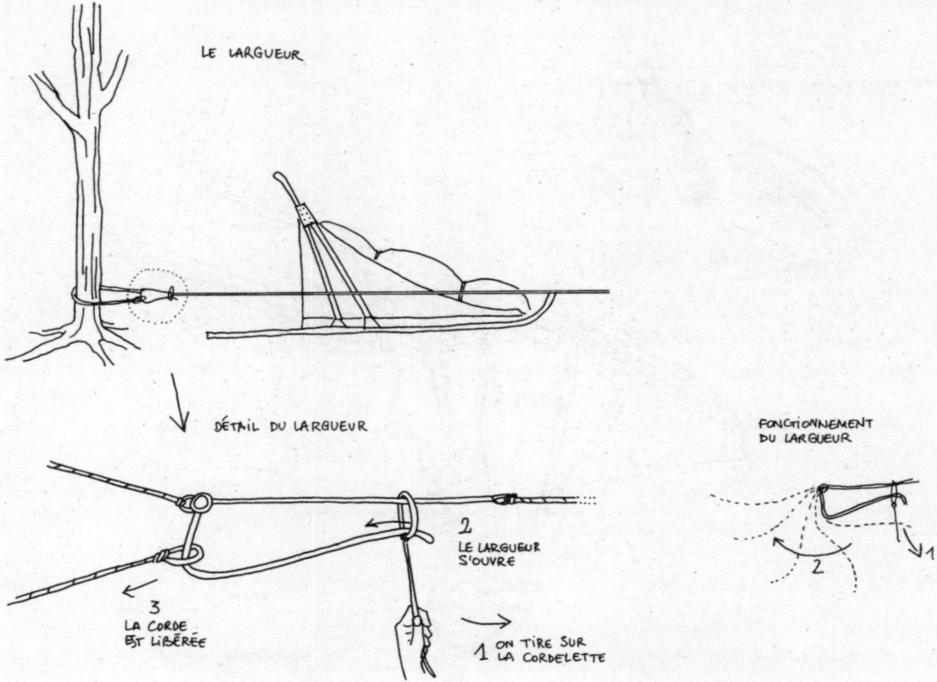
LE LARGUEUR
DÉTAIL DU LARGUEUR
2
LE LARGUEUR
S'OUVRE
3
LA CORDE
EST LIBÉRÉE
1 ON TIRE SUR
LA CORDELETTE
FONCTIONNEMENT
DU LARGUEUR
2
1

LE FREIN À GLACE

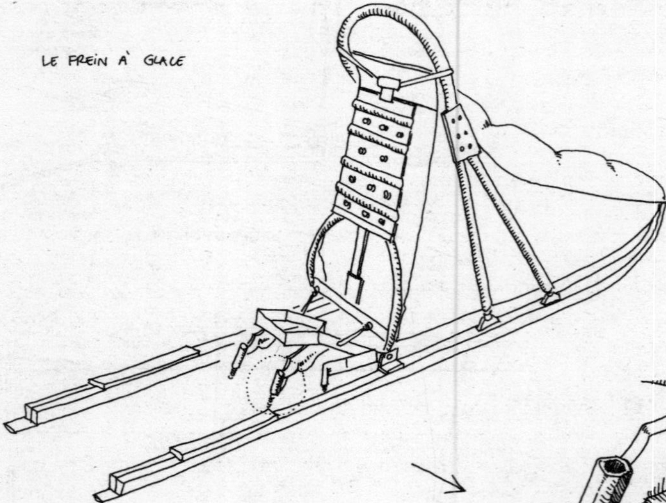

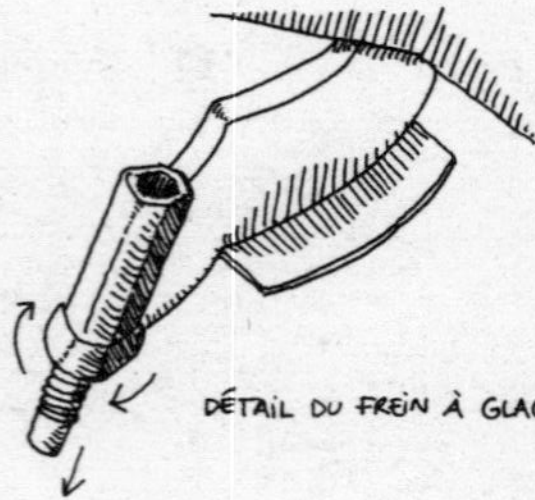

DÉTAIL DU FREIN À GLACE

LE FREIN À NEIGE

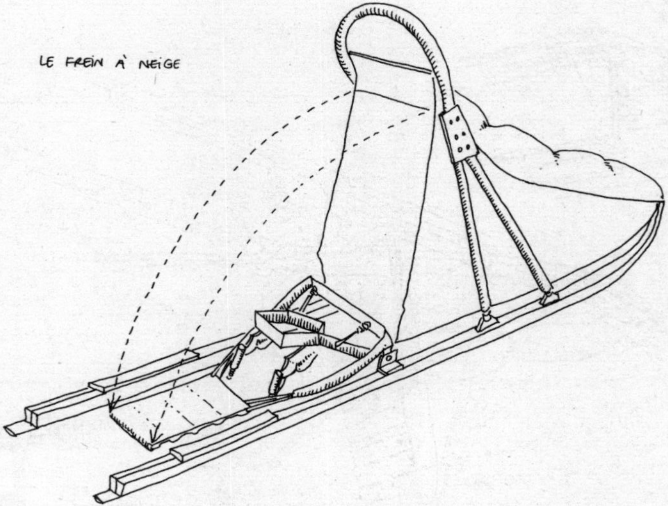

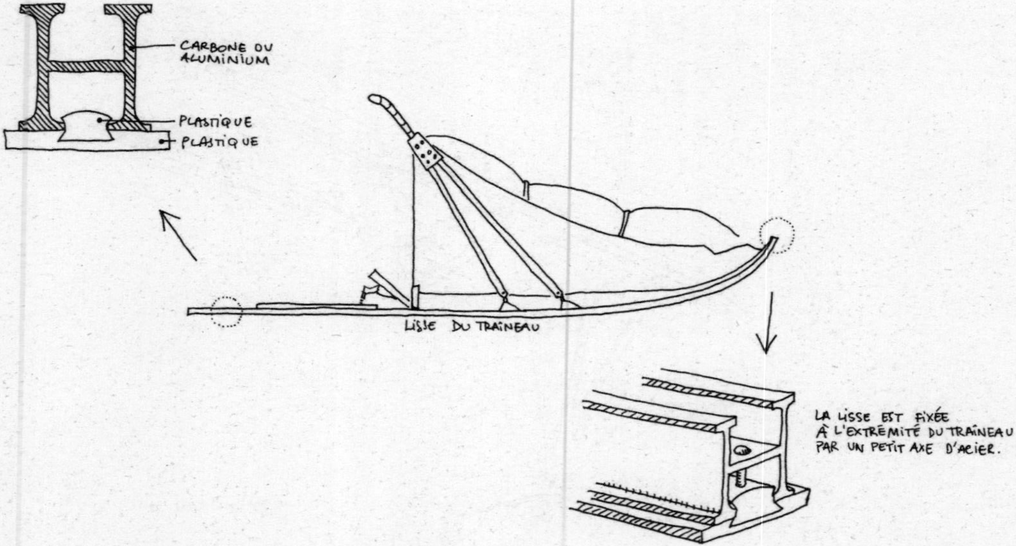
CARBONE OU ALUMINIUM
PLASTIQUE
PLASTIQUE
LISSE DU TRAÎNEAU
LA LISSE EST FIXÉE
À L'EXTRÉMITÉ DU TRAÎNEAU
PAR UN PETIT AXE D'ACIER.

L'ANCRE À NEIGE

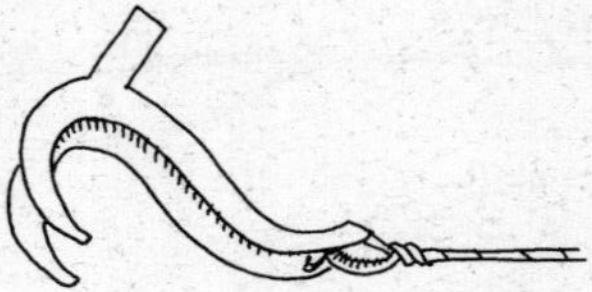

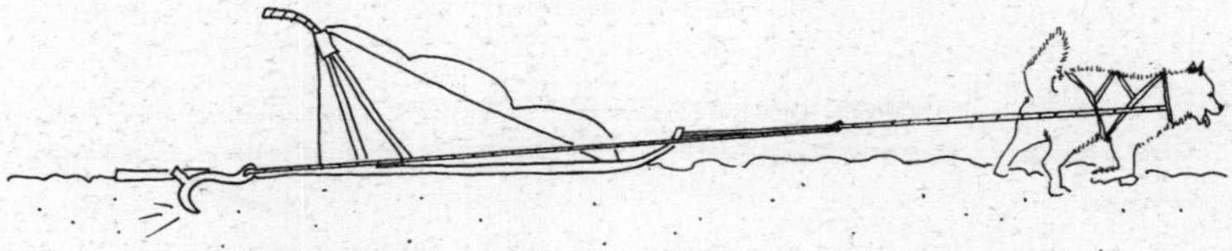

L'ANCRE À NEIGE RETIENT LES CHIENS

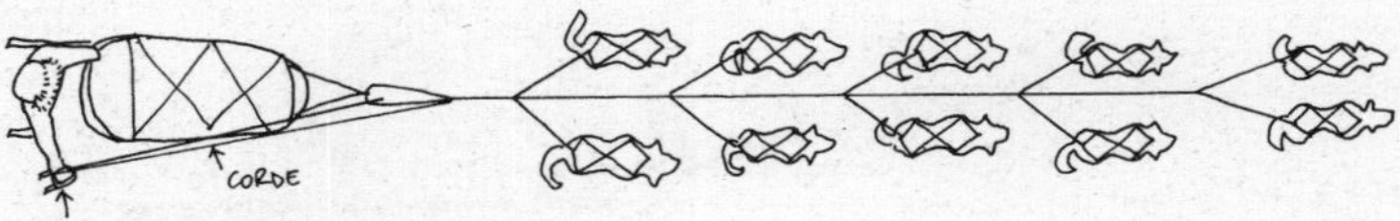

DANS UNE DESCENTE OU UN PASSAGE DANGEREUX,
POUR CONTRAINDRE LES CHIENS À FREINER,
ON PEUT ATTACHER LES TUG-LINES À LA LIGNE CENTRALE.

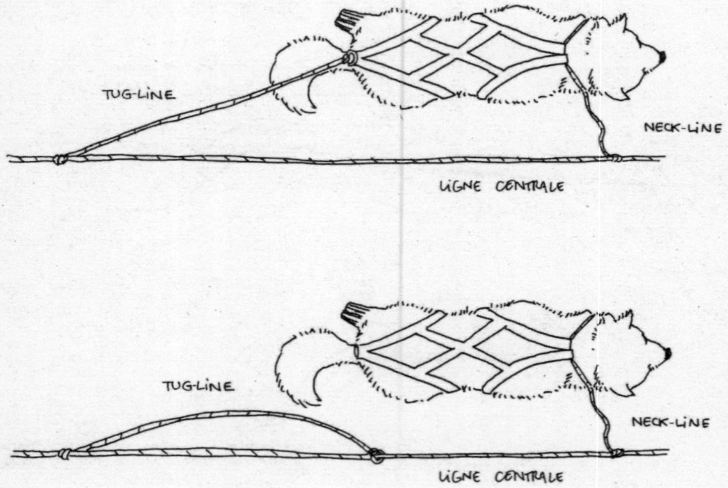

LE SLUTCH,
MÉLANGE D'EAU
ET DE NEIGE

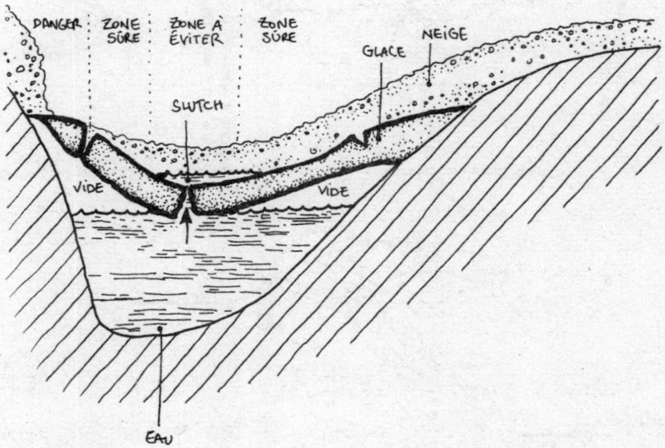

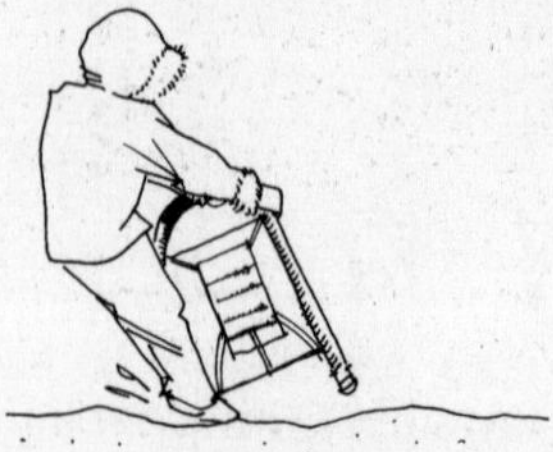

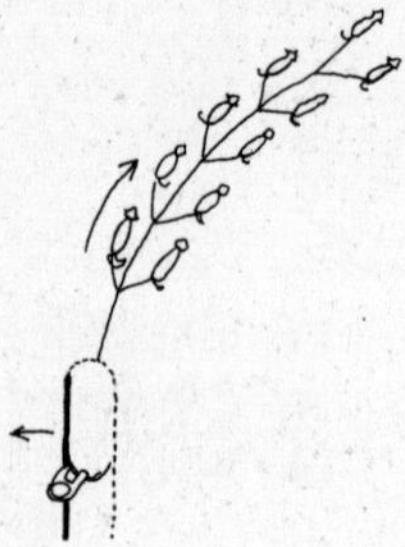

POUR TOURNER À DROITE,
LE MUSHER FAIT CONTREPOIDS SUR LA LISSE GAUCHE,
POUR ÉCARTER LE TRAÎNEAU DE L'EXTÉRIEUR DU VIRAGE.

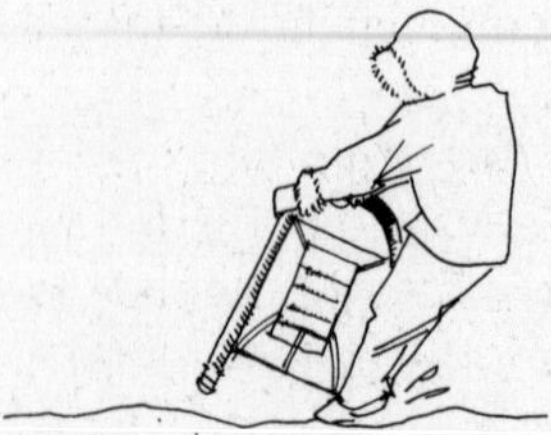

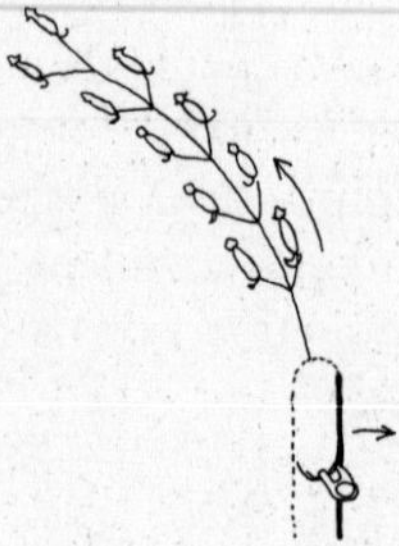

POUR TOURNER À GAUCHE,
LE MUSHER FAIT CONTREPOIDS SUR LA LISSE DROITE,
POUR ÉCARTER LE TRAÎNEAU DE L'INTÉRIEUR DU VIRAGE.

Remerciements

À Johannes Tryba et ses équipes pour leur confiance. Tryba, mon partenaire principal, est une entreprise atypique dirigée avec vision, cœur et sensibilité. Elle s'est engagée dans l'aventure de *L'Odyssée sauvage* puis de la Yukon Quest car elle reconnaissait en elles des valeurs qui sont les nôtres, notamment la défense de l'environnement et la solidarité.

À Carglass, entreprise amie avec qui nous avons entrepris une démarche de réduction de l'empreinte écologique, mise en œuvre avec succès et animée par une équipe sympathique, dynamique et responsable.

À Grand Nord Grand Large et Terres d'Aventure, mes amis, avec qui les liens sont naturels et avec lesquels nous proposons des voyages respectueux des territoires et de ceux qui les habitent.

Au Vieux Campeur, ami de longue date et partenaire voilà trente ans de ma première expédition, qui m'a fait l'amitié de m'accompagner pour *L'Odyssée sauvage* et la Yukon Quest. Un grand merci à cette équipe généreuse et techniquement très au point.

À Royal Canin, qui a fourni à mes chiens le formidable « carburant » dont ils avaient besoin pour venir à bout de cette course lors de laquelle la dépense énergétique quotidienne dépasse dix mille calories, ce qui est huit fois supérieur à la normale…

À Vincent Monteux et son équipe de Bren-Tronic pour les piles rechargeables de haute technologie fournies pour la course, ainsi qu'à l'entreprise Petzl, pour la fourniture de lampes frontales performantes.

À cette équipe adorable, animée par mes amis Bernard Fixot et Édith Leblond, des Éditions XO qui me font l'amitié de m'accompagner depuis de si longues années et qui, en cas de coup dur, sont les premiers à me soutenir.

À Fabien, évidemment, qui s'est donné sans compter pour que l'attelage soit au niveau qui a été le sien, ainsi qu'à Pierre Michaut, le compagnon d'aventure de toujours, qui m'a fait l'amitié de nourrir ma page Facebook d'informations qui ont enchanté ceux qui ont suivi la course.

À Frank Turner pour son soutien, ses conseils. À Sebastian Schnuelle et à l'équipe de la Yukon Quest qui a tout mis en œuvre pour que je puisse participer à cette édition, ce qui en tant que résident français est loin d'être évident. Cette aide fut hautement appréciée.

À Olaf Thurau, notre voisin au Yukon, qui a été d'une grande aide et que l'on suivra lorsqu'il réalisera son rêve de finir une Yukon Quest.

À Tony Pare, avec qui nous allons proposer des initiations et randonnées en traîneau à chiens dans le magnifique secteur de la rivière Peribronka au Québec.

À Jean-Philippe Pontier et Olivier Perroy, qui se

sont occupés de mon équipe de jeunes chiens lorsque j'effectuais mon expédition à travers la Mongolie, la Chine et la Sibérie. Jeunes chiens avec lesquels ils ont participé à la Grande Odyssée.

À mes amis Dominique Grandjean et Delphine Clero pour leurs conseils, aides et encouragements.

À Françoise Vincent et son équipe de SCTIL, qui ont transporté mes chiens avec le sérieux et la sympathie qui les caractérisent.

À Julien Schroder, photographe, qui m'a fait l'amitié de m'envoyer des photos illustrant ce livre et prises durant la course ; et à Johan Demarle et Jonathan Alsberghe pour leurs prises de vues et montages vidéo.

À Eric Fievet de France Mushing pour son soutien sans faille.

À Diane Vanier, qui, depuis tant d'années, veille sur « ma » famille à chacune de mes longues absences…

Et à Didier Lanne, qui, depuis tant d'années, veille sur « ma » Sologne à chacune de mes longues absences.

À mes enfants, qui ne m'en veulent pas de les « abandonner » si souvent.

À Pierre Vanier, qui était loin mais si près de moi pendant toute la course.

À Olivia Robert et Sarah Dutertre, qui travaillent avec moi et se sont données sans compter pour que mes projets aboutissent.

À tous ceux qui m'ont suivi, encouragé, envoyé des messages de soutien.

À mes lecteurs, qui me font l'amitié de me suivre si fidèlement.

Partir vous aussi

Si vous avez envie de découvrir le Grand Nord et ses belles étendues sauvages, d'apprendre les chiens en conduisant votre propre attelage, mon ami Tony, musher professionnel depuis plus de vingt ans, accueille des petits groupes dans son camp situé dans le très beau secteur de la rivière Peribronka, dans le nord du Québec, près du lac Saint-Jean.

Après une journée d'initiation, vous pourrez partir pour un raid de plusieurs jours qui vous fera découvrir les paysages somptueux de lacs, de rivières et de forêts de cette région sauvage.

Les attelages sont constitués de la lignée de mes chiens : les fils et filles de Burka, de Miwook et de Quest, les héros de *L'Odyssée sauvage* et la Yukon Quest. Ce sont donc des chiens rapides, très obéissants, extrêmement endurants, parfaitement entraînés avec lesquels peuvent être réalisées, sans risque, de grandes étapes.

Pour toute information, contactez de ma part Grand Nord Grand Large :

www.gngl.com
75, rue de Richelieu-75002 Paris
Tél. 01 40 46 05 14

Retrouvez toute l'actualité de Nicolas sur sa page Facebook Nicolas Vanier Officiel : des photos, des vidéos et des nouvelles de ses films, ses courses, ses chiens…

Cet ouvrage a été composé et mis en page
par Nord Compo à Villeneuve-d'Ascq

Imprimé en France par CPI
en février 2017
N° d'impression : 3020781

POCKET - 12, avenue d'Italie - 75627 Paris Cedex 13

Dépôt légal : mars 2017
S27352/01